# 二手车评估与交易一本通

杨智勇　主编

金盾出版社

## 内 容 提 要

本书系统地介绍了二手车评估与交易的基本理论和方法，以及目前二手车市场运作的状况和交易规则。全书共分六章，内容包括二手车评估与交易基础知识、二手车车况检查与评估、二手车价格评估、二手车交易手续、二手车收购与销售、事故车鉴定与评估等。书中采用来自二手车评估市场上的评估实例，有助于提高读者的专业水平和解决实际问题的能力。

本书可作为大中专院校汽车专业的教学用书，也可作为二手车市场交易人员及鉴定评估人员的培训教材，同时还适合想了解二手车交易知识的人员自学参考。

**图书在版编目(CIP)数据**

二手车评估与交易一本通/杨智勇主编．—北京：金盾出版社，2014.3
ISBN 978-7-5082-9179-6

Ⅰ.①二…　Ⅱ.①杨…　Ⅲ.①汽车—鉴定②汽车—价格评估③汽车—商品交易　Ⅳ.①U472.9②F724.76

中国版本图书馆 CIP 数据核字(2014)第 022104 号

**金盾出版社出版、总发行**
北京太平路 5 号(地铁万寿路站往南)
邮政编码:100036　电话:68214039　83219215
传真:68276683　网址:www.jdcbs.cn
封面印刷:北京精美彩色印刷有限公司
正文印刷:北京万友印刷有限公司
装订:北京万友印刷有限公司
各地新华书店经销
开本:705×1000 1/16　印张:15.75　字数:281 千字
2014 年 3 月第 1 版第 1 次印刷
印数:1～5 000 册　定价:39.00 元

# 前　言

近年来，二手车市场逐渐步入正轨，但是从整体看规范性仍然不够。二手车市场交易因此也受到制约。强大的市场需求，呼唤着二手车行业的有序化和规范化。

在二手车交易中，车辆的评估鉴定是核心环节。想换车卖车的人想请个评估师评估一下自己的车还价值几何；想买二手车的人都想买一辆各方面性能较好的车，也需要请评估师评估一下。在此形势下，二手车评估机构和专业人员应运而生。随着我国汽车拥有量的急剧增加，二手车交易市场日趋活跃，二手车鉴定评估师也成为社会的热门职业，受到很多人的追捧。二手车评估机构和专业人员在二手车交易中占有重要地位，二手车评估鉴定师素质的高低是二手车市场能否做到公平、公正、公开的重要因素。

二手车评估师是一个新兴的职业，需要多方面的知识和技能，除了要熟悉国家相关政策法规、具有良好的职业道德外，还需要具有汽车构造与运用、检测与维修、资产评估的方法与实践，以及市场学、营销学等方面的知识与技能。为了促进我国二手车市场规范有序地发展，大力培养二手车评估鉴定人才，我们特编写本书。

本书系统地介绍了二手车评估与交易的基本理论和基本方法，以及目前二手车市场的运作实际状况和具体方法。全书共分六章，内容包括二手车评估与交易基础知识、二手车车况检查与评估、二手车价格评估、二手车交易手续、二手车收购与销售、事故车鉴定与评估等。并对二手车鉴定评估机构的条件和要求、鉴定评估程序、作业流程、受理鉴定评估、查验可交易车辆、签订委托书以及判别事故车、鉴定车辆技术状况、评估车辆价值等都作出了具体的介绍。本书内容全面，实用性强，采用来自二手车评估市场上的评估实例，有助于提高读者的专业水平和解决实际问题的能力。

本书由杨智勇主编，明光星、吴兴敏副主编。参加编写的还有王恒志、范渝诚、李川峰、李丁年、于宏艳、张宁、高继生、李旭、栾宏宇、王鹏、陈剑飞、张喜平、李艳玲、胡明等。

在本书编写过程中，参考了有关文献资料，谨向这些作者表示诚挚的谢意！

由于时间仓促和水平所限，书中不足之处在所难免，敬请读者批评指正。

作　者

# 目　录

# 第一章　二手车评估与交易基础知识

## 第一节　二手车鉴定评估基本术语

### 一、二手车的优点

二手车最大的优点就是便宜。不同年份的二手车价格仅相当于新车的1/3到1/2,甚至更少。而且,由于新车头两年折旧率比较高,买二手车避开了汽车的快速折旧期,所以还具有相对保值的优势。此外,某些特定年代和车型的二手车还具有收藏的价值。

用相同购买新车的钱可以买到高一个档次的二手车,因此,从降低购车成本的角度,普通大众购买二手车不失为更加明智的选择。还有些初学驾驶者,刚拿了驾照但技术不过硬,也不妨先买台二手车练练手。对于那些希望体验新鲜感觉的汽车发烧友们,二手车是不错的选择。

### 二、二手车鉴定评估基本术语

**1. 二手车**

二手车是指办理完注册登记手续达到国家制度报废标准之前进行交易并转移所有权的汽车(包括三轮汽车、低速载货车,即原农用车)、挂车和摩托车。二手车的标准术语为旧机动车。

**2. 二手车交易**

二手车交易是指以二手车为交易对象,在国家规定的二手车交易市场或其他经合法审批的交易场所中进行的商品交换和产权转移的行为。

**3. 二手车经销**

二手车经销是指二手车经销企业收购、销售二手车的经营活动。

**4. 二手车拍卖**

二手车拍卖是指二手车拍卖企业以公开竞价的形式将二手车转让给最高应价者的经营活动。

**5. 二手车经纪**

二手车经纪是指二手车经纪机构以收取佣金为目的,为促成他人交易二手车而从事居间、行纪或者代理等经营活动。

**6. 二手车鉴定评估**

二手车鉴定评估是指二手车鉴定评估机构对二手车技术状况及其价值进行鉴定评估的经营活动。

**7. 二手车鉴定评估的主体**

二手车鉴定评估的主体是指二手车评估业务的承担者，即从事二手车评估的机构及专业评估人员。

**8. 二手车鉴定评估的客体**

二手车鉴定评估的客体是指被评估的车辆。

**9. 二手车置换**

狭义的置换仅指“以旧换新”业务，即经销商通过二手商品的收购与新商品的对等销售获取利益。广义的置换则是指在以旧换新业务的基础上，还同时兼容二手商品的整新、跟踪服务、二手商品再销售乃至折抵、分期付款等项目的一系列业务组合，从而成为一种销旧与纳新既有机融合又独立运营的营销方式。不同于以往二手车交易的是，由于这种模式可以推动新车销售，二手车置换业务往往背靠汽车品牌专营店，并能获得汽车制造厂商的强大技术支持，经销商为二手车的再销售提供一定程度上的质量担保，这大大降低了二手车交易中消费者的购买风险，规范了交易双方的交易行为，有很大的发展潜力。

**10. 成新率**

成新率是二手车新旧程度的衡量指标，是指二手车的功能或使用价值占全新机动车的功能或使用价值的比率，也可理解为二手车的现实状况与机动车全新状况的比率。

**11. 折现率**

折现率是指将未来有限期预期收益折算成现值的比率。本金化率和资本化率或还原利率则通常是指将未来无限期预期收益折算成现值的比率。

**12. 贬值**

二手车贬值根据性质不同分为：功能性贬值、经济性贬值、有形损耗贬值。

(1)功能性贬值。二手车功能性贬值是由于技术进步引起的二手车功能相对落后而导致的贬值。这是一种无形损耗。功能性贬值可分为一次性功能贬值和营运性功能贬值。

一次性功能贬值是由于技术进步引起劳动生产率的提高，现在再生产制造与原功能相同的车辆的社会必要劳动时间减少、成本降低而造成原车辆的价值贬值。

营运性功能贬值是由于技术进步，出现了新的、性能更优的车辆，致使原有车辆的功能相对新车型已经落后而引起其价值贬值。具体表现为原有车辆在完成相同工作任务的前提下,在燃料、人力、配件材料等方面的消耗增加,形成了一部分超额运营成本。

(2)经济性贬值。经济性贬值是反映社会对各类产品综合的经济性贬值的大小,突出表现为供求关系的变化对市场价格的影响。二手车经济性贬值是指由于外部经济环境变化所造成的车辆贬值。它也是一种无形损耗。外部经济环境包括宏观经济政策、市场需求、通货膨胀和环境保护等。如国家减少基本建设项目,用于工程土方运输的翻斗车需求就会减少,其价格就会因此而贬值,反之就会增值。

经济性贬值是由于外部环境而不是车辆本身或内部因素所引起的达不到原有设计的获利能力而造成的贬值。外界因素对车辆价值的影响不仅是客观存在的,而且对车辆价值影响还相当大,所以在二手车的评估中不可忽视。

(3)有形损耗贬值。二手车有形损耗也称实体性贬值,是指二手车在存放和使用过程中,由于物理和化学原因(如机件磨损、锈蚀和老化等)而导致的车辆实体发生的价值损耗,即由于自然力的作用而发生的损耗。计量二手车实体有形损耗时主要根据已使用年限进行分摊。

**13. 二手车的原值**

二手车原值即原始价值,是指车主在购置以及其他方式取得某类全新机动车当时所发生的全部货币支出,包括买价、运杂费、车辆购置附加费、消费税、新车登记注册等所发生的费用。

**14. 二手车的净值**

净值是企业固定资产管理的概念,对于私家车主而言,二手车的净值可以理解为,二手车在使用与存放过程中,经过功能性贬值、经济性贬值和有形损耗贬值后所剩余的价值,它在一定程度上反映了车辆现有价值。

**15. 二手车的残值**

二手车报废清理时回收的那些材料、废料的价值称残值,它体现二手车丧失生产能力以后的残体价值。

**16. 评估值**

评估值是指遵循一定的计价标准和评估方法,重新确定的二手车现值。

## 第二节 二手车鉴定评估的原则、范围及流程

### 一、二手车鉴定评估的目的与意义

**1. 二手车鉴定评估的目的**

二手车鉴定评估的目的是为了正确反映二手车的价值量及其波动情况,

为将要发生的经济行为提供公平的价格尺度。具体而言，二手车鉴定评估的目的有以下几点：

(1)车辆交易。车辆交易即二手车的买卖，是二手车业务中最常见的一种经济行为。在二手车的交易过程中，买卖双方对交易价格的期望值是不同的。而二手车鉴定估价人员对交易的二手车进行的鉴定估价是第三方估价，可以作为双方议价的基础，从而起到协助确定二手车交易成交额的作用，进而协助二手车交易的达成。评估师必须站在公正、独立的立场对交易车辆进行评估，提供一个评估值，作为买卖双方成交的参考价格。

(2)车辆拍卖。法院罚没车辆、企业清算车辆、海关获得的抵税和放弃车辆、个人或单位的抵债车辆、公车改革的公务用车均须经过拍卖市场公开拍卖变现，拍卖前必须对车辆进行评估，为拍卖师提供拍卖的底价。

(3)车辆置换。2005 年以来，随着国家《汽车贸易政策》的颁布实施，越来越多的品牌专卖店(如 4S 店)开展了以旧换新的置换业务。为使车辆置换顺利进行，必须对待置换的二手车进行鉴定评估并提供评估值。

(4)企业资产变更。在公司合作、合资、联营、分设、合并、兼并等经济活动中，牵涉资产所有权的转移。车辆作为固定资产的一部分，自然也存在产权变更的问题。在产权变更时，必须对其价值进行评估。

(5)抵押贷款。银行为了确保放贷安全，要求贷款人以一定的资产作为抵押。如果以在用汽车为抵押物，给予贷款人与汽车价格相适应的贷款，那么，这个抵押物到底值多少钱，也只有经过评估才能确定。因此，需要专业评估人员对汽车的价格进行评估。汽车价格评估值的高低，对贷款人则决定其可申请贷款的额度；对放贷者而言，评估的准确性一定程度上影响着贷款回收的安全性。

(6)保险。出险车主因车辆损坏从保险公司所获得的赔付额最大不得超出出险前的车辆价值，故有时必须对出险前车辆进行评估。

(7)修复价格评估。汽车修理厂应根据评估提供的查勘定损清单资料，确定更换部件的名称、数量、金额和修理部件的范围、工时定额费用及附加费，从而控制事故车辆总的修理费用，防止修理范围任意扩大。

(8)司法鉴定。当事人遇到涉及车辆的讼诉时，委托鉴定评估师(估价师)对车辆进行评估，有助于把握事实真相；同时，法院判决时，可以依据评估结果进行宣判。这种评估亦可由法院委托评估机构进行。此外，评估机构亦可接受法院等司法部门或个人的委托，鉴定和识别走私车、盗抢车、非法拼装车等非法车辆。

**2. 二手车鉴定评估的意义**

对二手车鉴定评估的过程，不仅仅是原有价值重置和现实价值形成过程，其背后还隐含着很多深层次的重要意义。

(1)二手车属特殊商品。二手车流通涉及车辆管理、交通管理、环保管理、资产管理等多个方面，属特殊商品流通。目前我国对进入二级市场再流通的二手车有严格的规定，鉴定估价环节恰是防止非法交易发生的重要手段。

(2)二手车进入市场再流通，属固定资产转移和处置范畴，按国家有关规定应缴纳一定的税费。目前各地对这一块税费的征管，基本是以交易额为计征依据，实行比率税(费)率，采用从价计征的办法，而这里的计征依据实质上就是评估价格。因此，二手车鉴定评估的准确与否直接关系到国家税收和财政收入的多少及其公正合理性。

(3)因为我国的一些车辆为国家和集体所有，这是车辆管理方面有别于其他发达国家的明显之处。因此对二手车的鉴定估价很大程度上就是对国有资产的评估，评估结果直接关系到国有资产是否流失的问题。

(4)二手车鉴定估价还关系到金融系统有关业务的健康有序开展，司法裁决公平、公正进行及企业依法破立、重组等诸多经济和社会问题。特别是在二手车市场已逐步成为我国汽车市场不可分割的重要组成部分的情况下，应该把科学准确地对二手车进行鉴定估价提高到促进汽车工业进步，有效扩大需求，乃至保障国民经济持续稳定发展和社会安定的高度来认识和把握。

## 二、二手车鉴定评估的依据与原则

### 1. 二手车鉴定评估的依据

二手车鉴定评估的依据有政策法规依据和价格依据。首先，二手车鉴定估价实质上属于资产评估的范畴，在操作中应遵守我国有关资产评估和管理的有关政策法规。具体涉及二手车价格评估的政策法规主要有：《国有资产评估管理办法》、《国有资产评估管理办法实施细则》、《汽车报废标准》等。另外，二手车价格评估中的价格依据主要有历史依据和现实依据。前者主要是二手车的账面原值、净值等资料，它具有一定的客观性，但不能作为估价的直接依据；后者在评估价值时以评估基准日为准，即以现时价格、现时车辆功能状态等为准。

### 2. 二手车鉴定评估的原则

二手车鉴定评估工作的原则是对二手车鉴定评估行为的规范。为了保证鉴定估价结果的真实、准确，做到公平合理，被社会承认，二手车的鉴定评估必须遵循一定的原则。

(1)专业性原则。专业性原则要求鉴定估价人员，接受国家专门的职业培训，获得国家颁发的统一职业资格证书，专业鉴定评估人员必须注册旧机动车鉴定评估师证、注册旧机动车高级鉴定评估师证，才能上岗。

（2）独立性原则。独立性原则要求二手车评估师依据国家的有关法律和规章制度及可靠的资料数据对被评估的车辆独立地作出评定。坚持独立性原则，是保证评定结果具有客观性的基础。要坚持独立性原则，评估机构必须具有独立性，评估机构不应从属于和交易结果有利益关系的二手车市场，目前已不允许二手车市场建立自己的评估机构。

（3）公平性原则。评估人员必须处于中立的立场上对车辆进行评估。这是鉴定估价人员应遵守的一项最基本的道德规范。目前在不规范的二手车市场中，时有鉴定估价人员和二手车经销经纪人员互相勾结损害消费者利益，或私卖公买高估而公卖私买则低估的现象，这是严重违反职业道德的行为。

（4）客观性原则。客观性原则是指评估结果应以充分的事实为依据。评估工作应尊重客观实际，反映被评估车辆的真实情况，所收集的与被评估车辆相关的统计数据应准确，车辆技术状况的鉴定结果应翔实可靠，只有这样才能达到对被评估车辆现值的客观评估。

（5）科学性原则。科学性原则是指在二手车的评估过程中，必须依据评估的目的，选用合理的评估标准和评估方法，使评估结果准确合理。如以拍卖、抵押等为主要目的的评估适用清算价格标准计算；而一般的车辆交易则选用重置成本标准或现行市价标准计算。

（6）可行性原则。可行性原则也称有效性原则，主要包括以下四个方面：在资质上，要求评估人员有国家注册的评估师证；在手段上，有可资利用的汽车检测设备；在依据上，能获得评估所需的数据资料，而且这些数据资料是真实可靠的；在过程上，评估的程序和方法是合法的、科学的。

## 三、二手车鉴定评估的类型与范围

### 1. 二手车鉴定评估的范围

随着汽车与经济和社会活动联系的紧密与功能的拓展，车辆鉴定评估行为也逐步渗透到社会的各个领域，成为资产评估的重要组成部分。通过二手车评估目的可见二手车评估的范围包括如下几种情况。

（1）在流通领域，二手车在不同消费能力群体中互相转手，需要鉴定估价。

（2）在金融系统，银行、信托商店及保险公司开展抵押贷款、典当、保险理赔业务时，需要对相关车辆进行鉴定估价。

(3)企业或个人在公司注册、合资、合作、联营及合并、兼并、重组过程中也会涉及二手车鉴定评估业务。

(4)有关企业开展收购、代购、代销、租赁、置换、回收(拆解)等二手车经营业务需要鉴定估价。

(5)有关单位通过拍卖形式处理罚没车辆、抵押车辆、企业清算等车辆时,需要对车辆进行鉴定评估以获取拍卖底价。

(6)司法部门在处理相关案件时,也需要以涉案车辆的鉴定评估结果作为裁定依据。

除此以外,二手车鉴定估价的一个重要任务就是要鉴定、识别走私、盗抢、报废、拼装等非法车辆,防止其通过二手车市场重新流入社会。

**2. 二手车鉴定评估的类型**

按鉴定估价服务对象的不同,把鉴定估价的业务类型分为交易类业务和咨询服务类业务。

(1)交易类业务是服务于交易市场内部的二手车交易,主要目的是判定二手车的来历、确定收购价格、为交易双方提供交易的参考价格等。

(2)咨询服务类业务是服务于交易市场外部的非交易业务,如资产评估(涉及车辆部分)、抵押贷款估价、法院咨询等。

交易类业务和咨询服务类业务一般都是有偿服务,其评估的程序和作业内容并没有太大的差别,但依评估的特定目的的不同,其评估作业的侧重点有所不同。例如,交易类评估的侧重点是二手车的来历、能否进入二手车市场流通及二手车的估价;而咨询服务类牵涉识伪判定、交易程序解答、市场价格询问、国家相关法规咨询等方面的内容多些,当然也有一些要求提供正式的车辆评估价。

## 四、二手车交易流程

二手车交易流程一般由验车、评估、签订二手车买卖协议、办理车务手续等步骤组成。

**1. 验车**

在二手车交易流程中,验车是极为重要的一个环节。除了对车辆车况本身的检查外,还要对诸如汽车购置、产权状况、维修保养等基础资料,以及“汽车违章”记录、“交强险”历年交纳记录等进行检查和勘验,以免在后续的过户中产生一些不必要的麻烦。

**2. 评估**

我国法律规定,二手车交易属于产权交易范围,需要到国家指定的交易中心进行。因此在验完车后就可以在二手车市场内找专业的评估师,根据车辆的使用年限(已使用年限)、行驶公里数、总体车况和事故记录等进行系统的勘察和评估,折算车辆的成新率,再按照该车的市场销售状况等,提出基本参考价格,并打印"车辆评估书",由评估机构的评估师签章后生效,作为车辆交易的参考和依法纳税的依据之一。

当然,如果是在网上看到的二手车信息,您也可以先通过网上的在线评估系统对车辆做一个估价,也能够在交易时做到心中有数。

**3. 买卖交易**

在车辆评估结束后,交易双方就可以到交易市场内的过户大厅去办理交易手续,完成后交易市场会开具一个全国统一的二手车交易发票。

其中办理交易手续的材料包括:行驶证、登记证书、原始购车发票或上一次买卖交易的旧机动车发票,出售方车主身份证原件,购买方车主身份证原件及相关证明(暂住证、外籍人士居留证、军官证)等。

**4. 过户**

车辆过户又称为车辆的过户转移登记。即买方在取得了由交易市场开具的二手车交易发票后,就可以拿该发票去户口所在地辖区的车辆管理所或地区的车辆管理总所办理过户手续,并取得新的行驶证、车牌。

办理过户手续需要带的证件也比较多,包括:原行驶证、原登记证书、交易市场为本次交易开具的二手车交易发票、身份证原件及相关证明(暂住证、外籍人士居留证、军官证)等。

**5. 税费变更**

至此,二手车交易基本结束,车拿到了,新的行驶本、车牌也都到手了,这个时候千万别忘了办理车辆税费变更登记手续。

车辆的税费变更登记手续往往是最容易被大家忽视的一个环节,税费变更的内容一般包括车辆购置税、车船使用税、车辆保险及各地区规定的其他税费。对以上这些税费进行的变更不但是保证交易双方合法权益的必要程序,也是保证车辆税费、保险等手续正常续缴的必要程序。这些手续办理的地点一般是专门的征稽处及办理点。

在办理完所有的手续之后,不要忘记将能够证明此次交易的重要手续复印留存。包括过户后的登记证书记载过户事宜的一页和此次交易的交易发票。

二手车交易流程如图 1-1 所示。

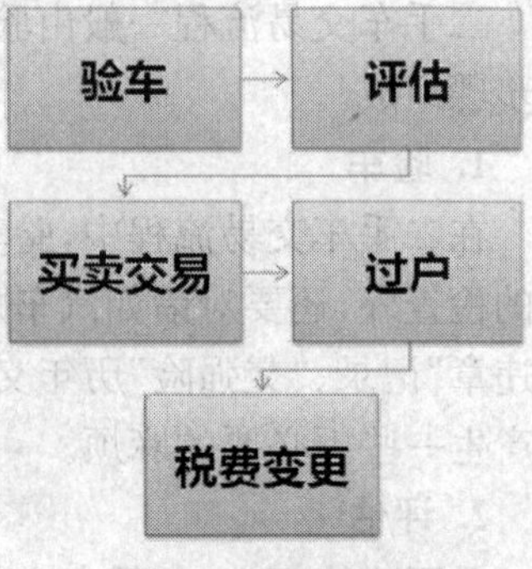


图 1-1 二手车交易流程图

# 第三节　二手车鉴定评估机构与二手车鉴定评估师

## 一、二手车鉴定评估机构

（一）二手车鉴定评估机构的职能

**1. 评估职能**

评估即评价、估算，指对某一事物或物质进行评判和预估。二手车鉴定评估机构的评估职能包括：评价职能、勘验职能、鉴定职能、估价职能等。二手车鉴定评估机构对二手车进行评估，得出评估结论，并说明得出结论的充分依据和推理过程。评估职能是二手车鉴定评估机构的基本职能。

**2. 公证职能**

二手车鉴定评估机构作为当事人之外的第三方，依据自己的资质和专业人员的知识、经验和技能，站在中立、公正的立场上，对二手车做出符合实际的、客观的、有权威的评定。

公证职能是二手车鉴定评估机构的重要职能，是评估职能的延伸。它具有以下特征：

①这种公证职能虽然不具备定论作用，但却有促成事故结案、买卖成交的作用，因为当事人双方难以找出与评估结论完全不同的原因或理由。

②这种公证职能虽然不具备法律效力，但该结论可以接受法律的考验。这是因为二手车鉴定评估机构的评估结论确定之后，必须经当事人双方接受才能结案或买卖成交。一旦当事人双方有一方不能接受，则可选择其他途径解决，如调解协商、仲裁或诉讼。但是，二手车鉴定评估机构可以接受委托方的委托出庭辩护，甚至可被聘请为诉讼代理人出庭诉讼，本着对委托方特别是对评估报告负责的原则，促成双方接受既定结论。

**3. 中介职能**

中介职能是由二手车鉴定机构的地位和作用决定的。二手车鉴定评估机构作为中介人，从事评估经济活动，并参与相关利益的分配，为当事人提供服务，具有鲜明的中介职能。主要表现在：

①二手车鉴定评估机构可以受托于双方当事人的任何一方。

②二手车鉴定评估机构以当事人之外的第三方身份从事二手车评估经营活动，从当事人一方获得委托，以中间人立场执行二手车评估，并收取合理费用。

这样，二手车鉴定评估机构以中间人的身份，独立地开展二手车评估，从而得出评估结论，促成双方当事人接受该结论，为当事人提供中介服务，从而发挥其中介职能作用。

（二）二手车鉴定评估机构的特征

**1. 经济性**

二手车鉴定评估机构通常需通过相关的专业技术人员，接受诸多当事人（如保险公司、车主等）的委托，处理不同类型的二手车评估业务，积累二手车评估经验，提高二手车评估水平，从而帮助当事人降低成本，提高经济效益。

**2. 专业性**

二手车鉴定评估机构的市场定位是向众多当事人提供专业的评估业务。由于其对特定的对象（二手汽车）进行评估，而汽车种类繁多，当事人的要求又千差万别，所以，二手车鉴定评估机构比一般的资产评估机构在评估技术方面更专业，经验更丰富。

**3. 中介性**

二手车鉴定评估机构作为汽车保险市场、二手车交易市场、汽车碰撞事故双方的中介，易被双方当事人所接受，因而可以缓解当事人双方的矛盾并增大回旋余地。可以说，二手车鉴定评估机构是减少当事人之间摩擦的润滑剂。需要说明的是，二手车鉴定评估机构毕竟是以获取利润为目标的中介组织，因此，在其业务活动中既不能过于强调其公正性而忽视委托方的利益，也不能过于强调维护委托方的利益，不顾客观实际，背离公平、公正的原则，更不能放弃职业道德做出贪赃枉法的事情。

除了上述三个特征之外，在有些具体业务领域，对从业人员的要求还具有严格性。二手车鉴定估价人员除应具有汽车专业技术知识外，还需具有财务、会计、法律、经济、金融、保险等知识。如需从事汽车保险公估业务，其从业人员必须通过保险公估资格考试，获得《保险公估资格证书》，持证上岗。

（三）设立二手车鉴定评估机构应具备的条件和程序

**1. 二手车鉴定评估机构应具备的条件**

根据《二手车流通管理办法》第九条规定，二手车鉴定评估机构应具备的条件如下。

①经营者必须是独立的中介机构。

②有固定的经营场所和从事经营活动的必要设施。

③有 3 名以上从事二手车鉴定评估业务的专业人员（包括本办法实施之前取得国家职业资格证书的旧机动车鉴定评估师）。

④有规范的规章制度。

**2. 设立二手车鉴定评估机构的程序**

根据《二手车流通管理办法》第十条规定，设立二手车鉴定评估机构，应当按下列程序办理：

①申请人向拟设立二手车鉴定评估机构所在地省级商务主管部门提出书面申请，并提交符合本办法第九条规定的相关材料。

②省级商务主管部门自收到全部申请材料之日起20个工作日内作出是否予以核准的决定，对予以核准的，颁发《二手车鉴定评估机构核准证书》，不予核准的，应当说明理由。

③申请人持《二手车鉴定评估机构核准证书》到工商行政管理部门办理登记手续。

外商投资设立二手车交易市场、经销企业、经纪机构、鉴定评估机构的申请人（外资并购二手车交易市场和经营主体，以及已设立的外商投资企业增加二手车经营范围的），应当分别持符合《二手车流通管理办法》第八条、第九条规定和《外商投资商业领域管理办法》、有关外商投资法律规定的相关材料报省级商务主管部门。省级商务主管部门进行初审后，自收到全部申请材料之日起1个月内上报国务院商务主管部门。合资中方有国家计划单列企业集团的，可直接将申请材料报送国务院商务主管部门。国务院商务主管部门自收到全部申请材料3个月内会同国务院工商行政管理部门，作出是否予以批准的决定。对予以批准的，颁发或者换发《外商投资企业批准证书》；不予批准的，应当说明理由。申请人持《外商投资企业批准证书》到工商行政管理部门办理登记手续。

## 二、二手车鉴定评估师

### （一）二手车鉴定评估师职业简介

#### 1. 二手车鉴定评估师的概念

“二手车鉴定评估师”在我国职业大典上称为“旧机动车鉴定评估师”。该职业是指运用目测、路试及借助相关仪器设备对二手车的技术状况进行综合检验和检测，结合车辆相关文件资料对二手车的技术状况进行鉴定，并根据评估的特定目的，依据二手车鉴定评估定价标准等一系列科学方法来确定二手车价格的专业技术人员。二手车鉴定评估师与房地产评估师、资产评估师等同属于国务院批准的六类资产评估职业之一。

在国家有关部门颁布的《二手车流通管理办法》、《旧机动车鉴定评估师国家职业标准》、《关于规范旧机动车鉴定评估工作的通知》等政策法规中，对二手车鉴定评估师职业的知识技能提出了很高要求。

#### 2. 二手车鉴定评估师在二手车交易中的地位

在二手车交易中，大部分车主和买主都不能客观地对车辆的现值作出决定，因此，需要第三方能够本着公正、科学、专业的原则，对交易车辆的价格作出一个合理的估算，提供一个交易双方都认可的评估值。能够承担起这个责任的就是二手车鉴定评估师。所以，二手车鉴定评估师对车辆的评估是二手车交易中一个必不可少的环节。

**3. 二手车鉴定评估师在二手车交易中的作用**

二手车鉴定评估师在二手车交易中所起的作用有以下几点：

(1)二手车鉴定评估师在交易中起着基础的作用。在车辆交易中，不论是产权转移还是抵押贷款、事故定损、资产评估，首先要确定车辆的价值，必须要借助评估师的评估能力，对交易车辆的价值作出一个较为客观的评估。

(2)二手车鉴定评估师在交易中起着引导的作用。当交易双方对车辆的车况等各种状况不甚了解的情况下，往往要参考二手车鉴定评估师等专业人士的意见，特别是买车者会较为注重评估师的意见。评估师的专业意见会对车辆的成交与否起到引导的作用。

(3)二手车鉴定评估师在交易中起着平衡双方利益的作用。由于车辆能否成交与车辆的价格有着直接的关系，买方希望买入的价格低，卖方希望卖出的价格高，两者间存在着矛盾，这时，要求评估师能够起到一个协调双方利益的作用。

(4)二手车鉴定评估师评估价的质量起着促进二手车交易量的作用。判断一个评估价的质量好坏，它应该做到合理、合适，对被评估车辆的状况反映出合适的价格。只要评估价做到公正、合理，会使买卖双方尽快成交，从而促进交易量的提高。

(5)产权转移时发挥作用。就狭义的产权转移而言，是指车辆的过户转籍。二手车在二手车交易市场成交以后须办理过户转籍。由于过户时要缴纳相关的过户交易费，车辆要进行评估，按评估值的比例收取相关费用。

(6)在二手车抵押贷款中发挥作用。二手车抵押贷款是近年新兴起的一种二手车交易方式，指的是买车者在二手车交易市场购买二手车，并提供有效的抵押担保，向可以提供贷款的商业银行提出贷款申请，用以支付购买二手车所需部分款项的交易方式。因为银行的贷款额是按车辆的价值来发放的，所以评估师要对交易车辆进行评估，使得该项交易得以顺利进行。

(7)在国企改制中发挥作用。随着我国经济体制改革力度的加大，国有车辆大量进入民间，为了避免国有资产的流失，评估师在这里的评估值至关重要，要起到确保国有资产不致流失的作用。

(8)为防止二手车的非法交易发挥作用。二手车属特殊商品。二手车的流通涉及车辆管理、交通管理、环保管理、资产管理等各方面，属特殊商品流通。目前我国对进入二级市场再流通的二手车有严格的规定，鉴定估价环节正是防止非法交易发生的重要手段。二手车鉴定估价的一个重要任务就是要通过鉴定，识别走私、盗抢、报废、拼装等非法车辆，以防重新流入社会。

（二）二手车鉴定评估师资格认证

鉴定评估是二手车流通的重要环节，直接关系到能否保证二手车公平、公正交易，维护消费者权益，防止税收和国有资产流失。自1999年人力资源和社会保障部推行二手车鉴定评估师职业资格证书以来，我国已有相当一部分人取得了二手车鉴定评估师（评估师）资格。其中大多数鉴定评估师（评估师）能遵纪守法，遵守职业道德，依照法律、法规及有关文件的规定，做好二手车的鉴定评估工作。根据《关于规范旧机动车鉴定评估工作的通知》，对二手车鉴定评估师的资格有如下规定：

（1）实行二手车鉴定评估师（评估师）职业资格和就业准入制度。从事二手车鉴定评估工作的人员，必须取得劳动和社会保障部颁发的二手车鉴定评估师（评估师）职业资格证书。没有取得职业资格证书的人员，不得从事二手车鉴定评估工作。各地劳动保障部门要加强对二手车鉴定评估师（评估师）就业准入管理工作，与经贸部门密切配合，积极推进二手车鉴定评估从业人员持证上岗制度。

（2）二手车鉴定评估师（评估师）职业资格分为鉴定评估师（评估师）和高级鉴定评估师（评估师）两个等级。其考核颁证工作实行全国统一标准，即统一教材、统一命题、统一考核和统一证书。劳动和社会保障部与国家经贸委共同负责全国二手车鉴定评估师（评估师）职业资格制度的政策制定、组织协调和监督管理，并委托劳动和社会保障部职业技能鉴定中心和中国汽车流通协会具体组织实施。

二手车鉴定评估师（评估师）的职责，是为二手车交易双方展开公正和公平的车辆鉴定和价格评估，并逐渐覆盖到二手车交易过程中的各个相关环节，成为一种涵盖汽车产品的技术评定、产品估价、交易代理等一体的专业人员。

需要说明的是，在有些二手车交易市场，二手车经营主体、鉴定评估和拍卖机构内经常遇到有好多持四级和三级职业资格证的人员把自己叫成“中级（或高级）二手车鉴定评估师（评估师）”。这是一种严重的等级混淆和概念错误，其真实的称谓应该是“中级或高级二手车鉴定估价员”，其职业资格证领域的二级和一级才等同于技术资格证领域中的中级和高级，这一级别的称谓才能叫“中级或高级二手车鉴定评估师（评估师）”。

（三）二手车鉴定评估师（评估师）申报条件

**1. 二手车鉴定评估师（评估师）申报条件**

二手车鉴定评估师（评估师）需同时具备的条件如下：

(1)文化程度具备以下条件之一。

①高中毕业,从事本行业工作5年以上。

②中等职业学校毕业,非汽车专业,从事本行业工作4年以上;汽车专业,从事本行业工作2年以上。

③大学专科以上,非汽车专业,从事本行业工作2年以上;汽车专业,从事本行业工作1年以上。

(2)会驾驶汽车并考取驾驶证。

(3)具有一定的车辆性能判断能力。

(4)具有一定的汽车营销知识。

**2. 二手车高级鉴定评估师申报条件**

二手车高级鉴定评估师需同时具备的条件如下:

(1)文化程度具备以下条件之一。

①高中毕业,从事本行业工作8年以上。

②中等职业学校毕业,非汽车专业,从事本行业工作6年以上;汽车专业,从事本行业工作4年以上。

③大学专科以上,非汽车专业,从事本行业工作5年以上;汽车专业,从事本行业工作3年以上。

(2)具有汽车驾驶证,驾龄不低于3年。

(3)具有较强的汽车性能判别能力。

(4)具有丰富的汽车营销知识和经验。

(四)二手车鉴定评估师的岗位要求

**1. 基本要求**

(1)职业道德要求。热爱本职工作,遵守职业道德,具有较高的政治素质和法制观念,从事业务要保证公平、公开,不得利用职业之便损害国家、集体和个人利益。

(2)基础知识要求。二手车鉴定评估师应具备以下基础知识。

①机动车结构和原理知识。

②二手车价格及营销知识。

③机动车驾驶技术。

④国家关于二手车管理的政策及法规。

**2. 二手车鉴定评估师的技能要求**

(1)二手车鉴定评估师的技能要求。二手车鉴定评估师的技能要求见表1-1。

**表 1-1　二手车鉴定评估师的技能要求**

| 职业功能 | 工作内容 | 技能要求 | 相关知识 | 分值比例 |
|---|---|---|---|---|
| 咨询服务 | 业务接待 | ①能按岗位责任和规范要求，文明用语、礼貌待客<br>②能够简要介绍二手车交易方式、程序和有关规定 | ①岗位责任和规范要求<br>②二手车交易主要方式、程序和有关规定 | 1 |
| | 法规咨询 | ①能向客户解答二手车交易的法定手续<br>②能向客户说明不同车主、不同类型二手车交易的有关法规 | ①国家对不同车主、不同类型二手车交易的规定<br>②《汽车报废标准》、《二手车交易管理办法》等 | 1 |
| | 技术咨询 | ①能向客户解答汽车常用的技术参数、基本构造原理及使用性能<br>②能识别汽车类别、国产车型号和进口汽车出厂日期<br>③能根据客户提供的情况，初步鉴别二手车新旧程度 | ①汽车主要技术参数、使用性能及基本构造原理<br>②汽车分类标准、国产车型号编制规则及进口车出厂日期的识别方法<br>③鉴别二手车新旧程度基本方法 | 3 |
| | 价格咨询 | ①能掌握二手车市场价格行情，能向客户简要介绍二手车市场的供求状况<br>②能向客户介绍二手车交易所需的基本费用 | ①二手车价格行情、供求信息的收集渠道和方法<br>②二手车交易各项费用价格构成因素 | 1 |
| 手续检查 | 检查车辆各项手续 | ①能按规定检查二手车交易所需的各项手续<br>②能识别二手车交易所需票证的真伪 | ①二手车交易手续和相关知识<br>②二手车交易所需票证识伪常识 | 7 |
| 车况检查 | 技术状况检查 | ①通过目测、耳听、试摸等手段，能判断二手车外观和主要总成的基本状况<br>②通过路试，能判断发动机动力性能，传动系统、转向系统、制动系统、电路、油路等工作情况 | ①目测、耳听、试摸检查二手车的方法和要领<br>②路试检查二手车的方法和要领 | 40 |
| | 技术状况检测 | ①能读懂汽车检测报告<br>②会使用简单的检测仪器和设备 | ①汽车检测报告各项内容<br>②检测仪器和设备的使用方法和注意事项 | |

**续表 1-1**

| 职业功能 | 工作内容 | 技能要求 | 相关知识 | 分值比例 |
|---|---|---|---|---|
| 技术鉴定 | 二手车主要部件技术状况鉴定 | ①熟悉汽车主要部件正常工作的状态<br>②能判定二手车主要部件的技术状况 | ①汽车主要部件的工作原理<br>②检测报告数据分析方法 | 22 |
| | 二手车整车技术状况鉴定 | ①能正确分析检测报告的数据<br>②能判定二手车整车的技术状况等级 | ①检测报告内容及分析方法<br>②二手车技术状况等级鉴定方法 | |
| 评估定价 | 评估价格 | ①根据车况检测和技术鉴定结果,确定二手车的成新率<br>②根据二手车成新率及市场行情,确定二手车价格 | ①确定二手车成新率的方法<br>②二手车价格评估程序和方法 | 25 |
| | 编写评估报告 | 能编写二手车鉴定估价报告 | 评估报告的格式、要求 | |

(2)二手车高级鉴定评估师的技能要求。二手车高级鉴定评估师的技能要求见表 1-2。

**表 1-2　二手车高级鉴定评估师的技能要求**

| 职业功能 | 工作内容 | 技能要求 | 相关知识 | 分值比例 |
|---|---|---|---|---|
| 咨询服务 | 业务接待 | ①能合理运用社交礼仪及社交语言<br>②能与国外客户进行简单交流<br>③能发现客户的需求和交易动机,营造和谐的洽谈气氛 | ①营销工作中的公关语言、礼仪<br>②常用外语口语<br>③客户的需求心理、交易动机等常识 | 1 |
| | 法规咨询 | ①能向客户解答二手车交易的法定手续<br>②能向客户说明不同车主、不同类型二手车交易的有关法规 | ①国家对不同车主、不同类型二手车交易的规定<br>②《汽车报废标准》、《二手车交易管理办法》等 | 1 |
| | 技术咨询 | ①能向客户解答和说明汽车主要总成的工作原理<br>②能向客户介绍汽车维护、修理常识<br>③能为客户判断二手车常见故障 | ①汽车主要总成工作原理<br>②汽车维护、修理常识<br>③汽车常见故障 | 2 |

**续表 1-2**

| 职业功能 | 工作内容 | 技能要求 | 相关知识 | 分值比例 |
|---|---|---|---|---|
| 咨询服务 | 技术咨询 | ④能理解国外常见车型代号的含义<br>⑤能看懂进口汽车英文产品介绍、使用说明等技术资料 | ④国外常见车辆型号的含义<br>⑤汽车专业英语基础 | 2 |
| | 价格咨询 | ①能通过计算机网络查询二手车价格行情和供求信息<br>②能分析说明二手车市场价格、供求变化趋势<br>③能根据车辆使用情况，初步估计二手车价格 | ①计算机信息系统软件使用方法<br>②价格学、市场学基础知识<br>③二手车价格粗估方法 | 1 |
| | 投资咨询 | ①能帮助客户根据用途选择车型<br>②能根据客户需要，提供投资建议 | ①二手车用途及购买常识<br>②二手车投资收益分析方法 | 2 |
| 手续检查 | 检查车辆各项手续 | ①能按规定检查二手车交易所需的各项手续<br>②能识别二手车交易所需票证的真伪 | ①二手车交易手续和相关知识<br>②二手车交易所需票证识伪常识 | 5 |
| 车况检查 | 技术状况检查 | ①能识别事故车辆、翻新车辆、大修车辆<br>②能发现二手车主要部件更换情况 | ①识别事故车辆、翻新车辆、大修车辆的方法<br>②汽车维修常识 | 36 |
| | 技术状况检测 | ①熟悉汽车检测的基本项目，掌握汽车基本检测方法<br>②会使用汽车常用的检测仪器和设备 | ①汽车基本的检测技术和方法<br>②汽车常用检测仪器和设备的使用方法和注意事项 | |
| 技术鉴定 | 二手车主要部件技术状况鉴定 | 熟知汽车主要部件的技术状况对整车性能的影响 | 汽车部件损耗规律 | 20 |
| | 二手车整车技术状况鉴定 | 能撰写二手车技术鉴定结果报告 | 二手车技术鉴定报告格式和内容 | |

**续表 1-2**

| 职业功能 | 工作内容 | 技能要求 | 相关知识 | 分值比例 |
|---|---|---|---|---|
| 评估定价 | 评估价格 | ①能掌握国家有关设备折旧规定和计算方法<br>②能掌握和运用多种评估定价方法<br>③能利用计算机鉴定估价软件进行估价 | ①设备折旧法<br>②二手车估价软件使用方法<br>③价格策略与常用定价方法：成本定价法、需求定价法、竞争定价法 | 25 |
| | 编写评估报告 | 能够运用计算机编写评估报告 | 计算机文字处理软件使用方法及评估报告格式和内容 | |
| 工作指导 | 指导鉴定估价的工作 | ①了解汽车的发展动态<br>②能指导二手车鉴定评估师处理工作中遇到的较复杂问题<br>③能结合实际情况，对鉴定估价工作提出改进意见 | ①追踪汽车发展动态<br>②对岗位职责的深刻理解和经验积淀<br>③理性思考和创新精神 | 5 |

### （五）二手车鉴定估价人员的岗位职责

二手车价格评估人员的岗位职责如下：

(1)遵守《二手车鉴定估价从业人员工作守则》，认真履行岗位职责。

(2)接待二手车交易客户，受理客户鉴定估价的委托。

(3)接受客户对二手车交易的咨询，引导客户合法交易。

(4)负责检查二手车交易的各项证件。

(5)负责收集二手车鉴定估价的政策法规资料、车辆技术资料和市场价格信息资料。

(6)负责收集二手车的技术鉴定，估算价格。

(7)不准盗抢、走私、非法拼装、报废车辆进场交易。

(8)负责报告鉴定估价结果，与客户商定确认评估价格。

(9)填写鉴定估价报告，指导资料员存档。

(10)协助领导做好有关鉴定估价的其他工作。

### （六）二手车鉴定估价人员的素质要求

二手车鉴定估价人员的素质直接影响着二手车价格评估工作的质量。一名合格的二手车鉴定估价人员应具备的素质主要体现在政策理论素质、业务素质和思想品德素质三个方面。

**1. 政策理论素质**

①掌握马克思主义的基本理论，能运用马克思主义的立场、观点和方法

分析和解决问题。

②有一定的资产评估业务理论，熟悉资产评估基本原理和基本方法。

③有一定的政策水平，熟知国家有关二手车交易的政策法规和国家在各个时期的路线、方针和政策。

**2. 业务素质**

①具有一定的知识面。二手车鉴定估价涉及知识面广，它不仅要求鉴定估价人员具备财会、经济管理、市场、金融、物价等经济学科方面的知识，同时还要求鉴定估价人员具有工程技术、计算机操作方面的知识。鉴定估价人员具有较全面的知识结构，才能胜任二手车的鉴定估价工作。

②具有娴熟的评估技巧和计算技术。

③具有较高的收集、分析和运用信息资料的能力。

④具有准确的判断能力。二手车鉴定估价的过程，就是一个对二手车技术状况进行判断、鉴定，从而对其价格进行估算的过程。

**3. 思想品德素质**

思想品德素质包括以下内容：热爱祖国，遵纪守法，公正廉洁。鉴定估价人员只有具备较高的思想品德素质，才能在评估工作中自觉履行自己的职责和义务，恪守职业道德，全心全意为客户服务。

（七）二手车鉴定评估师注册登记管理办法

为加强对二手车鉴定评估师的长期动态管理，不断提高二手车鉴定评估师的职业技术水平，更好地发挥其在二手车鉴定评估中的作用，根据《关于规范旧机动车鉴定评估工作的通知》的规定，对二手车鉴定评估师实行注册登记管理制度。并制定了《旧机动车鉴定评估师注册登记管理办法》。其具体内容如下：

(1)二手车鉴定评估师需经全国统一考核合格，取得由人力资源和社会保障部门颁发的二手车鉴定评估师职业资格证书。

(2)中国汽车流通协会是二手车鉴定评估师职业资格的注册管理机构。商务部、人力资源和社会保障部对二手车鉴定评估师职业资格的注册和使用情况有检查、监督的责任。

(3)已取得二手车鉴定评估师职业资格的人员，每2年应接受继续教育或业务培训，不断更新知识，以保持较高的专业水平。

(4)二手车鉴定评估师职业资格注册有效期为1年。有效期满前一个月，持证人将人力资源和社会保障部统一颁发的“二手车鉴定评估师职业资格证书”与中国汽车流通协会统一颁发的“二手车鉴定评估师注册登记证”及由单位领导签字并加盖公章的“二手车鉴定评估师注册登记表(见表1-3)”寄到中国汽车流通协会或协会委托的地方行业协会，办理注册登记手续。对有争议或群众反映强烈的持证者，中国汽车流通协会将调查核实并征求地方人民政府负责管理二手车鉴定评估业的部门的意见，再决定是否对其办理注册手续。

**表 1-3　二手车鉴定评估师注册登记表**

<table>
<tr><td>姓　名</td><td></td><td>性　别</td><td></td><td>出生年月</td><td></td><td rowspan="4">近期二寸<br>免冠照片<br>（首次注册）</td></tr>
<tr><td>民　族</td><td></td><td>学　历</td><td></td><td>从事本专业时间</td><td></td></tr>
<tr><td>现工作单位</td><td colspan="3"></td><td>职　务</td><td></td></tr>
<tr><td>详细地址</td><td colspan="3"></td><td>邮　编</td><td></td></tr>
<tr><td>联系电话</td><td colspan="6">（区号）　（电话）　（手机）</td></tr>
<tr><td>传　真</td><td colspan="3"></td><td>身份证号</td><td colspan="2"></td></tr>
<tr><td>注册情况</td><td colspan="3">□首次注册</td><td colspan="3">□年度审核</td></tr>
<tr><td>二手车鉴定评估师<br>职业资格证书号</td><td colspan="2"></td><td colspan="2">二手车高级鉴定评估师<br>职业资格证书号</td><td colspan="2"></td></tr>
<tr><td>本年度工作业绩</td><td colspan="6"></td></tr>
<tr><td>单位鉴定意见</td><td colspan="6">领导签字　公　章<br>年　月　日</td></tr>
<tr><td>省企业营销<br>协会初审意见</td><td colspan="6">领导签字　公　章<br>年　月　日</td></tr>
<tr><td>中国汽车流通<br>协会意见</td><td colspan="6">领导签字　公　章<br>年　月　日</td></tr>
</table>

(5)二手车鉴定评估师只能在一个评估机构或相关企业执业，不得以其鉴定评估师身份在其他企业兼职。二手车鉴定评估师调离原单位，仍继续从事二手车鉴定评估工作者，须在一个月内凭调入、调出单位有关证明到中国汽车流通协会或协会委托的地方行业协会重新办理注册登记手续。

(6)二手车鉴定评估师职业资格注册后，有下列情形之一的，应由所在单位向中国汽车流避协会提出注销注册申请，并将“二手车鉴定评估师注册登记证”寄回中国汽车流通协会。

①完全丧失民事行为能力者。

②死亡或失踪者。

③受刑事处罚者。

④因严重违反职业道德或其他原因不宜继续从事二手车鉴定评估工作者。

(7)二手车鉴定评估师有下列情形之一的,由中国汽车流通协会视其情节轻重,给予警告、暂停从业、注销注册的处分。

①在执业期间,因违反法律法规规定对国家、委托人所造成的经济损失有直接责任者。

②利用执行业务之便,索取、收受委托人不正当的酬金或其他财物,或者谋取不正当的利益者。

③允许他人以本人名义执行业务。

④同时在两个或者两个以上的二手车鉴定评估机构执行业务。

⑤二手车鉴定评估师工作变动,未在规定期限到中国汽车流通协会办理变更或注销手续。

⑥二手车鉴定评估师职业资格未按规定注册。

⑦违反法律、法规的其他行为。

(8)申请人对其不予注册、警告、暂停从业、注销注册的处分如有异议可在收到通知20天内向中国汽车流通协会申请复议。

二手车鉴定评估师所在注册单位凡经改制更名的,应提交《二手车鉴定评估师变更注册单位审批表》,见表1-4。

**表1-4　二手车鉴定评估师变更注册单位审批表**

| | | | | | |
|---|---|---|---|---|---|
| 姓　名 | | 性　别 | | 出生年月 | |
| 民　族 | | 学　历 | | 从事本专业时间 | |
| 注册证编号 | | | | | |
| 二手车鉴定评估师职业资格证书号 | | 二手车高级鉴定评估师职业资格证书号 | | | |
| 调出企业 | | | | 职　务 | |
| 地　址 | | | | 邮　编 | |
| 电　话 | (区号)　(电话)　(传真) | | | | |
| 调入企业 | | | | 职　务 | |
| 地　址 | | | | 邮　编 | |
| 电　话 | (区号)　(电话)　(传真)　(手机) | | | | |

续表 1-4

| | |
|---|---|
| 从业简历 | |
| 工作调动原因 | |
| 调出企业意见 | 领导签字　　公　章<br>年　　月　　日 |
| 调入企业意见 | 领导签字　　公　章<br>年　　月　　日 |
| 省企业营销协会初审意见 | 领导签字　　公　章<br>年　　月　　日 |
| 中国汽车流通协会意见 | 领导签字　　公　章<br>年　　月　　日 |

通信地址：　　　　　　　　　　　　邮编：

联系人：　　　　电话：　　　　　　传真：

## 第四节　汽车基础知识

### 一、汽车总体结构

汽车的类型虽然很多，但基本构造都是由发动机、底盘、车身和电气设备四大部分组成的，如图 1-2 所示。

#### （一）发动机

发动机是汽车的心脏，是由多个机构和系统组成的复杂机器。现代汽车发动机的结构形式很多。即使是同一类型的发动机，其具体结构也各不相同。但不论哪种类型的发动机，其基本结构都是相似的。

(1)汽油发动机的总体构造。汽油发动机的剖视图如图 1-3 所示。汽油

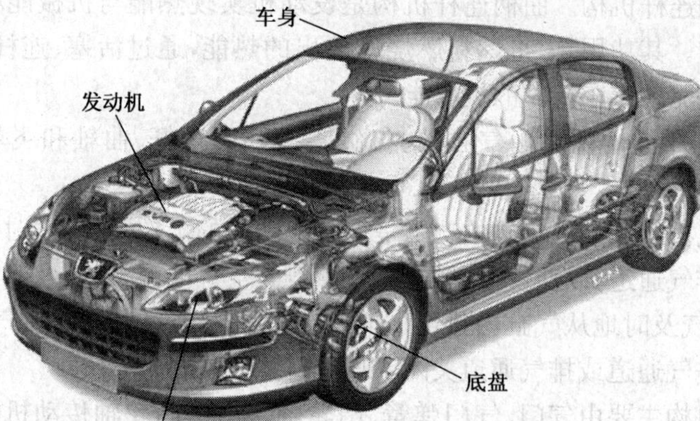


图 1-2 汽车的基本结构

发动机主要由“两大机构、五大系统”组成。“两大机构”指曲柄连杆机构和配气机构，“五大系统”指燃料供给系统、冷却系统、润滑系统、点火系统和起动系统。

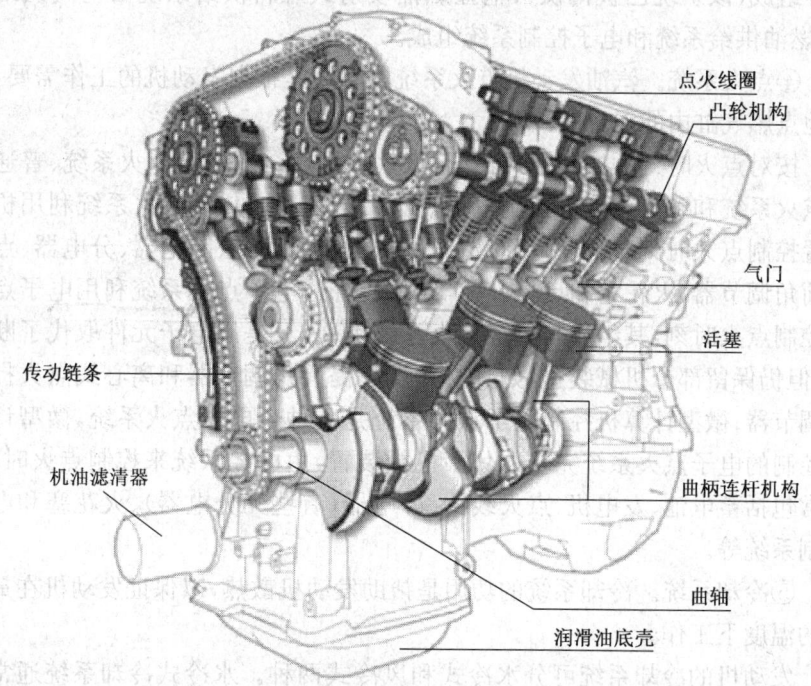

图 1-3 汽油发动机的剖视图

①曲柄连杆机构。曲柄连杆机构是发动机实现热能与机械能相互转换的核心机构。其功用是，将燃料燃烧所放出的热能，通过活塞、连杆、曲轴等转变成能够驱动汽车行驶的机械能。

曲柄连杆机构主要由气缸体、气缸盖、活塞、连杆、曲轴和飞轮等机件组成。

②配气机构。配气机构的功用是根据发动机的工作需要，适时地打开进气通道或排气通道，以便使可燃混合气（燃料与空气的混合物）及时地进入气缸，或使废气及时地从气缸内排出。而当发动机不需要进气或排气时，则利用气门将进气通道或排气通道关闭，以便保持气缸密封。

配气机构主要由气门、气门弹簧、凸轮轴、挺杆、凸轮轴传动机构等零部件组成。

③燃料供给系统。汽油发动机燃料供给系统的功用是根据发动机的工作需要，配制出一定数量和浓度的可燃混合气并送入气缸。

燃料供给系统有化油器式和电控燃油喷射式两种类型。化油器式燃料供给系统一般由汽油箱、汽油泵、汽油滤清器、化油器、空气滤清器、进排气装置等组成（该系统已被淘汰）；电控燃油喷射式燃料供给系统由空气供给系统、燃油供给系统和电子控制系统组成。

④点火系统。汽油发动机点火系统的功用是根据发动机的工作需要，及时地点燃气缸内的混合气。

按对点火时刻的控制方式不同，点火系统可分为传统点火系统、普通电子点火系统和微型计算机控制电子点火系统三种。传统点火系统利用机械装置控制点火时刻，通常由蓄电池、发电机、点火线圈、断电器、分电器、点火提前角调节器、火花塞和点火开关等组成；普通电子点火系统利用电子点火器控制点火时刻，其组成与传统点火系统类似，只是用电子元件取代了断电器，但仍保留部分机械装置，如真空式点火提前角调节器和离心式点火提前角调节器；微型计算机控制电子点火系统是一种全电子点火系统，微型计算机控制的电子点火系统完全取代了机械装置，由电控系统来控制点火时刻，通常包括蓄电池、发电机、点火线圈、分电器（有些无分电器）、火花塞和电子控制系统等。

⑤冷却系统。冷却系统的功用是帮助发动机散热，以保证发动机在最适宜的温度下工作。

发动机的冷却系统可分水冷式和风冷式两种。水冷式冷却系统通常由水套、水泵、散热器、风扇、节温器等组成。风冷式冷却系统主要由风扇、散热片组成。

⑥润滑系统。润滑系统的功用是向作相对运动的零件表面输送清洁的润滑油，以减小摩擦和磨损，并对摩擦表面进行清洗和冷却。

润滑系统一般由机油泵、集滤器、限压阀、油道、机油滤清器等组成。

⑦起动系统。起动系统的功用是使发动机由静止状态进入到正常工作状态。起动系统包括起动机及其附属装置。

(2)柴油发动机的总体构造。四冲程水冷式柴油发动机由“两大机构、四大系统”组成，“两大机构”指曲柄连杆机构和配气机构，“四大系统”指燃料供给系统、冷却系统、润滑系统、起动系统。

比较汽油发动机与柴油发动机的总体构造可知，两种发动机的构造基本相同，主要区别是柴油发动机少了点火系统。这是因为两种发动机的点火方式不同，柴油发动机是依靠压缩燃料与空气的混合气点火的。

### (二) 底盘

汽车底盘由传动系统、行驶系统、转向系统和制动系统等四大系统组成，其功用为接受发动机的动力，使汽车运动并保证汽车能够按照驾驶人的操纵而正常行驶。图 1-4、图 1-5 所示分别为常见货车和轿车的底盘结构图。

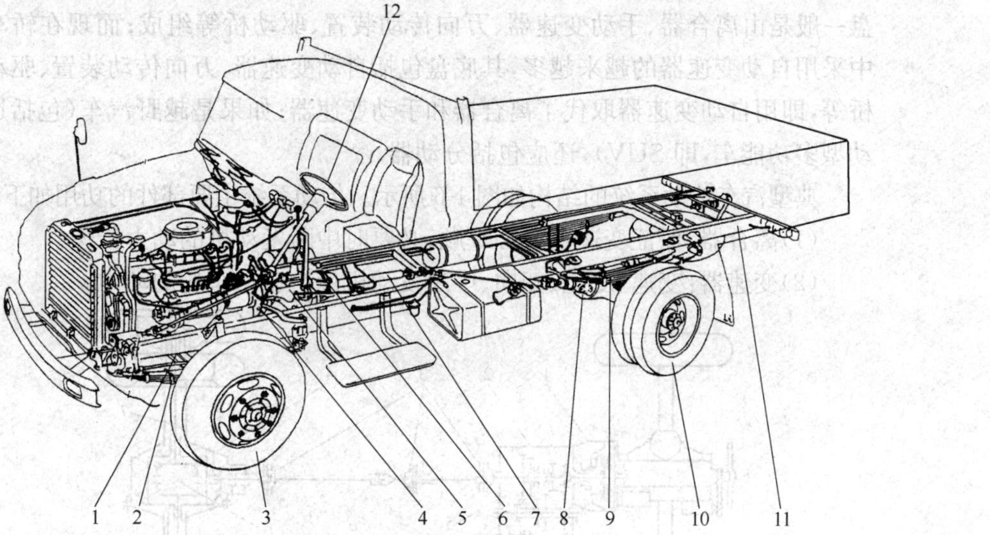


**图 1-4　货车底盘结构**

1. 前轴　2. 前悬架　3. 前轮　4. 离合器　5. 变速器　6. 驻车制动器　7. 传动轴　8. 驱动桥　9. 后悬架　10. 后轮　11. 车架　12. 转向盘

#### 1. 传动系统

汽车传动系统是指从发动机到驱动车轮之间所有动力传递装置的总称。传动系统的功用是将发动机的动力传给驱动车轮。

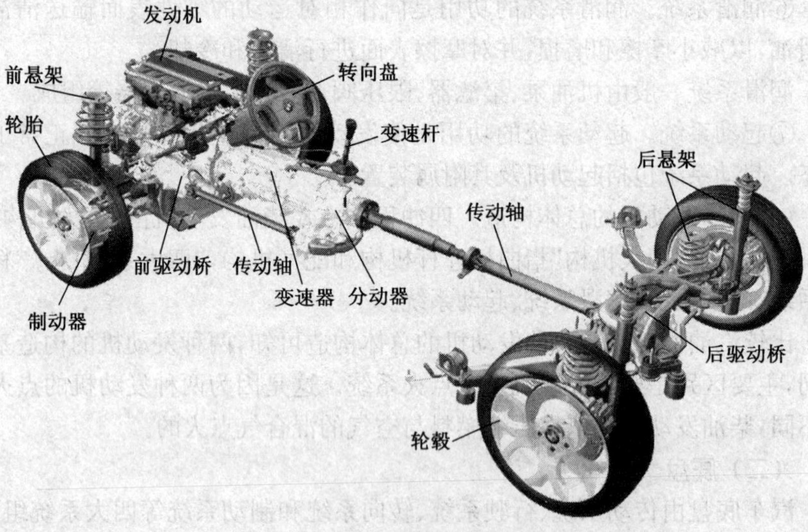


**图 1-5　底盘主要部件布置图**

不同的汽车，其底盘的组成稍有不同：如对于载货汽车及部分轿车，其底盘一般是由离合器、手动变速器、万向传动装置、驱动桥等组成；而现在轿车中采用自动变速器的越来越多，其底盘包括自动变速器、万向传动装置、驱动桥等，即用自动变速器取代了离合器和手动变速器；如果是越野汽车（包括运动型多功能车，即 SUV），还应包括分动器。

典型汽车传动系统的结构如图 1-6 所示。传动系统主要部件的功用如下：

(1)离合器：保证变速器换挡平顺，必要时中断发动机的动力传递。

(2)变速器：变速、变矩、变向、中断发动机传给驱动车轮的动力。

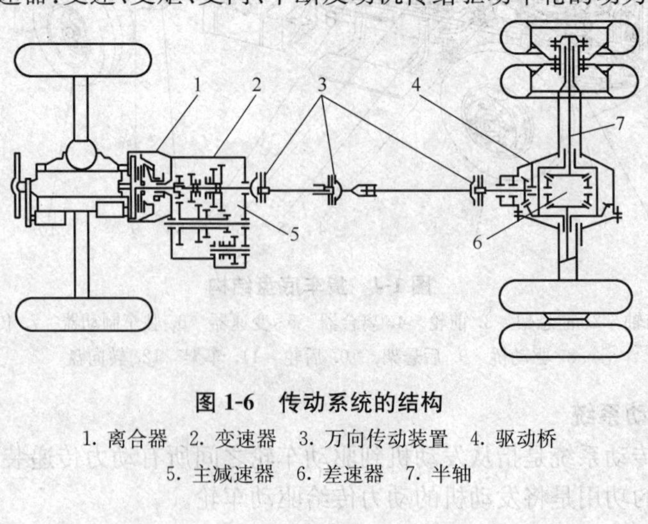


**图 1-6　传动系统的结构**

1. 离合器　2. 变速器　3. 万向传动装置　4. 驱动桥
5. 主减速器　6. 差速器　7. 半轴

(3)万向传动装置:实现有夹角和相对位置经常发生变化的两轴之间的动力传递。

(4)主减速器:是变速器中的重要部件,其功用是将动力传给差速器,并实现降速增矩、改变传动方向。

(5)差速器:是驱动桥中的重要部件,其功用是将动力传给半轴,并允许左右半轴以不同的转速旋转。

(6)半轴:是驱动桥中的重要部件,其功用是将差速器的动力传给驱动车轮。

**2. 行驶系统**

汽车行驶系统的功用是支承、安装汽车的各零部件总成,传递和承受车上、车下各种载荷的作用,以保证汽车的正常行驶。行驶系统主要由车架(车身)、车桥、悬架、车轮等组成,如图 1-7 所示。

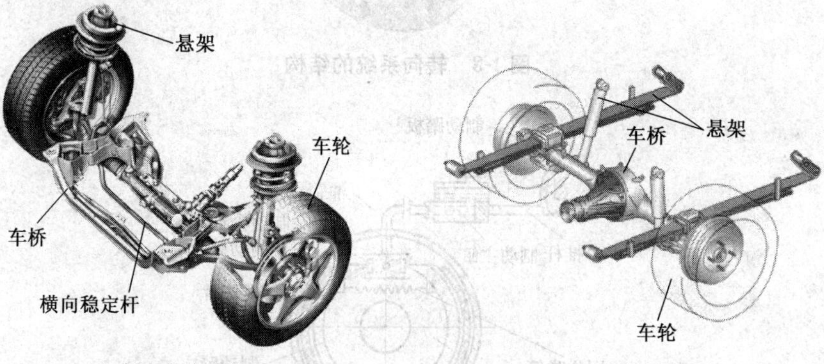


(a) 轿车行驶系统　(b) 货车行驶系统

图 1-7　行驶系统结构

**3. 转向系统**

转向系统的功用是保证汽车能够按照驾驶人选定的方向行驶,主要由转向操纵机构(包括转向盘、转向轴等)、转向器、转向传动机构(包括转向横拉杆、转向节臂、转向节、转向轮等)组成,如图 1-8 所示。现在的汽车普遍采用动力转向装置。

**4. 制动系统**

制动系统的功用是使汽车减速、停车并能保证可靠地驻停。汽车制动系统一般包括行车制动系统和驻车制动系统等两套相互独立的制动系统,每套制动系统都包括制动器和制动传动机构。现在汽车的行车制动系统普遍装有制动防抱死系统(ABS)。制动系统基本组成如图 1-9 所示。

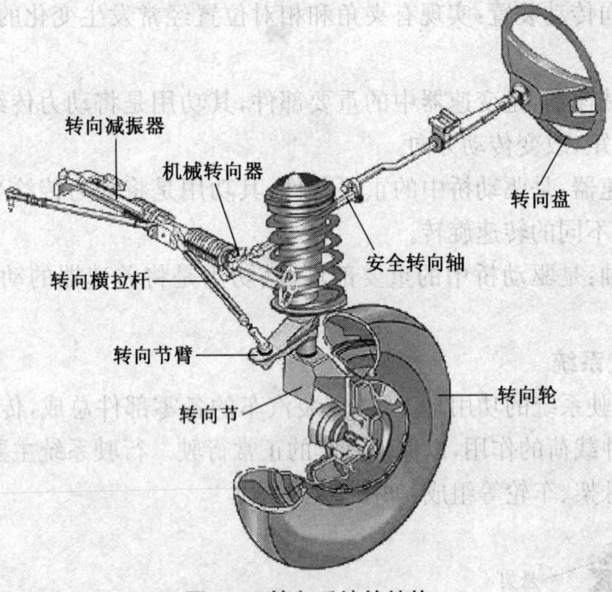


**图 1-8　转向系统的结构**

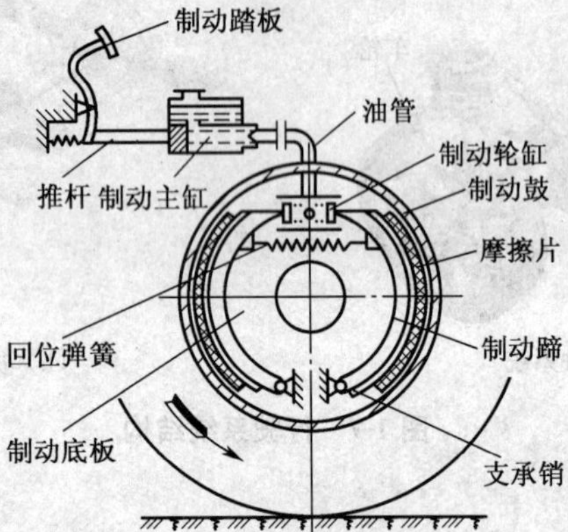


**图 1-9　制动系统基本组成示意图**

（三）电气设备

汽车电气设备的功能是保证车辆在行驶过程中的可靠性、安全性和舒适性。

**1. 组成**

汽车电气设备可分为以下几部分：

(1)电源系统。包括蓄电池、交流发电机及其调节器。

(2)起动系统。包括起动机、起动继电器等。

(3)点火系统。包括点火开关、点火线圈、分电器(多数车型已取消分电器)、电控单元(ECU)、信号发生器、点火控制器、火花塞、高压导线等。

(4)照明系统。包括前照灯、雾灯、牌照灯、顶灯、阅读灯、仪表板照明灯、行李箱灯、门灯、发动机舱照明灯等。

(5)仪表系统。包括车速里程表、燃油表、水温表、发动机转速表等。

(6)信号系统。包括音响信号和灯光信号装置(如制动信号灯、转向信号灯、倒车信号灯以及各种报警指示灯)等。

(7)空调系统。包括暖风、制冷与除湿装置等。

(8)其他辅助用电设备。包括电动玻璃升降器、中央控制门锁、电动后视镜、风窗刮水器、洗涤器、电喇叭、点烟器及电动天窗、巡航控制系统、安全气囊、电动座椅等。

**2. 布置**

汽车电器设备的安装位置基本上可参照图 1-10 所示。其中,电源系统、起动系统、点火系统、空调系统的大部分部件都安装在发动机舱内,仪表系统安装在驾驶室内,照明系统、信号系统安装在车身的前后部位,电动玻璃升降器、中央控制门锁、电动后视镜、风窗刮水器、电动天窗等安装在车身上。

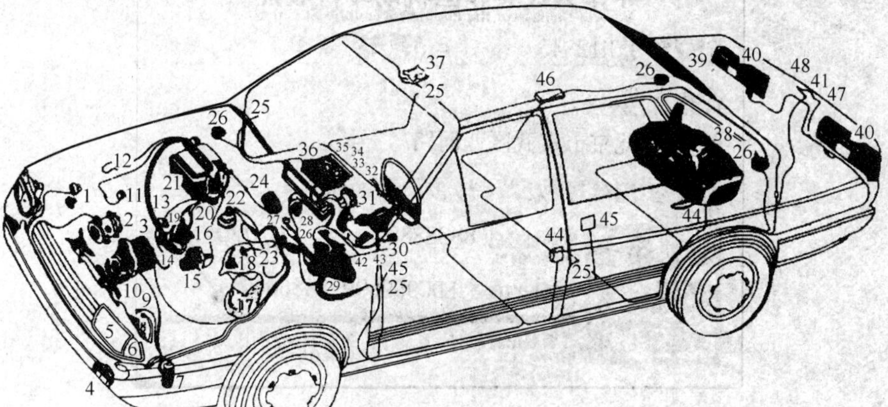

**图 1-10　汽车电器设备位置图**

1. 双音喇叭　2. 空调压缩机　3. 交流发电机　4. 雾灯　5. 前照灯　6. 转向指示灯　7. 空调储液干燥器　8. 中间继电器　9. 电动风扇双速热敏开关　10. 风扇电动机　11. 进气电预热器　12. 化油器怠速截止电磁阀　13. 热敏开关　14. 机油油压开关　15. 起动机　16. 火花塞　17. 风窗清洗液电动泵　18. 冷却液液面传感器　19. 分电器　20. 点火线圈　21. 蓄电池　22. 制动液液面传感器　23. 倒车灯开关　24. 空调、暖风用鼓风机　25. 车门接触开关　26. 扬声器　27. 点火控制器　28. 风窗刮水器电动机　29. 中央接线盒　30. 前照灯变光开关　31. 组合开关　32. 空调及风量旋钮　33. 雾灯开关　34. 后窗电加热器开关　35. 危急报警灯开关　36. 收放机　37. 顶灯　38. 油箱油面传感器　39. 后窗电加热器　40. 组合后灯　41. 牌照灯　42. 电动天线　43. 电动后视镜　44. 中央控制门锁　45. 车窗玻璃电动升降机　46. 电动天窗开关　47. 后盖集控锁　48. 行李箱灯

## 二、汽车识别代码(VIN码)

随着新车型的不断推出，新技术的不断应用，汽车的品牌、种类、配置越来越复杂。如何识别每一辆汽车呢？目前，世界各国汽车公司所生产的汽车都使用了汽车识别代码(Vehicle Identificatien Number，缩写为 VIN)。因为 VIN 一般为 17 位，故俗称 17 位代码，也称车架号。

**1. 汽车识别代码的特点**

汽车识别代码是汽车制造厂为了识别一辆汽车而规定的一组字码，它由一组数字和字母组成(字母 I、O、Q 不能使用)，共 17 位。这些字码经过排列组合，可以使车型生产在 30 年之内不会发生重号现象，它具有对车辆的唯一识别性。由于它很像我们的身份证，因此又有人将其称为“汽车身份证”。车辆识别代码中含有车辆的制造厂家、生产年代、车型、车身型式、发动机以及其他装备的信息。

图 1-11 所示为机动车行驶证上的 VIN 码。

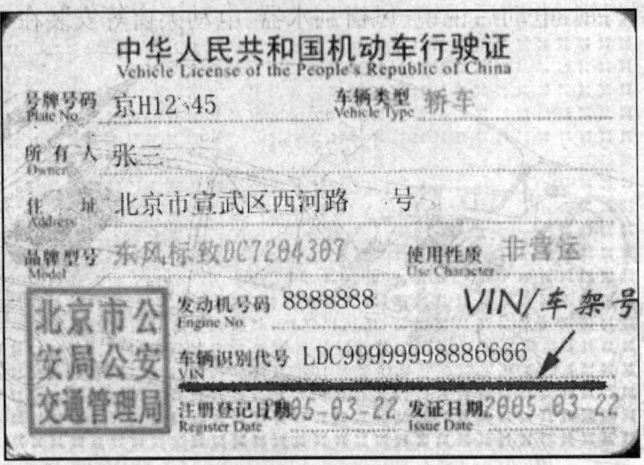


**图 1-11 机动车行驶证 VIN 码**

经过近 100 年的发展，VIN 码和汽车识别技术已经成为一个极其完善的系统，于 20 世纪 70 年代被国际标准化组织(ISO)确定为国际标准。1996 年我国也颁布了相应的 VIN 码标准，并于 1997 年 1 月 1 日起实施，过渡期 24 个月。从 1999 年 1 月 1 日起适用范围内的所有新生产车必须使用车辆识别代号。

通过 VIN 码能够查询到该车的生产国别、制造公司或生产厂家、车的类型、品牌名称、车型系列、车身形式、发动机型号、车型年款、安全防护装置型号、检验数字、装配工厂名称和出厂顺序号码等。

车辆识别代码具有许多重要的用途。例如：服务商用车辆识别代码识别生产厂家配置的发动机，变速和制动系统，以便为车辆提供更合适的服务；执法机构用车辆识别代码识别或恢复被偷车辆和车辆配件；当车辆生产者需要安全召回车辆时也会用到车辆识别代码。通过与计算机和数据库技术的完美结合，VIN 码的作用得到更加充分的发挥，为车辆管理的科学化、国际化、现代化创造了条件。

**2. 汽车识别代码的位置**

VIN 码应尽量位于车辆的前半部分、易于看到且能防止磨损或替换的部位。VIN 码常见位置：仪表板左侧；前横梁；行李舱内；悬架支架上；纵梁上；翼子板内侧；直接标注在车辆铭牌上；也可能固定在车辆门铰链柱、门锁柱或与门锁柱接合的门边之一的柱子上，接近于驾驶人座位的地方；大型客车、货车则可能在整车底盘等地方。VIN 码的常见位置如图 1-12 所示。

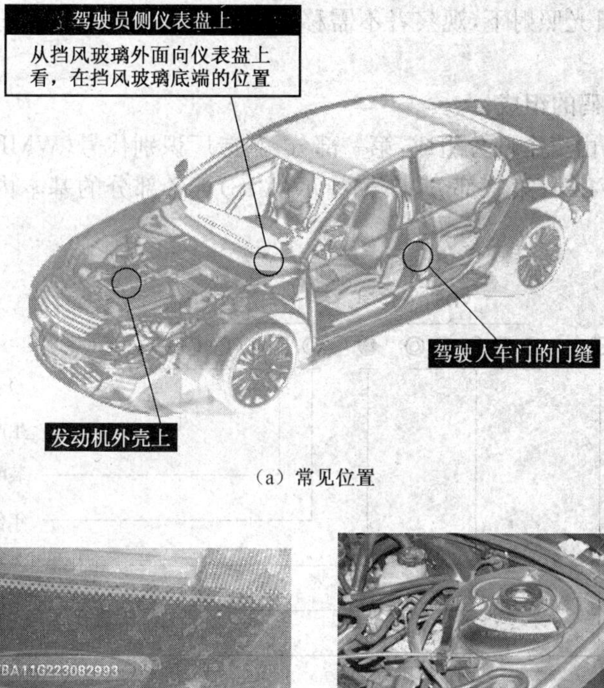


（a）常见位置

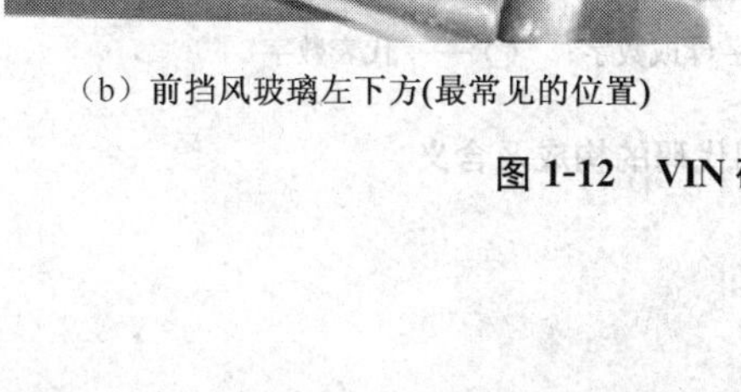

（b）前挡风玻璃左下方(最常见的位置)

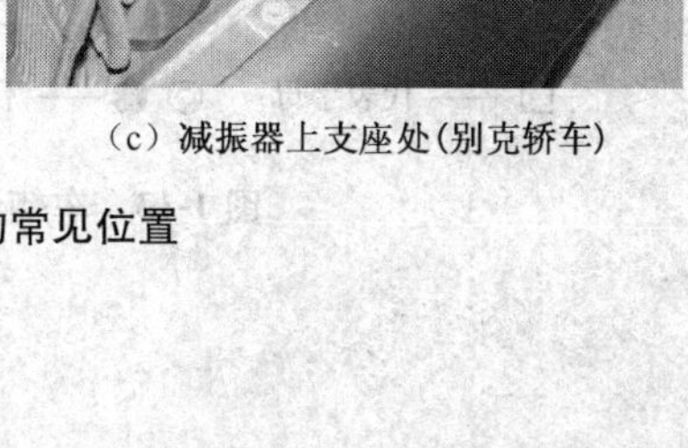

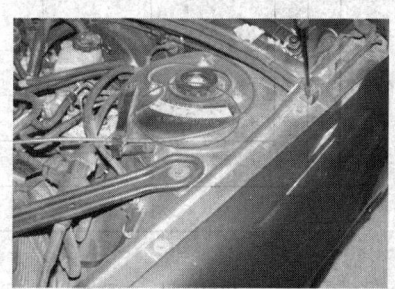

（c）减振器上支座处(别克轿车)

**图 1-12　VIN 码的常见位置**

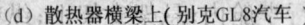

（d）散热器横梁上(别克GL8汽车)

（e）行李舱中（SAAB9000轿车）

**图 1-12 VIN 码的常见位置(续)**

我国的《VIN(车辆识别代号)管理规则》规定:“9 人座或 9 人座以下的车辆和最大总质量小于或等于 3.5T 的载货汽车的车辆识别代号应位于仪表板上,在白天日光照射下,观察者不需移动任一部件从车外即可分辨出车辆识别代号”。

**3. VIN 码的组成**

VIN 码由三个部分组成:第一部分,制造厂识别代号(WMI);第二部分,车辆说明(VDS);第三部分,车辆指示(VIS)。各部分的基本内容如图 1-13 所示。

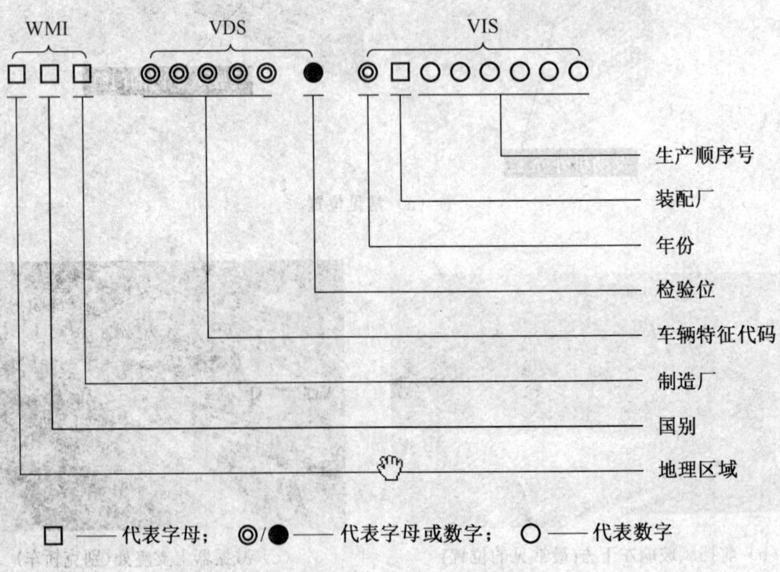


**图 1-13 车辆识别代码的构成及含义**

(1)第一部分。为制造厂识别代码(WMI),它由三位字母或数字组成。它们必须经过申请、批准和备案后方能使用。第1位字母或数字标明一个地理区域;第2位字母或数字表示这个特定区域的一个国家;第3位字母或数字标明某个特定的制造厂。第1、2、3位字母或数字的组合将保证一个国家的某个汽车制造厂识别标志的唯一性。对于年产量小于500辆的制造厂,汽车识别代码的第3位为数字9。此时,车辆指示部分(VIS)的第3～5位,即17位码的第12、13、14位将与第一部分的三位共同作为制造厂识别代码。我国的WMI前两位区段为LA～LO,它规定了所有在中国境内生产的汽车产品的WMI编号必须在该区段内。以下是我国部分汽车制造厂家的WMI编号:LSV表示上海大众;LSG表示上海通用;LFV表示一汽大众;LDC表示神龙汽车;LEN表示北京吉普;LHG表示广州本田;LHB表示北汽福田;LKD表示哈飞汽车;LS5表示长安汽车;LNP表示南京菲亚特;LSG表示上汽奇瑞;LNB表示北京现代;LFP表示一汽轿车;LGB表示东风汽车;LDN表示东南汽车。

(2)第二部分。为车辆说明部分(VDS),它由六位字码组成。分别由制造厂用不同的数字或字母标明车辆型式或品牌、车辆类型、种类、系列、车身类型、发动机或底盘类型、驾驶室类型以及汽车车辆的其他特征参数。如果制造厂不用其中的一位或几位字码,应在该位置填入制造厂选定的字母或数字占位。该部分的最后一位,即17位代码的第9位为制造厂检验位。检验位由0～9中的任一数字或字母X标明。其作用是核对VIN码记录的准确性。

(3)第三部分。为车辆指示部分(VIS),它由8位字码组成。第1位,即17位代码的第10位,表示汽车生产年份;第2位,即17位代码的第11位,用来指示汽车装配厂,若无装配厂,制造厂可规定其他的内容;第3～8位字码,即17位代码的第12～17位,对于年产量≥500辆的制造厂,表示生产顺序号,对于年产量<500辆的制造厂,该部分第3～5位字码与第一部分的三位字码共同表示一个车辆制造厂,最后三位字码表示生产顺序号。我国规定的VIN码中的年份代码见表1-5。部分汽车生产企业VIN码编码规则参见附录A。

**表1-5　我国VIN码中的年份代码**

| 代码 | 年份 | 代码 | 年份 | 代码 | 年份 | 代码 | 年份 |
|---|---|---|---|---|---|---|---|
| 1 | 1971 | 4 | 1974 | 7 | 1977 | A | 1980 |
| 2 | 1972 | 5 | 1976 | 8 | 1978 | B | 1981 |
| 3 | 1973 | 6 | 1976 | 9 | 1979 | C | 1982 |

续表 1-5

| 代码 | 年份 | 代码 | 年份 | 代码 | 年份 | 代码 | 年份 |
|---|---|---|---|---|---|---|---|
| D | 1983 | L | 1990 | V | 1997 | 4 | 2004 |
| E | 1984 | M | 1991 | W | 1998 | 5 | 2005 |
| F | 1985 | N | 1992 | X | 1999 | 6 | 2006 |
| G | 1986 | P | 1993 | Y | 2000 | 7 | 2007 |
| H | 1987 | R | 1994 | 1 | 2001 | 8 | 2008 |
| J | 1988 | S | 1995 | 2 | 2002 | 9 | 2009 |
| K | 1989 | T | 1996 | 3 | 2003 | A | 2010 |

## 三、汽车使用寿命与报废标准

### (一) 汽车使用寿命

机动车使用寿命主要可分为技术使用寿命、经济使用寿命和合理使用寿命等。

#### 1. 技术使用寿命

机动车技术使用寿命是指车辆从开始使用,直至其主要机件到达技术极限状态而不能再继续修理时为止的总工作时间或总行驶里程。这种极限状态的标志,在结构上表现为零部件的工作尺寸、工作间隙达到设计的边缘,在性能上常表现为车辆总体的动力状态或燃、润料的极度超耗。

机动车的技术寿命,主要取决于各部分总成的设计水平、制造质量和合理使用与维修。机动车到达技术寿命时,应对车辆进行报废处理,其零部件也不能再作备件使用。机动车维修工作做得越好,机动车的技术寿命越会延长,但一般随着机动车使用时间的延长,机动车维修费也日益增加。

#### 2. 经济使用寿命

在使用和停驶过程中,随着汽车技术状况的劣化,维护保养费用会上升,燃料费用会增加,停驶时间变长,使得个人的使用成本上升;同时随着技术状况的劣化,污染物排放增加,行驶的可操控性变差,社会的公众安全费用和环境治理费用上升,社会的经济投入增加,当汽车的使用在经济上变得不合算时,汽车即到达了其使用年限——经济使用寿命。合理确定汽车的使用期限,即汽车的合理使用寿命。

#### 3. 合理使用寿命

从技术的角度看,只要汽车还能行驶,就可以创造价值,就可以继续使用;而从经济角度看,汽车使用到一定程度再继续使用,在经济上不合算,是个人和社会的负担,需要更新换代。而更新换代,不但需要资金支持,还要受技术状况、能源状况、市场状况等多种因素的影响和制约,需要综合多种因素。

机动车技术、经济和合理使用寿命三者的关系可用下式表达：

技术使用寿命＞合理使用寿命≥经济使用寿命

（二）汽车报废标准

为了确保机动车辆驾驶人员和乘员及其他交通参与者（包括行人等）的安全，节省能源，保护环境，鼓励技术进步和公平竞争，以适当的、必要的强制更新措施，抑制低效率、高成本的老旧车辆继续使用，提高安全和环保技术更优良的新车的保有量，促进汽车产业的发展，国家颁布了《汽车报废标准》。

《汽车报废标准》从累计行驶里程数和（或）使用年限两个方面，对各类汽车的报废年限（里程）作了具体规定。表 1-6 列举了几类汽车的报废标准。表中非营运载客汽车是指不以获取运输利润为目的的自用载客汽车；旅游载客汽车是指旅行社专门运载游客的自用载客汽车。如果对汽车的使用期限既规定了累计行驶里程数，也规定了使用年限，那么当其中的一个指标达到报废标准时，即认为该车辆已达到报废年限。

**表 1-6　汽车报废标准分类说明**

<table>
<tr><th>项　目</th><th colspan="3">各类汽车报废标准</th></tr>
<tr><td rowspan="5">按行驶里程计算</td><td colspan="3">①总质量 1.8t 以下载货汽车（含越野型）、矿山作业专用车累计行驶 30 万 km</td></tr>
<tr><td colspan="3">②总质量 1.8t 以上的载货汽车累计行驶 40 万 km</td></tr>
<tr><td colspan="3">③特大、中、轻、微型客车（含越野车）累计行驶 50 万 km</td></tr>
<tr><td colspan="3">④装配多缸柴油机的四轮农用运输车累计行驶 25 万 km</td></tr>
<tr><td colspan="3">⑤其他车辆累计行驶 45 万 km</td></tr>
<tr><td rowspan="9">按使用年限计算</td><td rowspan="6">不予延长使用年限</td><td rowspan="5">8 年</td><td>①总质量 1.8t（含 1.8t）以下微型载货汽车（含越野型）</td></tr>
<tr><td>②1998 年 7 月 6 日前使用期已满 8 年的总质量 1.8t 以上、6t 以下（含 6t）的轻型载货汽车</td></tr>
<tr><td>③带拖挂的载货汽车</td></tr>
<tr><td>④营运客车 19 座（含 19 座）以下</td></tr>
<tr><td>⑤矿山作业专用车</td></tr>
<tr><td>15 年</td><td>大、中型拖拉机（转向盘式），到达报废年限后，不予延长</td></tr>
<tr><td rowspan="3">可申请延长使用年限</td><td rowspan="3">10 年</td><td>①1990 年 7 月 7 日后注册登记的总质量 1.8 t 以上、6 t 以下（含 6 t）的轻型载货汽车。到报废年限后，经检验合格，可延长使用年限，但最长不得超过 5 年</td></tr>
<tr><td>②总质量 6 t 以上的载货汽车。到达报废年限后，经检验合格，可延长使用年限，但最长不得超过 4 年</td></tr>
<tr><td>③旅游载客汽车。到达报废年限后，经检验合格，可延长使用年限，但最长不得超过 10 年</td></tr>
</table>

**续表 1-6**

| 项目 | | | 各类汽车报废标准 |
|---|---|---|---|
| 按使用年限计算 | 可申请延长使用年限 | 10年 | ④9座以上的非营运载客汽车。到达报废年限后，经检验合格，可延长使用年限，但最长不得超过10年 |
| | | | ⑤20座以上（含20座）营运客车。到达报废年限后，经检验合格，可延长使用年限，但最长不得超过4年 |
| | | | ⑥其他汽车 |
| | | 15年 | 9座（含9座）以下非营运载客汽车（乘用车）。到达报废年限后，经检验合格，可延长使用年限，超过20年的，每年需定期检验4次。对总延长年限没有强制性的规定 |
| | | 6年 | 三轮农用运输车、装配单缸柴油机的四轮农用运输车。到达报废年限后，经检验合格，可延长使用年限，但最长不得超过3年 |
| | | 9年 | 装配多缸柴油机的四轮农用运输车。到达报废年限后，经检验合格，可延长使用年限，但最长不得超过3年 |

汽车达到报废标准后需要继续使用的，除特别规定的外，经专业技术检验合格，并获得公安机关车辆管理所批准，可延长使用年限。延长汽车的使用年限以技术检验为基础，对于各类汽车的定期检验次数和允许的延长年限，《汽车报废标准》及其相关文件都有具体规定。例如，当9座以下非营运乘用车达到报废年限（15年）后，不需审批，检验合格的可延长使用年限，每年定期检验2次，超过20年的，从第21年起每年定期检验4次，对可延长的使用时间没有限制。其他各类汽车的延长使用年限都有上限或不予延缓报废。

# 第二章　二手车车况检查与评估

## 第一节　基本信息核查

### 一、二手车法定证件的核查

（一）机动车的法定证件

机动车法定证件主要有机动车来历证明、机动车行驶证、机动车登记证书、机动车号牌、道路运输证、机动车安全技术检验合格标志等。除此之外，一些地区和单位还核发有机动车尾气合格证、准运证、轿车定编证等。

**1. 机动车来历证明**

机动车来历证明是二手车来源的合法证明。机动车来历证明主要包括以下几个方面：

(1)在国内购买机动车的来历凭证，可分为新车来历证明和二手车来历证明。在国外购买的机动车，其来历凭证是该车销售单位开具的销售发票及其翻译文本。

①新车来历证明。是指经国家工商行政管理机关验证（加盖工商验证章）的机动车销售发票（即原始购车发票）。通常在购买新车时，可在当地的工商行政管理局机动车市场管理分局办理工商验证手续。

②二手车来历证明。是指经国家工商行政管理机关验证（加盖工商验证章）的二手车交易发票。二手车交易发票反映了即将交易的车辆曾是一辆已经交易过的合法使用的二手车。

2005年10月，《二手车流通管理办法》颁布施行，全国统一了二手车销售发票，目前国内大部分地区都使用了新版的“二手车销售统一发票”。图2-1所示为二手车销售统一发票样本。而在统一发票之前，各地的旧车交易发票样式繁多，也造成了管理上的难度。

(2)经人民法院调解、裁定或者判决转移的机动车，其来历凭证是人民法院出具的已经生效的《调解书》、《裁定书》或者《判决书》以及相应的《协助执行通知书》。

(3)经仲裁机构仲裁裁决转移的机动车，其来历凭证是《仲裁裁决书》和人民法院出具的《协助执行通知书》。

**二手车销售统一发票**

**发 票 联**

发票代码

发票号码

开票日期：

| | | | | | |
|---|---|---|---|---|---|
| 机打代码<br>机打号码<br>机器编号 | | 税控码 | | | |
| 买方单位/个人 | | 单位代码/身份证号码 | | | |
| 买方单位/个人住址 | | | | 电话 | |
| 卖方单位/个人 | | 单位代码/身份证号码 | | | |
| 卖方单位/个人住址 | | | | 电话 | |
| 车牌照号 | | 登记证号 | | 车辆类型 | |
| 车架号/车辆识别代码 | | 厂牌型号 | | 转入地车辆管理所名称 | |
| 车价合计（大写） | | | | 小写 | |
| 经营、拍卖单位 | | | | | |
| 经营、拍卖单位地址 | | | 纳税人识别号 | | |
| 开户银行、账号 | | | | 电话 | |
| 二手车市场 | | 纳税人识别号 | | | |
| | | 地址 | | | |
| 开户银行、账号 | | | | 电话 | |
| 备注： | | | | | |

第一联 发票联

开票单位(盖章)　　开票人　　手写无效

**图 2-1　二手车销售统一发票样本**

(4)继承、赠予、中奖和协议抵偿债务的机动车，其来历凭证是继承、赠予、中奖和协议抵偿债务的相关文书和公证机关出具的《公证书》。

(5)资产重组或者资产整体买卖中包含的机动车，其来历凭证是资产主管部门的批准文件。

(6)国家机关统一采购并调拨到下属单位未注册登记的机动车，其来历凭证是全国统一的机动车销售发票和该部门出具的调拨证明。

(7)国家机关已注册登记并调拨到下属单位的机动车，其来历凭证是该部门出具的调拨证明。

(8)经公安机关破案发还的被盗抢且已向原机动车所有人理赔完毕的机动车，其来历凭证是保险公司出具的《权益转让证明书》。

(9)更换发动机、车身、车架的来历凭证，是销售单位开具的发票或者修理单位开具的发票。

### 2. 机动车行驶证

《机动车行驶证》是由公安车辆管理机关依法对车辆进行注册登记核发

的证件。它是机动车取得合法行驶权的凭证。《中华人民共和国道路交通安全法》第十一条规定,《机动车行驶证》是车辆上路行驶必需的证件。新版的机动车行驶证上登记有机动车的重要信息,如图 2-2 所示。

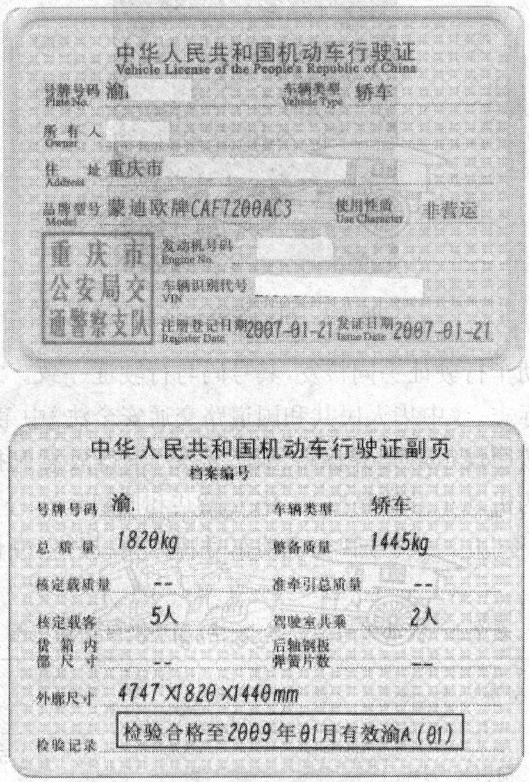
中华人民共和国机动车行驶证
Vehicle License of the People's Republic of China
号牌号码 Plate No. 渝　车辆类型 Vehicle Type 轿车
所有人 Owner
住址 Address 重庆市
品牌型号 Model 蒙迪欧牌CAF7200AC3　使用性质 Use Character 非营运
重庆市公安局交通警察支队
发动机号码 Engine No.
车辆识别代号 VIN
注册登记日期 Register Date 2007-01-21　发证日期 Issue Date 2007-01-21

中华人民共和国机动车行驶证副页
档案编号
号牌号码 渝　车辆类型 轿车
总质量 1820kg　整备质量 1445kg
核定载质量 --　准牵引总质量 --
核定载客 5人　驾驶室共乘 2人
货箱内部尺寸 --　后轴钢板弹簧片数 --
外廓尺寸 4747×1820×1440mm
检验记录 检验合格至2009年01月有效渝A(01)

图 2-2　机动车行驶证

### 3. 机动车登记证书

《机动车登记证书》是由公安车辆管理部门核发和管理的,是机动车的"户口本"和所有权证明,具有产权证明的性质。机动车的详细信息及机动车所有人的资料都记载在上面。当证书上所记载的原始信息发生变动时,机动车所有人应当及时到车辆管理所办理变更登记;当机动车所有权转移时,原机动车所有人应将《机动车登记证书》作变更登记后随车交给现机动车所有人。由此可见,《机动车登记证书》是机动车从"生"到"死"的完整记录。机动车登记证书样本如图 2-3 所示。

### 4. 机动车号牌

机动车号牌是由公安车辆管理机关依法对机动车进行注册登记核发的

图 2-3 机动车登记证书

号牌。它和机动车行驶证一同核发，其号码与行驶证一致。它是机动车取得合法行驶权的标志。《中华人民共和国道路交通安全法》中第十一条规定，机动车号牌应当按照规定悬架并保持清晰、完整，不得故意遮挡、污损。目前，我国规定使用的机动车号牌是按《中华人民共和国机动车号牌》CA36—1992标准制作的，俗称“九二式”号牌。机动车号牌分类、规格、颜色及其适用范围见表 2-1。

表 2-1 机动车号牌分类、规格、颜色及其适用范围

| 序号 | 分类 | 外廓尺寸/mm | 颜色 | 每副号牌面数 | 适用范围 |
|---|---|---|---|---|---|
| 1 | 大型汽车 | 前:440×140<br>后:440×220 | 黄底黑字黑框线 | 2 | 总质量 4.5t(含)，乘坐人数 20 人(含)和车长 6m(含)以上的汽车、无轨电车及有轨电车 |
| 2 | 小型汽车 | 440×140 | 蓝底白字白框线 | | 除大型汽车以外的各种汽车 |
| 3 | 使馆汽车 | | 黑底白字红“使”、“领”字白框线 | | 驻华使馆的汽车 |
| 4 | 领馆汽车 | | | | 驻华领馆的汽车 |
| 5 | 境外汽车 | | 黑底白字白框线 | | 入出境的境外汽车 |
| | | | 黑底红字红框线 | | 入出境限制行驶区域的境外汽车 |
| 6 | 外籍汽车 | | 黑底白字白框线 | | 除使、领馆外，其他驻华机构、商社、外资企业及外籍人员的汽车 |
| 7 | 两、三轮摩托车 | 前:220×95<br>后:220×140 | 黄底黑字黑框线 | | 两轮摩托车和三轮摩托车 |
| 8 | 轻便摩托车 | | 蓝底白字白框线 | | 轻硬摩托车 |

续表 2-1

| 序号 | 分　类 | 外廓尺寸/mm | 颜　色 | 每副号牌面数 | 适用范围 |
|---|---|---|---|---|---|
| 9 | 使馆摩托车 | 前：220×95<br>后：220×140 | 黑底白字红“使”、“领”字白框线 | 2 | 驻华使馆的摩托车和轻便摩托车 |
| 10 | 领馆摩托车 | | | | 驻华领馆的摩托车和轻便摩托车 |
| 11 | 境外摩托车 | | 黄底黑字黑框线 | | 入出境的境外摩托车和轻便摩托车 |
| 12 | 外籍摩托车 | | | | 除使、领馆外，其他驻华机构、商社、外资企业及外籍人员的摩托车和轻便摩托车 |
| 13 | 农用运输车 | 300×165 | 黄底黑字黑框线 | | 三、四轮农用运输车、轮式自行专用机构和电瓶车等 |
| 14 | 拖拉机 | | 黄底黑字 | | 各种在道路行驶的拖拉机 |
| 15 | 挂车 | 同大型汽车后号牌 | | 1 | 全挂车和不与牵引车固定使用的半挂车 |
| 16 | 教练汽车 | 440×140 | 黄底黑字黑框线 | 2 | 教练用的汽车及其他机动车，不含摩托车和轻便摩托车 |
| 17 | 教练摩托车 | 同摩托车号牌 | | | 教练用的摩托车和轻便摩托车 |
| 18 | 试验汽车 | 440×140 | | | 试验用的汽车及其他机动车，不含摩托车和轻便摩托车 |
| 19 | 试验摩托车 | 同摩托车号牌 | | | 试验用的摩托车和轻便摩托车 |
| 20 | 临时入境汽车 | 300×165 | 白底红字黑“临时入境”字红框线（字有金色廓线） | 1 | 临时入境参加旅游、比赛等活动的汽车 |
| 21 | 临时入境摩托车 | 220×120 | | | 临时入境参加旅游、比赛等活动的摩托车 |
| 22 | 临时行驶车 | 220×140 | 白底（有蓝色暗纹）黑字黑框线 | | 无牌证需要临时行驶的机动车 |

**5. 道路运输证**

道路运输证是县级以上人民政府交通主管部门设置的道路运输管理机构对从事旅客运输（包括城市出租客运）、货物运输的单位和个人核发的随车携带的证件。营运车辆转籍过户时，应到运输管理机构及相关部门办理道路运输证过户手续。道路运输证只有运营车辆才有，非运营车辆没有此证。

**6. 机动车安全技术检验合格标志**

机动车必须定期进行安全技术检验，检验合格后，公安机关发放合格标志。根据《中华人民共和国道路交通安全法实施管理条例》第十三条的规定，机动车检验合格标志应贴在机动车前窗右上角。

**7. 机动车尾气合格证**

机动车尾气合格证是经各省环保部门委托的当地机动车年检单位进行机动车尾气检测，检测合格后所发放的证件。根据《中华人民共和国大气污染防治法》第三十三条、第三十五条规定：在用机动车不符合当时当地的在用机动车污染物排放标准的，不得上路行驶；省、自治区、直辖市人民政府环境保护行政主管部门，可以委托已取得公安机关资质认定的承担机动车年检的单位，按照规范对机动车排气污染进行年度检测。

**8. 准运证**

准运证是经广东、福建、海南三省口岸进口并需运出三省以及三省从其他口岸进口需销往外省市的进口新旧汽车，必须经国家经贸委审批核发的证件。准运证一车一证。

**9. 轿车定编证**

轿车定编证是各级政府为了严格控制经费支出，加强对资产的管理，对办公用车核发的定编定岗证件。各地政府的情况不同，所执行管理办法各不相同。

（二）二手车法定证件的核查

**1. 核查机动车来历证明**

通过检查机动车来历证明可以及时发现该车是否合法、是否为涉案车辆，同时，登录公安机关交通管理部门"全国被盗抢汽车查询系统"，确认车辆为非盗抢车。杜绝盗抢车、走私车、拼装车和报废车的非法交易，避免二手车交易市场成为非法车辆销赃的场所，切实维护消费者的合法权益。二手车评估机构应拥有各类机动车来历证明样本，以便评估师进行对比鉴别。

**2. 核查机动车行驶证**

在二手车鉴定评估的手续检查中，《机动车行驶证》也是检查二手车合法性的凭证之一。通过查验机动车行驶证上的号牌号码、车辆识别代号、发动机号、车架号与车辆实物是否一致，是否有改动、凿痕、锉痕、重新打刻等情况，车辆颜色与车身装置是否与行驶证一致等项目，可以初步判断二手车是否合法。

**3. 核查《机动车登记证书》**

核查《机动车登记证书》是二手车鉴定评估人员必须认真查验的手续。《机动车登记证书》与《机动车行驶证》相比它的内容更详细，一些评估参数必须从《机动车登记证书》获取，如使用性质、国产/进口等。

2002年之前购买的汽车大部分没有登记证书，在车辆交易的时候需要先到车辆管理部门进行补办。补办登记证书时需携带机动车所有人的身份证明和交验车辆，按以下要求补办：

(1)填写《补领、换领机动车牌证申请表》。见表 2-2。

**表 2-2　补领、换领机动车牌证申请表**

| | | | | | |
|---|---|---|---|---|---|
| 机动车登记证书编号 | | | 号牌号码 | | |
| 申请事项 | □补领机动车号牌　□补领行驶证　□补领登记证书　□换领机动车号牌　□换领行驶证　□换领登记证书 | | | | |
| 机动车所有人 | 姓名/名称 | | 联系电话 | | |
| | 住所地址 | | 邮政编码 | | |
| | 身份证明名称 | | 号码 | | □常住人口　□暂住人口 |
| | 居住/暂住证明名称 | | 号码 | | |
| 机动车 | 机动车品牌型号 | | | | |
| | 车辆识别代号/车架号 | | | | |
| | 发动机号码 | | | | |
| 申请明细 | 相关凭证 | □未得到登记证书证明 | □《协助执行通知书》 | | |
| | 补换领原因 | □丢失　□灭失　□损坏　□未得到登记证书　□首次申领登记证书 | | 机动车所有人签章： | |
| | 补换领机动车号牌 | □1 面　□2 面 | | | |
| 申请方式 | □由机动车所有人申请<br>□机动车所有人委托____代理申请 | | | （个人签字/单位盖章）<br>年　月　日 | |
| 代理人 | 姓名/名称 | | 联系电话 | | |
| | 住所地址 | | | | |
| | 身份证明名称 | | 号码 | | 代理人签章： |
| | 经办人　姓　名 | | | | |
| | 经办人　身份证明名称 | | 号码 | | |
| | 经办人　住所地址 | | | | |
| | 经办人　签　字 | | 年　月　日 | | （个人签字/单位盖章）<br>年　月　日 |

填表说明：

1. 填写时使用黑色、蓝色黑水笔，字体工整。
2. 标注有“□”符号的为选择项目，选择后在“□”中画“√”。
3. 机动车所有人的住所地址栏，属于个人的，填写实际居住的地址；属于单位的，填写组织机构代码证书上签注的地址。
4. 机动车栏的“机动车厂牌型号”、“车辆识别代码/车架号”、“发动机号码”项目，按照车辆的技术说明书、合格证等资料标注的内容与车辆核对后填写。
5. 申请方式栏，属于由机动车所有人委托代理单位或者代理人代为申请的，除在“□”内画“√”外，还应当在下划线处填写代理单位或者代理人的全称。
6. 机动车所有人的签字/盖章栏，属于个人的，由机动车所有人签字；属于单位的，加盖单位公章。
7. 代理人栏，属于个人代理的，填写代理人的姓名、住所地址、身份证明名称、号码，在代理人栏内签名，不必填写经办人姓名等项目；属于单位代理的，应填写代理人栏的所有内容，代理单位应盖单位公章，经办人应签字。

(2)出示机动车所有人的身份证明。

(3)属于补领《机动车登记证书》的,还需提交车辆识别代号(车架号码)拓印膜。

(4)属于换领《机动车登记证书》的,应将原《机动车登记证书》交回。

(5)因被行政执法部门依法没收并拍卖,或者被仲裁机构依法仲裁裁决,或者被人民法院调解、裁定、判决的机动车,现机动车所有人未得到《机动车登记证书》的,需持行政执法部门、仲裁机构或者人民法院出具的证明,或者人民法院出具的《协助执行通知书》办理。

(6)机动车所有人为自然人办理补领《机动车登记证书》业务的,应本人到场申请,不能委托他人代理。机动车所有人因死亡、出境、重病残和不可抗力等原因不能到场补领《机动车登记证书》的,应当出具有关证明。

**4. 核查机动车号牌**

核查机动车号牌主要包括以下内容:号码与行驶证是否一致,安装使用是否符合规定,号牌的大小、颜色与机动车所有人的身份、车辆类型是否相符。

**5. 核查道路运输证**

运营车辆应有道路运输证。

**6. 核查机动车安全技术检验合格标志**

如果机动车无安全技术检验合格标志或标志无效,则不能交易。

**7. 核查机动车尾气合格证**

如果无机动车尾气合格标志或标志无效,则不能交易。

## 二、二手车税费的核查

### (一)二手车各种税费单据

二手车的税费包括车辆购置税、车船税和机动车保险费等。

**1. 车辆购置税**

车辆购置税是国家向所有购置车辆的单位和个人,包括国家机关和单位以纳税形式征收的一项费用。其目的是为解决发展公路运输事业与国家财力紧张的突出矛盾,筹集交通基础建设资金。车辆购置税由车辆登记注册地的主管税务机关征收。它是购买车辆后支出的最大一项费用。

(1)车辆购置税的计算。车辆购置税的征收标准,是按车辆计税价的10%计征,即

车辆购置税应纳税额=计税价格×10%

计税价格根据不同情况,按照下列情况确定:

①纳税人购买自用应税车辆的计税价格,为纳税人购买应税车辆而支付

给销售者的全部价款和价外费用，不包括增值税税款。也就是说按取得的《机动车销售统一发票》上开具的价费合计金额除以(1＋17%)作为计税价格，乘以10%即为应缴纳的车辆购置税。

2009年1月20日至12月31日期间，购置的排气量在1.6升及以下的小排量乘用车，车辆购置税税率减半征收(5%)，2010年提高到7.5%。

②纳税人进口自用车辆的应税车辆的计税价格计算公式为

计税价格＝关税完税价格＋关税＋消费税

③纳税人自产、受赠、获奖或者以其他方式取得并自用车辆，计税依据由车购办参照国家税务总局核定的应税车辆最低计税价格核定。

购买自用或者进口自用车辆，纳税人申报的计税价格低于同类型应税车辆的最低计税价格，又无正当理由的，计税依据为国家税务总局核定的应税车辆最低计税价格。

最低计税价格是指国家税务总局依据车辆生产企业提供的车辆价格信息并参照市场平均交易价格核定的车辆购置税计税价格。

申报的计税价格低于同类型应税车辆的最低计税价格，是指纳税人申报的车辆计税价格低于出厂价格或进口自用车辆的计税价格。

④按特殊情况确定的计税依据。对于进口旧车、因不可抗力因素导致受损的车辆、库存超过3年的车辆、行驶8万km以上的试验车辆、国家税务总局规定的其他车辆，主管税务机关根据纳税人提供的《机动车销售统一发票》或有效凭证注明的价格确定计税价格。

(2)车辆购置税的征收范围。车辆购置税的具体征收范围依照《中华人民共和国车辆购置税暂行条例》所附《车辆购置税征收范围表》执行。车辆购置税征收范围表见表2-3。

**表2-3　车辆购置税征收范围表**

| 应税车辆 | 具体范围 | 注　释 |
|---|---|---|
| 汽车 | 各类汽车 | |
| 摩托车 | 轻便摩托车 | 最高设计车速不大于50km/h，发动机气缸总排量不大于50cm³的两个或者三个车轮的机动车 |
| | 二轮摩托车 | 最高设计车速大于50km/h，或者发动机气缸总排量大于50cm³的两个车轮的机动车 |
| | 三轮摩托车 | 最高设计车速大于50km/h，或者发动机气缸总排量大于50cm³，空车质量不大于400kg三个车轮的机动车 |
| 电车 | 无轨电车 | 以电能为动力，由专用输电电缆线供电的轮式公共车辆 |
| | 有轨电车 | 以电能为动力，在轨道上行驶的公共车辆 |

**续表 2-3**

| 应税车辆 | 具体范围 | 注　释 |
|---|---|---|
| 挂车 | 全挂车 | 无动力设备，独立承载，由牵引车辆牵引行驶的车辆 |
| | 半挂车 | 无动力设备，与牵引车辆共同承载，由牵引车辆牵引行驶的车辆 |
| 农用运输车 | 三轮农用运输车 | 柴油发动机，功率不大于 7.4kW，载质量不大于 500kg，最高车速不大于 40km/h 的三个车轮的机动车 |
| | 四轮农用运输车 | 柴油发动机，功率不大于 28kW，载质量不大于 1500kg，最高车速不大于 50km/h 的四个车轮的机动车 |

(3)车辆购置税的免税、减税范围。车辆购置税的免税、减税范围按下列规定执行：

①外国驻华使馆、领事馆和国际组织驻华机构及其外交人员自用的车辆，免税。

②中国人民解放军和中国人民武装警察部队列入军队武器装备订货计划的车辆，免税。

③设有固定装置的非运输车辆，免税。

④有国务院规定予以免税或者减税的其他情形的，按照规定免税或者减税。

⑤对于挖掘机、平地机、叉车、装载车(铲车)、起重机(吊车)、推土机 6 种车辆，免税。

**2. 车船税**

车船税征收依据是 2007 年 1 月 1 日起实施的《中华人民共和国车船税暂行条例》[国务院令第 482 号]。根据规定，凡在中华人民共和国境内，车辆、船舶(以下简称车船)的所有人或者管理人为车船税的纳税人，应当依照本条例的规定缴纳车船税。车船税由地方税务机关负责征收。车船税征收标准见表 2-4。

**表 2-4　车船税税目税额表**

| 项　目 | 计税单位 | 每年税额(元) | 备　注 |
|---|---|---|---|
| 载客汽车 | 每辆 | 60～660 | 包括电车 |
| 载货汽车 | 按自重每吨 | 16～120 | 包括半挂牵引车、挂车 |
| 三轮汽车、低速货车 | 按自重每吨 | 24～120 | — |
| 摩托车 | 辆 | 36～180 | — |
| 船舶 | 按净吨位每吨 | 3～6 | 拖船和非机动驳船分别按船舶税额的 50%计算 |

### 3. 机动车保险费

机动车保险是各种机动车在使用过程中发生肇事，造成车辆本身以及第三者人身伤亡和财产损失后的一种经济补偿制度。机动车保险费是为了防止机动车发生意外事故，为转嫁风险，避免用户发生较大损失而向保险公司所交付的与保险责任相适应的费用。机动车保险实际上是一种运用社会集体的力量，共同建立规避风险基金进行补偿或给付的经济保障。

我国机动车保险险种分为基本险和附加险两大类。所谓基本险（又称为主险）是指可以单独投保和承保的险别。所谓附加险是指不能单独投保和承保的险别，投保人只能在投保基本险的基础上，根据自己的需要选择加以投保。基本险和附加险又分别有不同险种。基本险分为车辆损失险、第三者责任险和车辆盗抢险（其中，车辆盗抢险是从 2007 年 4 月 1 日起由附加险升级为主险的）。机动车附加险又分为车上责任险、无过失责任险、车载货物掉落责任险、玻璃单独破碎险、车辆停驶损失险、自燃损失险、新增设备损失险和不计免赔特约险。基本险与附加险有这样的关系：如果附加险的条款和基本险条款发生抵触，抵触之处的解释以附加险条款为准；如果附加险条款未作规定，则以基本险条款为准。保险人按照承保险别分别承担保险责任。

（1）车辆损失险。车辆损失险是指保险车辆遭受保险责任范围内的自然灾害（不包括地震）或意外事故，造成保险车辆本身损失，保险人依据保险合同的规定给予赔偿的保险，是一种车主自愿购买的险种。车辆损失险是一种商业险种，不是强制性购买的。

（2）第三者责任险。第三者责任保险，是在指保险期间内，被保险人或其允许的合法驾驶人在使用被保险机动车过程中发生意外事故，致使第三者遭受人身伤亡或财产直接损毁，承保人依法给予赔偿的经济赔偿责任。保险合同中的第三者是指因被保险机动车发生意外事故遭受人身伤亡或者财产损失的人，但不包括被保险机动车本车上人员、投保人、被保险人和保险人。第三者责任险是我国绝大多数地区强制实行的保险险种，没有投保第三者责任保险的新车，公安车辆管理机关不发牌证，每年的汽车检验不能通过。目前我国机动车第三者责任险分为商业性的第三者责任险（简称三者险）和公益性的机动车交通事故责任强制保险（简称“交强险”）两种。

交强险是我国首个由国家法律规定实行的强制保险制度。国务院 2006 年 3 月 28 日颁布的《机动车交通事故责任强制保险条例》（以下简称《条例》）规定：交强险是由保险公司对被保险机动车发生道路交通事故造成受害人（不包括本车人员和被保险人）的人身伤亡、财产损失，在责任限额内予以赔偿的强制性责任保险。按照《条例》规定，新车登记上牌必须办理交强险。交强险具有强制性、广覆盖性及公益性的特点。交强险与三者险的区别主要表现在以下六个方面：

①实行强制性投保和强制性承保。交强险其强制性一方面体现在所有上道路行驶的机动车的所有人或管理人必须依法投保该险种。区别于现行的机动车第三者责任保险，《条例》也要求具有经营交强险资格的保险公司不能拒绝承保和随意解除合同。

②赔偿原则发生变化。目前实行的商业机动车第三者责任保险，保险公司是根据被保险人在交通事故中所承担的事故责任来确定其赔偿责任。交强险实施后，无论被保险人是否在交通事故中负有责任，保险公司均将按照《条例》以及交强险条款的具体要求在责任限额内予以赔偿。

③保障范围宽。为有效控制风险，减少损失，商业机动车第三者责任保险规定有不同的责任免除事项和免赔率（额）；而交强险除被保险人故意造成交通事故等少数几项情况外，其保险责任几乎涵盖了所有道路交通风险，且不设免赔率与免赔额。

④按不盈不亏原则制定保险费率。交强险不以盈利为目的，并实行与其他保险业务分开管理、单独核算；而商业机动车第三者责任保险则无须与其他车险险种分开管理、单独核算。

⑤实行分项责任限额。商业机动车第三者责任保险即无论人伤还是物损均在一个限额下进行赔偿，并由保险公司自行制定责任限额水平；交强险由法律规定实行分项责任限额，即分为死亡伤残赔偿限额、医疗费用赔偿限额、财产损失赔偿限额以及被保险人在道路交通事故中无责任的赔偿限额。

⑥实行统一条款和基础费率，并且费率与交通违章挂钩。在商业机动车第三者责任保险中，不同保险公司的条款费率相互存在差异；交强险实行统一的保险条款和基础费率。

（3）盗抢险。盗抢险全称是机动车辆全车盗抢险。盗抢险是一种商业险种，不是强制性购买的。机动车辆全车盗抢险的保险责任为全车被盗窃、被抢劫、被抢夺造成的车辆损失以及在被盗窃、被抢劫、被抢夺期间受到损坏或车上零部件、附属设备丢失需要修复的合理费用。可见，机动车辆全车盗抢险的保险责任包含两部分：一是因被盗窃、被抢劫、被抢夺造成的保险车辆的损失；二是因保险车辆被盗窃、被抢劫、被抢夺造成的合理费用支出。对上述两部分费用由保险公司在保险金额内负责赔偿。

**4. 客、货运附加费**

客、货运附加费是国家本着取之于民、用之于民的原则，向从事客、货营运的单位或个人征收的专项基金。它属于地方建设专项基金，各地征收的名称不一,收取的标准也不相同。

（二）二手车各种税费单据的核查

根据《二手车流通管理办法》规定,二手车交易必须提供车辆购置税、车船税和车辆保险费等税费缴付凭证。

**1. 核查车辆购置税**

核查是否具有真实的车辆购置税完税凭证。如果为免税车,应查实其是否符合免税的有关规定。

**2. 核查车船税**

核查是否具有真实的车船税完税凭证。如果没有此凭证,但按规定能够补办,则应在价格评估时将此项费用扣除(包括新交税费、补交税费及滞纳金等)。

**3. 核查机动车保险费**

核查是否投保了以下险种,并确认其保险单的真实性。

(1)车辆损失险。

(2)第三者责任险。

(3)盗抢险。

## 三、车主信息的核查

(1)了解二手车交易人员(委托者)是否是原车主,因为只有原车主才有车辆处置权。否则,在交易后可能会引起不必要的麻烦。

(2)了解原车主是否有工作单位,如果有工作单位,应进一步了解单位名称及隶属关系;如果没有工作单位,应了解原车主所在地等具体信息。

# 第二节　二手车静态检查与评估

## 一、车身外观的检查与评估

二手车外观检查是二手车技术状况检查的首要步骤,这项检查不仅仅是看看外表而已,其实是查看车辆是否为事故车。查看时可从车头、车门、行李箱等处查起。检查车头时,以发动机盖板为主体,要仔细查看发动机盖板与翼子板的密合度或发动机盖板与左右翼子板留有的缝隙是否一致,发动机盖板与前照灯是否平整的切齐,发动机盖板与风窗玻璃之间的间隙是否一致或留有原车的涂漆等。

（一）车身漆面的检查

**1. 车身漆面检查方法**

(1)目测法。

①车身平整度。如有大面积撞伤的部位,补腻子的面积比较大,在工人

打磨腻子时往往磨不平，因而补过漆后，车身表面看上去如同微微的波浪一样凹凸不一。该项检查，在车辆的侧面迎光观察效果很好。

②补漆质量。补过的漆往往有如下质量问题：丰满度不如原车；油漆表面有流痕；表面有不规则的小麻坑；表面有小麻点。车辆成色越好，上述质量问题越少。

③油漆色差。新补的油漆，往往色彩不同于原车漆色，一般经电子配漆配出的漆色比原车的漆色鲜艳，而人工调出的漆色多比原漆色调暗淡。如果车龄较长，补漆往往比较多，因而整个车身各个部位颜色都有差异，甚至找不出原车的漆色。经多次修补后漆面厚度较厚，小磁铁不易吸附上去，该地方说明已填补过。也可以轻轻敲打钣金件表面，声音较清脆的地方为原车钣金件，声音较浑厚的地方为后期修补过。

通过上述漆面质量问题检查，可以判断一辆车以前被撞面积有多大，车身可能受过多大的损伤。假如发现油漆表面有龟裂现象，如果车未发生过碰撞，那么该车至少已使用了十年。

(2)漆膜厚度检测仪法。漆膜厚度还可以用漆膜厚度仪进行精确测定，覆层厚度的测量方法主要有：楔切法、光截法、电解法、厚度差测量法、称重法、X射线荧光法、β射线反向散射法、电容法、磁性测量法及涡流测量法等。在这些方法中前五种是有损检测，测量手段繁琐，速度慢，多适用于抽样检验。X射线和β射线法是无接触无损伤测量，但装置复杂昂贵，测量范围较小。因有放射源，使用者必须遵守射线防护规范。X射线法可测极薄镀层、双镀层、合金镀层。β射线法适合镀层和底材原子序号大于3的镀层测量。电容法仅在薄导电体的绝缘覆层测厚时采用。随着技术的日益进步，特别是近年来引入微机技术后，采用磁性法和涡流法的测厚仪向微型、智能、多功能、高精度、实用化的方向有了大幅度的提高，测量的分辨率已达0.1μm，精度可达到1%。

①磁吸力测量原理及测厚仪。磁吸力测量的原理是，永久磁铁（检测头）与导磁钢材之间的吸力大小与这两者之间的距离成一定比例关系，只要测量出这个比例就可以推算出覆层的厚度。利用这一原理制成测厚仪，只要覆层与基材的导磁率之差足够大，就可进行测量，因此，磁性测厚仪应用最广。测厚仪基本结构由磁钢，接力簧，标尺及自停机构组成。磁钢与被测物吸合后，将测量弹簧在其后逐渐拉长，拉力逐渐增大。当拉力刚好大于吸力，磁钢脱离的一瞬间记录下拉力的大小即可获得覆层厚度。新型的产品可以自动完成这一记录过程。不同的型号有不同的量程与适用场合。

这种仪器的特点是操作简便、坚固耐用、不用电源，测量前无须校准，价格也较低，很适合车间做现场质量控制。

②电涡流测量原理及测厚仪。高频交流信号在检测头线圈中产生电磁场，检测头靠近导体时，就在其中形成涡流。测头离导电基体愈近，则涡流愈大，反射阻抗也愈大。这个反馈作用量表征了检测头与导电基体之间距离的大小，也就是导电基体上非导电覆层厚度的大小。由于这类检测头专门测量非铁磁金属基材上的覆层厚度，所以通常称之为非磁性测头。非磁性检测头一般采用高频材料做线圈铁心，例如铂镍合金或其他新材料。与用磁感应原理制成的检测仪比较，电涡流检测仪的主要区别是检测头不同，信号的频率不同，信号的大小、标度关系不同。与磁感应测厚仪一样，涡流测厚仪也达到了分辨率0.1μm，允许误差1%，量程10mm的高水平。

采用电涡流原理的测厚仪，原则上对所有导电体上的非导电体覆层均可测量，如航天航空器表面、车辆、家电、铝合金门窗及其他铝制品表面的漆，塑料涂层及阳极氧化膜。如覆层材料有一定的导电性，通过校准也可测量，但要求两者的导电率之比至少相差3～5倍（如铜上镀铬）。虽然钢铁基体亦为导电体，但这类材质的测量还是采用磁性原理测量较为合适。图2-4所示为LYT-2008表面涂层测厚仪。

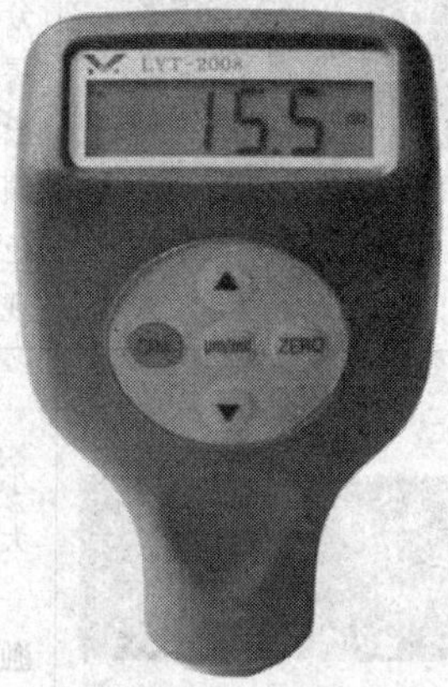


**图2-4　LYT-2008表面涂层测厚仪**

### 2. 漆面常见缺陷

二手车在使用过程中，漆面损伤在所难免。而在涂装修理操作中，也难免会出现修复缺陷，评估师要掌握分析缺陷的产生机理，并具备对各类缺陷进行识别的技能。漆面涂装过程中常见的缺陷包括酸溶剂侵蚀、褪色、鼓泡、起云、开裂、灰尘、表面无光、起皱、咬底、流淌、砂纸痕、橘皮、塑料件脱漆和灰印等。其常见缺陷的表现及产生原因见表2-5。

**表2-5　常见缺陷的产生原因**

| 常见缺陷 | 常见缺陷表现 | 缺陷产生原因 |
|---|---|---|
| <br>酸溶剂侵蚀 | 涂膜表面出现一片片不规则的粗糙、褪色、局部剥落或破裂的区域，有时受侵蚀区域会出现龟裂或裂缝，涂膜表面可以看到侵蚀物质的痕迹 | ①制动液、过氧化物（原子灰的固化剂）、蓄电池电解液等腐蚀性物质洒落在涂膜上<br>②酸雨<br>③对新涂膜使用了洗涤剂<br>④涂膜固化不良 |

**续表 2-5**

| 常见缺陷 | 常见缺陷表现 | 缺陷产生原因 |
|---|---|---|
|  褪色 | 基材上有原子灰的表面，涂膜的颜色变黄 | 原子灰中使用了过量的过氧化物 |
|  渗色、底层染污 | 在一种涂膜上涂另一种颜色的涂料时，底层涂膜部分渗入面层涂膜中而使面层涂膜表面变色。变色一般呈晕圈形式，严重时涂膜颜色完全改变。通常在红色、褐色漆表面喷涂时会发现此现象 | 底层涂料中的颜料被新涂层中的溶剂溶解并吸收 |
|  起痱子 | 涂膜表面呈现成片的大小不等、密度不同的气泡。大气泡直径大于 1.5mm，一般成片出现，有时也会单独出现。小气泡直径一般为 0.5mm，其分布蜿蜒曲折或状似指纹 | ①表面不清洁，残留了水、油、油脂等污染物<br>②材料不配套，或未按规定使用稀释剂<br>③涂膜厚度不够，从而增大了透气性<br>④水分渗入新喷涂的和旧的涂膜内 |
|  鼓泡 | 涂膜表面出现较大的圆形鼓泡或气泡，通常出现在接缝区域或死角处，或在原子灰较厚的表面 | 陷在涂膜下的空气发生膨胀，造成涂膜与基材分离<br>①由于底漆、原子灰等的施工不当<br>②涂膜连接处的羽状边(薄边)处理不当<br>③用劣质稀释剂或稀释剂不足，压缩空气的压力太高等<br>④涂膜盖在缝隙或死角上，使涂膜下面形成空隙<br>⑤没能正确地处理及封闭基材 |
|  粉化 | 涂膜表面出现白垩状的尘土或粉末，通常发生在老化、旧涂膜表面 | 涂料中某些成分析出<br>①涂料中含有不匹配或不合格的材料<br>②涂料中的树脂或颜料老化 |

**续表 2-5**

| 常见缺陷 | 常见缺陷表现 | 缺陷产生原因 |
| --- | --- | --- |
|  缩水、鱼眼 | 涂膜表面出现大量的火山口状空洞或凹痕，大小从针孔到直径 1cm。通常大尺寸的凹痕单独出现，而小凹痕则以较小密度成片出现。在凹痕的中心一般可发现有小的杂质颗粒存在 | 涂料表面张力发生变化<br>①涂装环境中或基材表面上存在含硅的有机化合物<br>②有其他污染源，如油脂、洗涤剂、尘土、蜡等<br>③底漆中含有不匹配的成分<br>④涂装室内蒸气饱和 |
|  起云、起斑 | 常发生于金属色漆涂膜上。在喷涂后，涂膜颜色变得较白并成云团状 | ①采用不匹配的催干剂或稀释剂，混合不均匀<br>②喷枪的扇形不对<br>③喷涂方法不对，涂膜太厚，涂装后挥发时间不足<br>④基材表面温度太高或太低 |
| 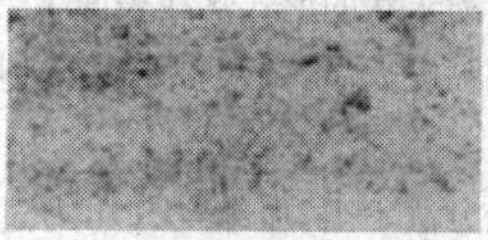 污物污染 | 涂膜表面呈现污点、斑点、溅斑或变色，有油腻或黏的感觉，或摸上去有砂粒的感觉 | 异物粘在、或被嵌入涂膜表面<br>①异物（如果汁、树脂、鸟粪、水泥等）落在涂料中<br>②金属微粒被嵌入涂膜表面并发生氧化 |
|  腐蚀、生锈 | 涂膜（尤其是车身连接件周围、板的边缘或缝隙处）脱落、起泡或变色 | 金属基材遭受腐蚀，造成涂膜的附着力下降<br>①意外事故造成金属基材裸露，或钻孔后未及时处理裸露的金属表面<br>②污染物破坏了涂膜，使金属基材裸露出来 |
|  开裂 | 涂膜发生无规则的断裂或裂缝，通常发生在基材上被填补的缝隙或板的边缘附近。涂膜裂缝常形成三角形的星形。涂膜裂缝的深度不等，较严重的裂缝可直达基材。局部修补时，在羽状边刚刚喷上涂料后，可能会出现轻微裂纹 | 涂膜中的气泡由于气候原因膨胀或涂膜中的内应力增大使得涂膜失效<br>①涂料混合不均匀，稀释剂不足或型号不对<br>②基材表面处理不好，砂纸太粗，清洗不净或缝隙填补不当<br>③压缩空气管中有油或水<br>④涂膜太厚，各道涂膜之间流平时间不够<br>⑤涂装时，基材的温度太高或太低<br>⑥在未充分固化，或热塑性丙烯酸涂膜上喷涂了热固性涂料 |

**续表 2-5**

| 常见缺陷 | 常见缺陷表现 | 缺陷产生原因 |
|---|---|---|
| <br>龟裂、裂纹 | 肉眼看上去涂膜表面失去光泽，用低倍放大镜观察时可发现大量细微裂纹 | 涂膜内应力太大<br>①涂料混合不均匀，稀释剂不足或所使用的稀释剂型号不对<br>②涂膜太厚，或在未完全固化或过厚的底漆上喷涂色漆 |
| <br>灰尘、颗粒、麻点 | 用手摸上去感觉涂膜表面粗糙不平，像有许多杂质微粒陷在涂膜表面或被涂膜覆盖 | 涂膜中混入了杂质微粒<br>①基材表面处理不好<br>②喷涂时或喷涂后不久，空气中飘浮的微粒落在并陷入涂膜中<br>③盛涂料或稀释剂的容器敞口或生锈导致灰尘混入涂料中 |
| <br>干喷 | 涂膜表面呈颗粒状粗糙结构、无光泽 | 涂料以粉末状的形式落在表面上<br>①涂料黏度太高，稀释剂不足或型号不对<br>②喷涂方法不当，压缩空气压力过高、喷枪不清洁、喷涂时喷枪离工件表面太远<br>③喷涂时有穿堂风或空气流动速度太快 |
| <br>表面无光、异常失光 | 涂膜表面平整光滑，但缺少光泽，在显微镜下观察涂膜表面粗糙 | ①底漆附着力差，或底漆未彻底固化就在其上喷涂了面漆<br>②使用的稀释剂质量太差或型号不对，或使用了不配套的添加剂<br>③涂料调配或喷涂方法不当<br>④基材表面质量太差<br>⑤由于湿度太大或温度太低，涂层干燥速度太慢<br>⑥溶剂蒸气或汽车尾气侵入了涂膜表面<br>⑦涂膜表面受到蜡、油脂、水等的污染<br>⑧在新喷涂的涂膜上使用了太强的洗涤剂或清洁剂，或喷完面漆后过早地进行抛光，或使用的抛光膏太粗 |

**续表 2-5**

| 常见缺陷 | 常见缺陷表现 | 缺陷产生原因 |
| --- | --- | --- |
| <br>剥落、起皮 | 涂膜表面出现鳞片状脱落。这些脱落的漆片易碎，其边缘呈上卷状脱离基材表面 | 面漆层与其下层表面失去结合力<br>①下层表面处理不好，受到蜡、油脂、水、铁锈等的污染<br>②在钢或铝材表面未使用金属表面处理剂，或使用的处理剂型号不对<br>③喷涂时，基材表面温度太高或太低<br>④喷涂底漆方法不当，底漆层未充分干燥<br>⑤涂料的黏度不当，使用的稀释剂型号不对或质量差<br>⑥压缩空气的压力太高 |
| <br>遮盖力差 | 通过涂膜可以看见下层表面的颜色，常常发生在难以喷涂的区域、车身下护板或尖锐的边角处 | 色漆层的厚度不够，遮盖力差<br>①喷涂方法不当<br>②涂料混合不均匀<br>③由于研磨、抛光过度，减少了色漆层的厚度 |
| 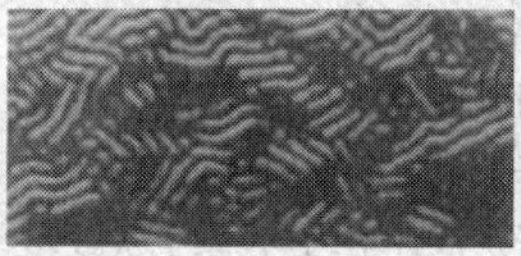<br>咬起、起皱 | 涂膜上出现程度不同的隆起、起皱 | 涂膜内部固化不均匀<br>①涂膜太厚<br>②各道涂层间流平时间不足，强制性干燥时温度不均匀<br>③涂料中使用的稀释剂型号不对或质量太差 |
| <br>灰印 | 涂膜上出现一片光泽不同、有清晰的边界或轮廓线的地图状区域 | 原子灰或填眼灰调配不均匀、打磨不平滑，没有喷底漆或封闭底漆 |
| 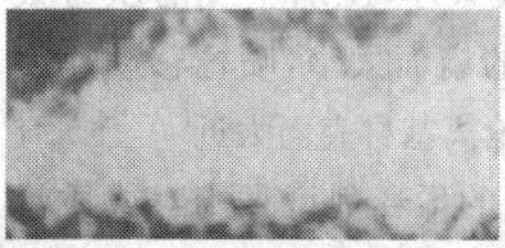<br>橘皮 | 涂膜表面会呈疙瘩状，不平整，外观类似橘皮 | 涂料在涂膜表面凝结不当<br>①喷涂方法不当，喷枪离基材表面太远，压缩空气的压力不当，喷嘴调节不当<br>②涂膜太厚或太薄<br>③涂料混合不均匀，黏度不适当，稀释剂型号不对或质量太差<br>④各涂层间的流平时间不足<br>⑤环境温度或基材表面温度不适当 |

**续表 2-5**

| 常见缺陷 | 常见缺陷表现 | 缺陷产生原因 |
|---|---|---|
|  漆雾 | 涂膜出现一片片粘在或部分陷入涂膜的团粒状涂料微粒 | 喷涂时多余的涂料微粒落在涂膜表面<br>①遮盖不严<br>②压缩空气的压力太高<br>③排风和通风不畅 |
| 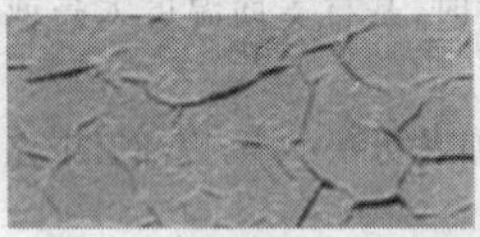 咬底 | 涂膜表面会隆起或起皱，严重程度不同，常见于羽状边缘周围，下面的涂层可能破裂至最外层 | 在热塑性丙烯酸漆或白干型合成树脂漆上喷涂了硝基磁漆或热固性漆，使得面漆与底漆发生了化学反应 |
|  钣金缺陷 | 涂膜表面不平整，出现许多波纹或直的、弯的、十字交叉的沟槽，或球状凸起 | ①基材表面粗糙不平<br>②原子灰用量不足或质量太差，施工方法不正确或表面打磨不平<br>③底漆厚度不够<br>④底漆过厚并没有完全固化时，就在上面喷涂了色漆 |
|  针孔 | 涂膜上出现众多细小孔洞，其直径通常小于 1mm，常见于填眼灰、原子灰或玻璃钢表面 | 涂料被吸入基材上的孔洞内<br>①玻璃钢表面有气孔<br>②基材表面处理或封闭不当<br>③原子灰或填眼灰质量太差<br>④原子灰混合不均匀，原子灰或填眼灰的施工方法不正确 |
| 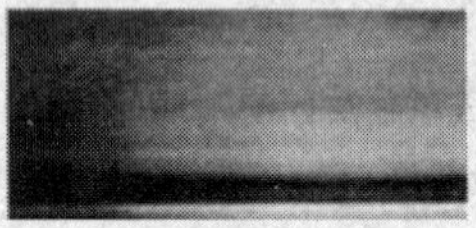 抛光痕迹 | 涂膜表面有可以看到的微细的条纹或划痕，有时缺陷部位会露出底材 | 涂膜受到研磨损伤<br>①涂膜未充分固化就进行抛光处理<br>②抛光机的压力太大或转速太快<br>③使用的研磨膏太粗或有碱性，抛光布轮太脏、太粗糙 |
|  流淌、流挂 | 涂膜局部变厚，形状如同波浪线、浅滩或圆形的山脊，通常出现在倾斜角度大或竖直的表面上 | 涂膜发生流挂<br>①涂膜太厚，压缩空气的压力太低，喷枪的扇面太窄，喷枪移动速度太慢，喷枪离基材表面太近<br>②使用的稀释剂型号不对或质量太差<br>③涂料的黏度不适当<br>④空气或基材表面温度太低<br>⑤底漆层表面有杂质 |

**续表 2-5**

| 常见缺陷 | 常见缺陷表现 | 缺陷产生原因 |
|---|---|---|
|  砂纸痕迹 | 透过面漆会出现打磨的痕迹 | 在干燥过程中，由于涂膜收缩，表面呈现出底漆表面的打磨或其他处理的痕迹<br>①底漆表面的处理不当<br>②底漆没有充分硬化就喷涂了色漆层<br>③涂膜厚度不够，或干燥速度太慢<br>④涂料混合不均匀，使用的稀释剂型号不对或质量太差 |
|  划痕 | 涂膜损伤或破裂，损伤深度和面积不一 | 由于路面蹦起的石子砸在涂膜上所致，或者是被尖锐物体划伤 |
|  溶剂泡 | 在刚刚喷涂的涂膜表面会呈现出很多直径在 1mm 以下的顶部裂开的小气泡 | 由于涂膜表面迅速干燥，使得空气或溶剂蒸气不能及时排出<br>①使用的稀释剂质量太差，挥发速度太快<br>②涂膜太厚，或各道涂料的流平时间不足<br>③压缩空气的压力太低<br>④干燥温度太高，加热热源离涂膜太近、过热或过早加热 |
|  水渍 | 涂膜上出现一片片直径在 6mm 以下的圆形印记，通常印记内的颜色比周围涂膜的颜色稍淡 | ①涂膜未完全硬化前，受雨淋或溅上了水滴<br>②雨水或水滴溅落在过厚的抛光蜡膜上 |

**3. 修复成本**

二手车漆面状况对交易价格影响较大，二手车买卖当中漆面维修是常见工作。各地喷漆费用的计算方法各不相同，有的以面积乘以单价的方法计算；有的以覆盖件单件的方法计算。喷漆工时费应包含喷漆需要的原子灰、漆料、油料、辅助添加剂等材料费。

(1)喷漆面积的确定。局部喷漆范围以最小范围喷漆为原则(即以该部位最近的接缝、明显棱边为断缝收边)，如翼子板腰线上部损伤以腰线以上的面积计算，而不是以整个翼子板全面积计算。

(2)面漆种类及喷漆单价的确定。常用的面漆以进口或合资品牌为主，如杜邦、新劲、PPG等品牌。面漆的种类繁多，大致可归结为喷漆和烤漆。漆种的鉴别方法一般有两种，第一种方法是，用原车加油口盖直接通过电脑分析判断汽车原面漆的种类。第二种方法是，现场用蘸有硝基漆稀释剂（香蕉水）的白布摩擦漆膜，观察漆膜的溶解度。如果漆膜溶解，并在白布上留下印迹，则是喷漆，反之则为烤漆，如果是烤漆，再用砂纸在损伤部位的漆面轻轻打磨几下，鉴别是否烤了透明漆层。如果砂纸磨出白灰，就是透明漆层；如果砂纸磨出颜色，就是单级有色漆层。最后借光线的变化，用肉眼看一看颜色有无变化，如果有变化即为变色漆。通过上述方法，可以将汽车面漆分四类：硝基喷漆、单涂层烤漆、双涂层烤漆、变色烤漆。

虽然各地喷漆费用的计算方法各不相同，但单位面积的涂饰费用基本相同。表2-6为长春汽车4S店喷漆费用。

(3)常见覆盖件的喷漆费。在实际工作中，常以覆盖件单件计算方法确定喷漆费用。常见覆盖件的喷漆费用可以根据面漆的类型、维修厂类别选择合适的喷漆标准。注意：车身划痕全车喷漆的金额应在对应计算金额的基础上适当下调（约7%左右）。

**表2-6 各漆种单位面积喷漆费用**

| 项　目 | 轿车喷漆单价（元） | | | | | 客车喷漆单价（元） | | 货车喷漆单价（元） | |
|---|---|---|---|---|---|---|---|---|---|
| | 微型 | 普通型 | 中级 | 中高级 | 高级 | 普通 | 豪华 | 车厢 | 驾驶室 |
| 硝基喷漆（$m^2$） | — | — | — | — | — | 100 | — | 50 | 100 |
| 单涂层烤漆（$m^2$） | 200 | 250 | 300 | 400 | 500 | 200 | 300 | — | 200 |
| 双涂层烤漆（$m^2$） | 300 | 350 | 400 | 500 | 600 | — | 450 | — | — |
| 变色烤漆（$m^2$） | — | — | 550 | 650 | 750 | — | — | — | — |

### （二）车身配合间隙的检查

车身外观钣金件的安装一般通过简单的调整就可以达到装配质量要求。然而，修复后车身结构性部件的关键测量点如果没有恢复到原始标准，那么将有可能从车身外观钣金件的配合间隙上直接反映出来。二手车检查时，通过观察车身外观钣金件的配合间隙是否均匀、轮廓线是否平齐等情况，可以快速、准确地分析判断检验车辆是否为事故修复车，从而为正确判断其价格打下基础。

**1. 车辆发生碰撞后或在修复后，车身钣金件比较容易出现的间隙变化的部位**

(1)发动机盖与两侧前翼子板间隙前部变大。车辆前部受到撞击后，散热器（水箱）框架上横梁将会向后侧发生变形，弧形部位在撞击力的影响下将会向两侧伸展，整体长度增加，挡泥板前端将会向外侧发生移位，从而导致发动机盖与两侧前翼子板间隙前部变大，如图 2-5 所示。

(2)发动机盖与前翼子板一侧前小后大，另一侧前大后小。多发生于车辆前部侧向撞击。外部表现特征为：撞击侧的发动机盖与翼子板间隙前小后大，另一侧发动机盖与翼子板的间隙则为前大后小，如图 2-6 所示。

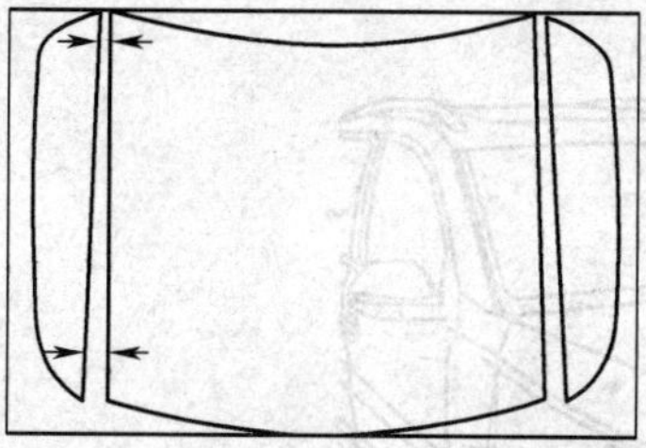

**图 2-5　发动机盖与两侧前翼子板间隙前部变大**

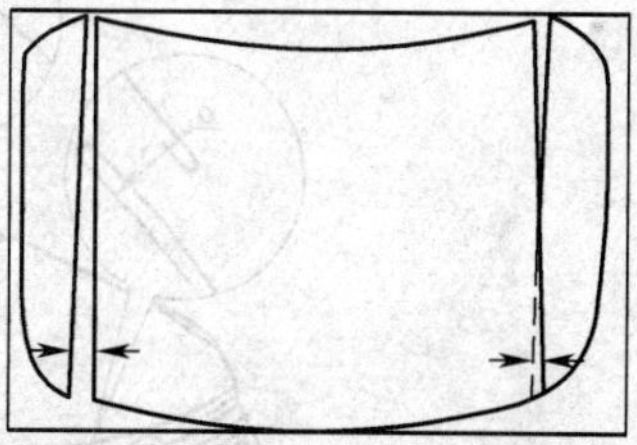

**图 2-6　发动机盖与前翼子板一侧大小不一**

(3)前翼子板与前车门的间隙上大下小，如图 2-7 所示。如果是老式车型，或者使用较长时间的车辆，车门铰链磨损通常是造成这种间隙变化的主要原因。车辆处于支撑状态时，由于前部发动机及其他零部件受重力作用，也会导致这种间隙变化的现象出现。在排除上述两种因素的情况下，通常说明挡泥板前端或连同纵梁前端整体向下发生了移位变形。同理，后门与后翼子板缝隙出现上大下小时，通常是后部车身向下发生损伤变形所致，并且后门与车顶梁、下门槛的间隙也将出现不均匀的现象。

(4)前、后车门缝隙均匀，车身线高度不齐，如图 2-8 所示。此种现象在大事故车辆修复过程中，出现的几率较高。主要原因为前后车门高度调整不适，或前立柱与中立柱发生上下高度错位变形。通常，根据前门与前翼子板的车身线对齐情况、后门与后翼子板的车身线对齐情况，以及车门与车顶梁、下门槛的间隙等，就可以判断出是哪个车门高度调整不适，或者哪个车身立柱发生了高度变形。

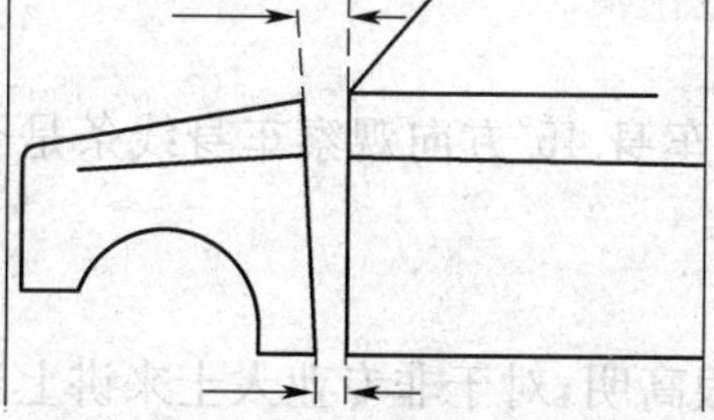

**图 2-7　前翼子板与前车门的间隙上大下小**

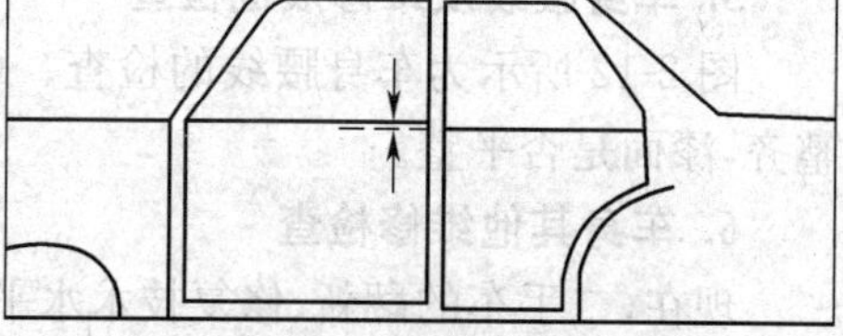

**图 2-8　前、后车门缝隙均匀，车身线高度不齐**

**2. 车身前部间隙检查**

车身前部间隙测量点如图 2-9 所示，要求上下间隙均匀、标准。图中所示值为上海大众途观汽车数据，不同车型标准值有所不同，检查时应参照相关维修手册。

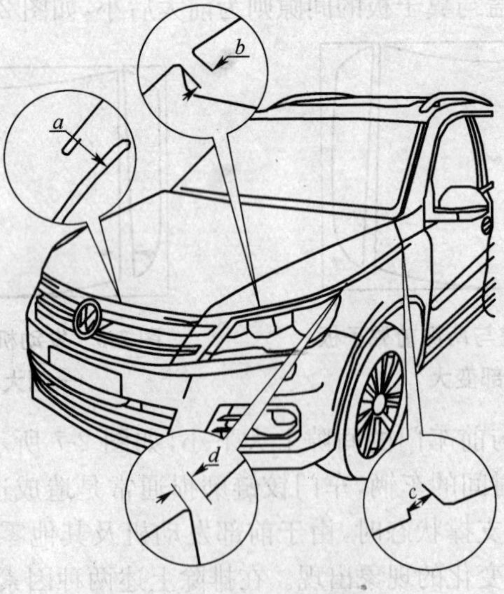


**图 2-9　车身前部间隙测量点**

$a=7.5\text{mm}\pm1\text{mm}$；$b=5.5\text{mm}\pm1\text{mm}$；$c=5.5\text{mm}\pm1\text{mm}$；$d=5\text{mm}\pm1\text{mm}$

**3. 车身中部(侧部)间隙检查**

车身中部(侧部)间隙测量点如图 2-10 所示，要求上下间隙均匀、标准。图中所示值为上海大众途观汽车数据，不同车型标准值有所不同，检查时应参照相关车辆的维修手册。

**4. 车身后部间隙检查**

车身侧部间隙测量点如图 2-11 所示，要求上下间隙均匀、标准。图中所示值为上海大众途观汽车数据，不同车型标准值有所不同，检查时应参照相关维修手册。

**5. 车身腰线及维修痕迹检查**

图 2-12 所示为车身腰线的检查。可在车身 45°方向观察车身线条是否整齐，漆面是否平整。

**6. 车身其他维修检查**

现在，二手车的翻新、修复技术水平都很高明，对于非专业人士来讲上当受骗是常见的。如何通过目测检查车辆外观，发现存在于车身上的蛛丝马迹，判断是否有维修痕迹等，就需要掌握相关检查知识。

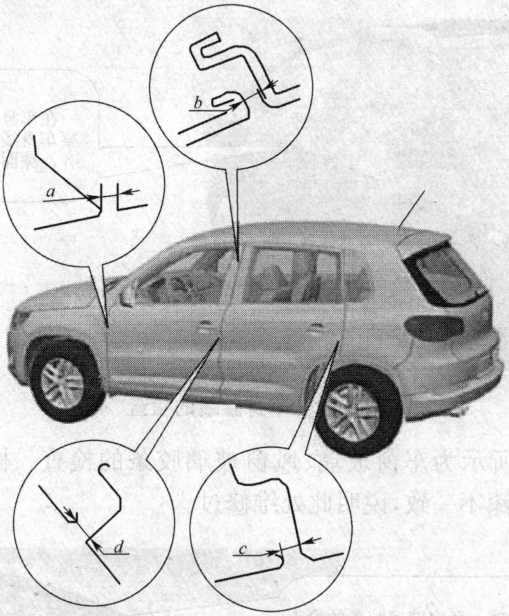


**图 2-10　车身中部(侧部)间隙测量点**

$a$=4mm±1mm;$b$=4.5mm±1mm;$c$=4mm±1mm;$d$=4.5mm±1mm

**图 2-11　车身后部间隙测量点**

$a$=7mm±0.5mm;$b$=3mm±1mm;$c$=3.5mm±0.5mm;$d$=6mm±1mm;

$e$=1mm±1mm;$f$=5mm±1mm

图 2-12 车身腰线的检查

(1)图 2-13 所示为车窗玻璃、风窗玻璃胶条的检查。检查玻璃密封胶条，若胶条内、外漆不一致，说明此处维修过。

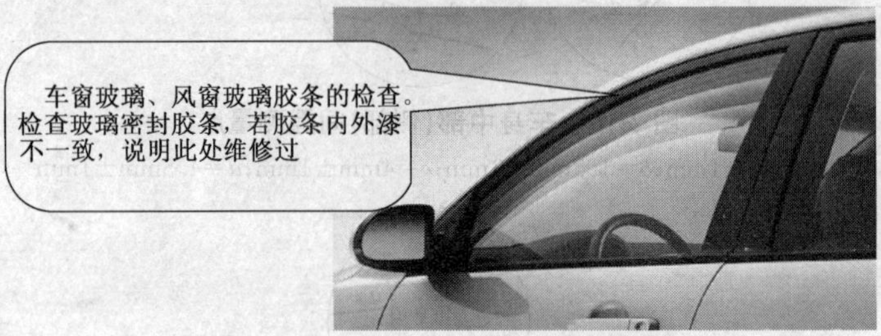


图 2-13 车窗玻璃、风窗玻璃胶条的检查

(2)图 2-14 所示为车身 A 柱及门铰链的检查。检查车身 A 柱及门铰链是否有维修的痕迹。

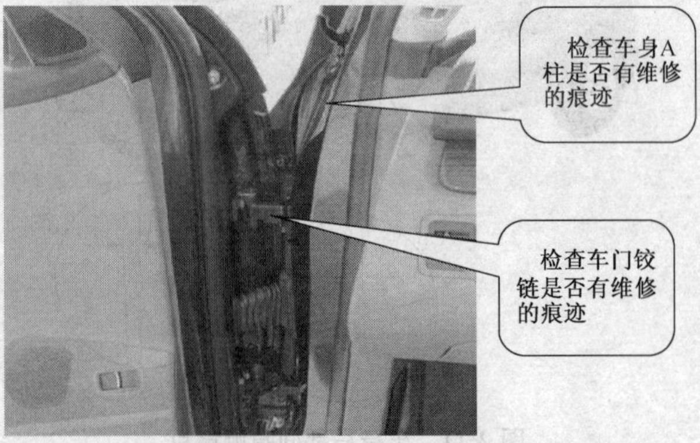


图 2-14 车身 A 柱及门铰链的检查

(3)图 2-15 所示为车身 B 柱的检查。检查车身 B 柱是否有维修的痕迹。

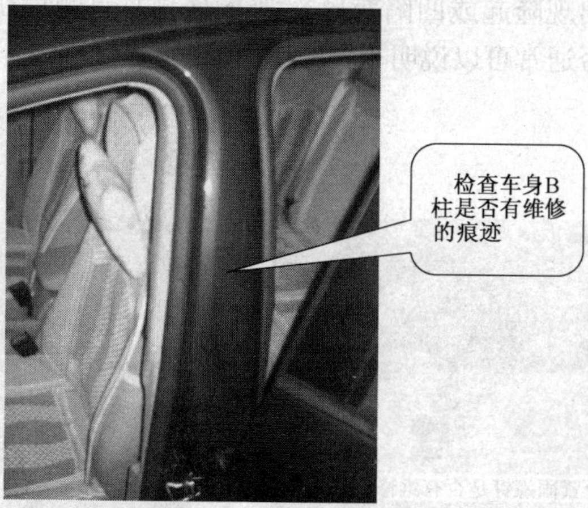
检查车身B
柱是否有维修
的痕迹

**图 2-15　车身 B 柱的检查**

(4)图 2-16 所示为发动机盖的检查。检查减振胶、发动机盖骨架是否有维修的痕迹。

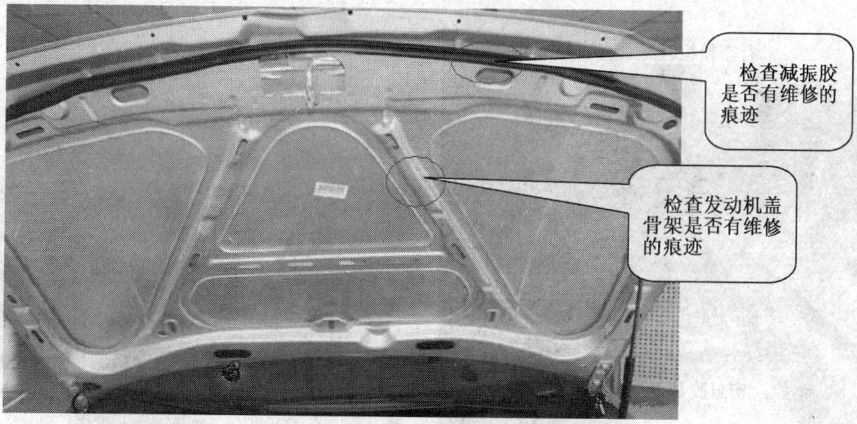
检查减振胶
是否有维修的
痕迹
检查发动机盖
骨架是否有维修
的痕迹

**图 2-16　发动机盖的检查**

(5)图 2-17 所示为翼子板紧固螺钉的检查。目测检查时,应注意检查钣金件的螺钉固定位置是否错位。对于曾经维修过的车辆,还应检查螺钉孔是否有被改动的迹象。

(6)检查防腐胶(钣金胶)是否开裂。结构件部位钣金胶如果开裂(如图 2-18 所示),说明撞击力已传递到这些部位,车身已有一定的损伤。

(7)图 2-19 所示为行李箱的检查。检查行李箱是否有修复或锈蚀的现象,检查行李箱内的密封胶是否为原装,有无修复的痕迹。检查备胎工具是否齐全。

(8)检查吸能区域,如图 2-20 所示。车辆碰撞后,吸能区域将会按照厂家的设计要求,出现隆起或凹陷变形 。吸能区域是目测损伤诊断的首要检查部位,变形与否通常可以说明车辆的使用情况。

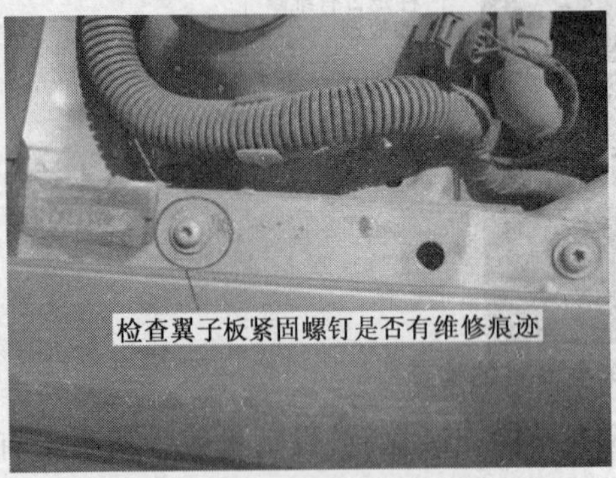


图 2-17 翼子板紧固螺钉的检查

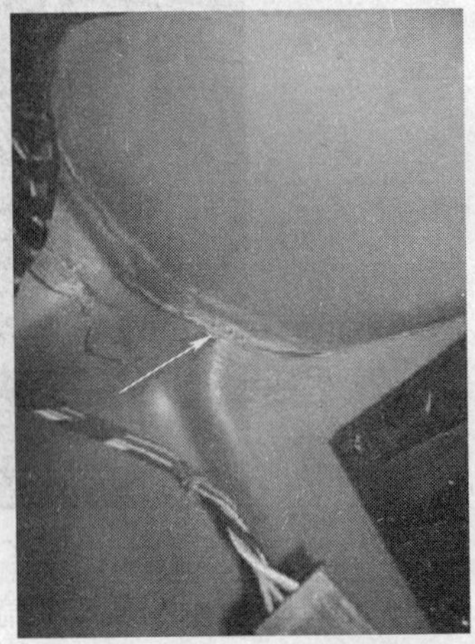

图 2-18 防腐胶(钣金胶)的检查

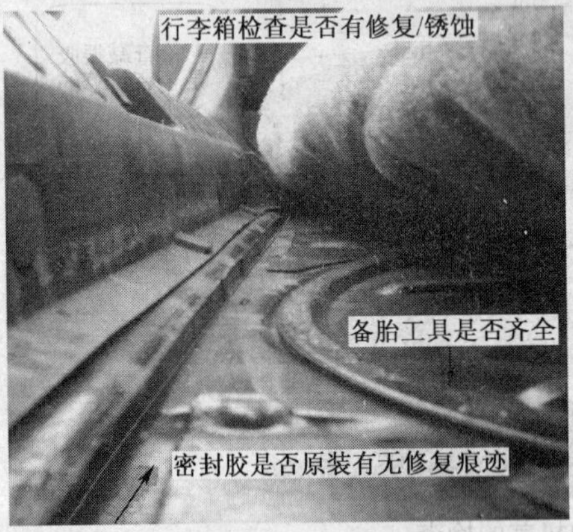


图 2-19 行李箱检查

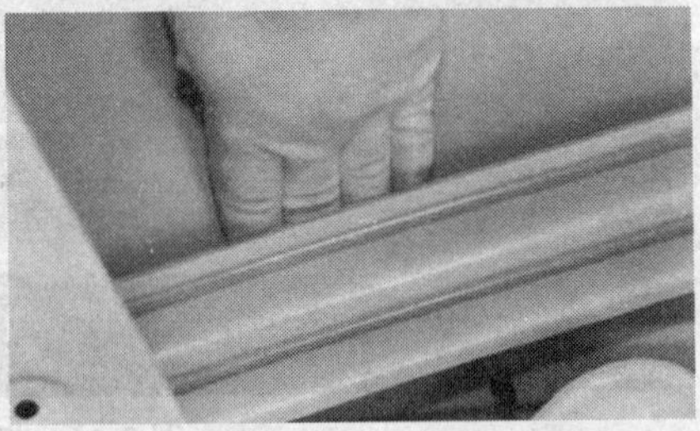

图 2-20 吸能区域的检查

(9)油漆层开裂的检查。一些严重的事故碰撞中,远离直接撞击点的形变区域、转角部位等,有可能会出现油漆层开裂现象(图 2-21)。说明损伤已经波及到这些范围,应力通常集中于此。

(10)车门开关时的声音检查。正常情况下,车门、行李箱盖开启顺畅,无卡滞的感觉及摩擦的声音,关闭时应该发出沉闷的“砰、砰”声音。如果关闭时发出其他类型的杂音,说明车身立柱、安装密封条的凸缘位置,以及车门等存在变形的可能性,车辆的密封性能也将会受到很大影响,应对上述部位仔

图 2-21　油漆层开裂的检查

细进行检查。

## 二、发动机舱的检查

### 1. 发动机外部清洁状况的检查

(1)检查发动机外部清洁状况,如图 2-22 所示。发动机外部有少量油迹和灰尘是正常的,如果灰尘过多,表明车主对车辆维护不认真和车辆使用环境恶劣;如果一尘不染,说明发动机刚刚经过清洁处理。

图 2-22　检查发动机外部清洁状况

(2)检查发动机主要部位(如曲轴油封、凸轮轴油封等)是否有油迹。如有油迹,说明该处的油封已老化。图 2-23 所示为检查凸轮轴油封。

### 2. 润滑系统的检查

(1)检查机油平面高度,如图 2-24 所示。一般机油尺上都有高、低油位的刻线或指示孔,如果机油平面在这两个油位之间,则表示正常。检查时,先将机油尺拉出擦干净,然后将机油尺插入油箱后再拉出检查机油尺上的油位。如果油位过低,应了解上次更换机油的时间和间隔里程,如果时间和间隔里程正常,说明发动机烧机油;如果机油平面过高,说明发动机严重窜气或漏水。

图 2-23 检查凸轮轴油封

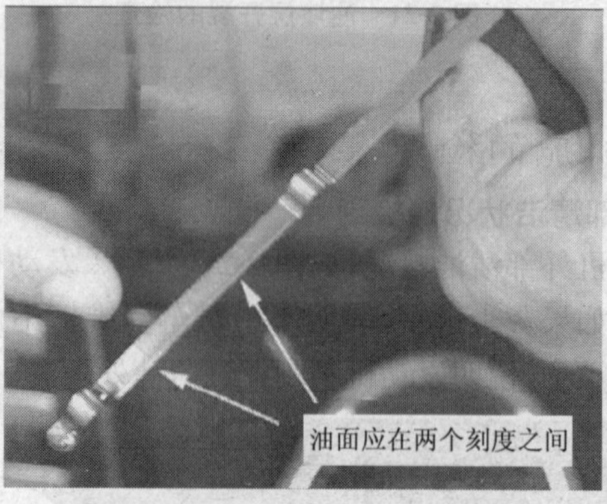


图 2-24 检查机油平面高度

(2)检查机油颜色，如图 2-25 所示。检查时，拔出机油尺在一张白纸上擦拭，观察机油颜色和杂质的情况。一般车辆使用一段时间后机油颜色会变黑，这是正常的，机油显现其他颜色都是不正常的现象。如果发现机油的颜色变灰、变白或有乳化现象，说明机油中混入水，可能是发动机冷却系统和燃烧系统有连通泄漏情况。

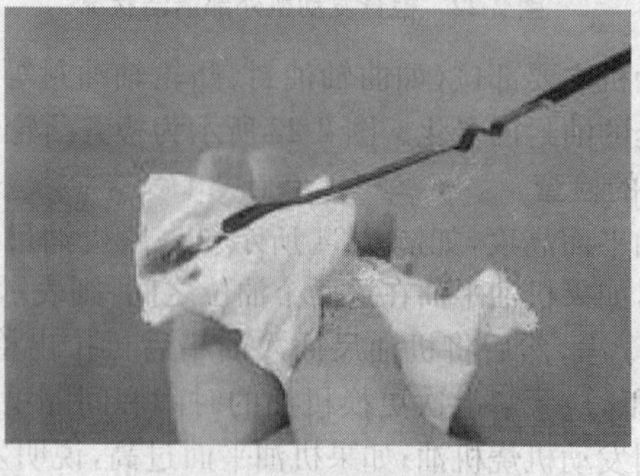

图 2-25 机油颜色的检查

(3)检查机油盖口。拧下加油盖,将它翻过来观察底部。如果加油盖底面有一层黏稠的深色乳状物,还有与油污混合的小水滴,都属于不正常情况,可能是缸垫、缸盖或缸体有损坏,导致防冻液渗入机油中造成的。如果出现这种情况,被污染的机油有可能对发动机内部造成损害,发动机可能需要大修。

(4)一些行驶里程较长的车辆,机油滤清器座的密封垫会老化渗漏,油底壳垫以及发动机上一些密封垫也会存在老化渗漏的问题。因此,检查密封垫渗漏只需检查发动机底部是否干爽。如有泄漏,寻找渗漏的相关部位。图2-26所示为检查机油滤清器座及油底壳的渗漏情况。

图 2-26　检查机油滤清器座、油底壳螺塞的渗漏情况

**3. 冷却系统的检查**

(1)检查冷却液的液面是否符合标准。当发动机处于冷却状态时,冷却液应该充满散热器,而冷却液储液罐中的冷却液液位应该位于“max(或FULL)”和“min(或LOW)”标记之间,如图2-27所示。如果液位低于或者接近“min(或LOW)”标记,则为缺少冷却液,说明该车维护不及时。

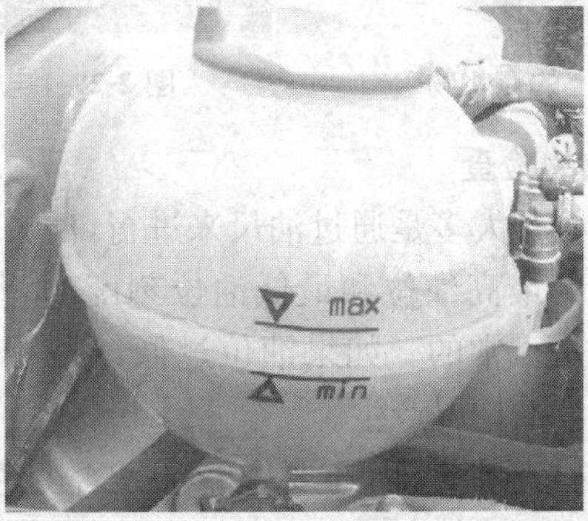


图 2-27　检查冷却液的液面

(2)发动机冷却液和水箱(冷却时)的检查。在冷车状态打开发动机盖，检查水箱部分。打开水箱盖后，注意观察冷却液面上是否有其他的异物漂浮，例如锈蚀的粉屑、不明的油污等。如果发现有油污浮起，表示可能有机油渗入到冷却水内，可能是气缸垫漏气所致；如果发现浮起的异物是锈蚀的粉屑，表示水箱内的锈蚀情况已经很严重；如果冷却液混浊，要向车主询问原因，并特别注意发动机温度。一旦发现有上述情况，都表示该车的发动机状况不是很好，需特别注意。

(3)现代汽车发动机常年使用防冻液作为发动机冷却液，如果冷却液已变成水，应了解其原因，并分析二手车可能出现的问题，如事故、发动机温度高、发动机漏水。

**4. 蓄电池的检查**

现代汽车蓄电池一般为免维护蓄电池，其寿命一般为 4 年左右。蓄电池检查主要包括：蓄电池两接线柱应没有大量白色粉末附贴在上面。蓄电池各单元格液面高度应一致，并在规定的上下线之间。如果液面过底，一般为发动机充电电流过大，液面经常处于过低状态，将大大降低蓄电池的寿命；如果有个别格液面过低，一般为个别格漏液，可以从蓄电池底部托盘上能够观察到漏液的痕迹。蓄电池外壳应干爽、洁净，没有裂痕。图 2-28 所示为蓄电池接线柱上附着氧化物；图 2-29 所示为蓄电池液面高度刻线。

图 2-28　蓄电池上的氧化物

图 2-29　电解液液面高度刻线

**5. 自动变速器油的检查**

自动变速器油的检查大多是通过油尺来进行，油尺上分别标有自动变速器油在热态和冷态时的最高油位和最低油位刻度，如图 2-30 所示。如果油量在这两个刻度之间是正常的。如果油位过低，则表示应该加油了，但也可能表示这辆车已有漏油的情况产生。

检查变速器油除检查油量外，还要查看油是否变色。一般来说，变速器油呈现红色。如果发现变成棕色，则表示该车的变速器可能发生了故障。如果闻到焦煳味，表示变速器磨损情况严重。一旦买回此类车，可能需花一笔

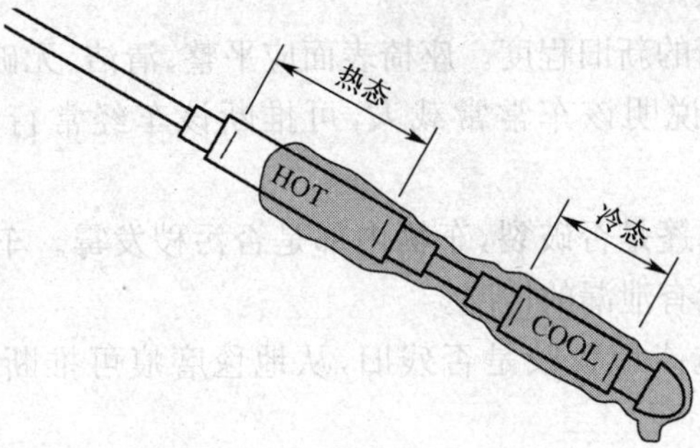


图 2-30　自动变速器油尺刻度线

不小的大修费用。

**6. 空气滤清器的检查**

如图 2-31 所示。打开空气滤清器的盒盖，看里面的清洁程度如何。如果灰尘很多，滤芯很脏，则表示这辆车的使用程度较高，而且该车的前一位车主对车的保养较差，没有定期更换滤芯。由此可设想，一辆车的保养差，车况也不会太好。

图 2-31　检查空气滤清器

**7. 其他部件的检查**

(1)检查发动机主要附件是否完好。

(2)检查发电机、起动机、分电器、化油器、空调压缩机、转向助力泵等外观是否正常，是否有漏油、漏水、漏气、漏电现象，是否有松动现象。

## 三、驾驶室和车厢内部检查

(1)驾驶人座椅、乘员座椅安装应牢固可靠。驾驶人座椅、乘员座椅的安全带应齐全、有效。

(2)查看座椅的新旧程度。座椅表面应平整、清洁、无破损。座椅松动和严重破损、凹陷，说明该车常常载人，可推断该车经常行驶在高负荷的工况下。

(3)车顶的内篷是否破裂，车辆内部是否污秽发霉。车内如有发霉的味道，表明该车可能有泄漏的情况。

(4)检查地毡或地板胶是否残旧，从地毯磨痕可推断出该车使用频繁程度。

(5)揭开地毡或地板胶，查看车厢底板是否有潮湿或生锈的痕迹，是否有烧焊的痕迹。

(6)查看仪表盘是否原装，检查仪表盘底部有没有更改线束的痕迹。要求安装汽车行驶记录仪的车辆是否按要求安装，能否正常工作。

(7)检查里程表。里程表显示已经行驶的千米数是车辆行驶年龄的参照，一般的家用车每年约行驶 5000～25000km。

(8)检查离合器踏板、制动踏板、加速踏板有无弯曲变形及干涉现象。离合器踏板和制动踏板的踏脚胶是否磨损过度。通常一块踏脚胶寿命是 5 万 km 左右，如果换了新的，则说明此车已行驶 5 万 km 以上。

(9)试一试所有踏板有没有弹性，离合器踏板应该有少许空间，同时留心听一听踏下踏板有没有异响出现。

## 四、车辆底盘的检查

检查车辆底盘时要将车辆开进地沟或用举升器举升车辆后进行。

(1)如图 2-32 所示，检查发动机橡胶支撑是否变形、损坏，检查发动机与传动系统的连接情况。图 2-33 所示为检查燃油管路。燃油箱及燃油管路应

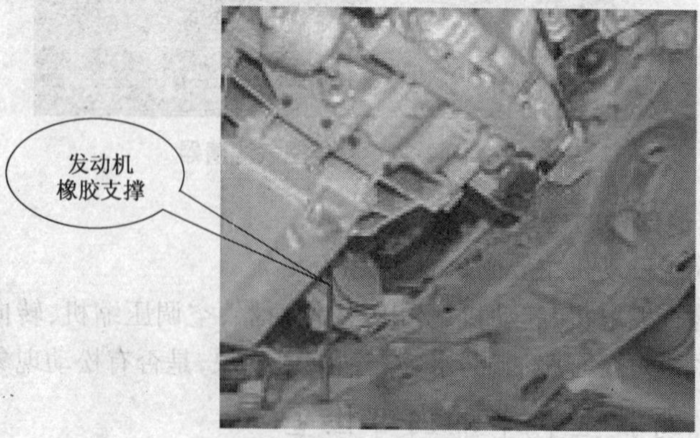


图 2-32 检查发动机橡胶支撑

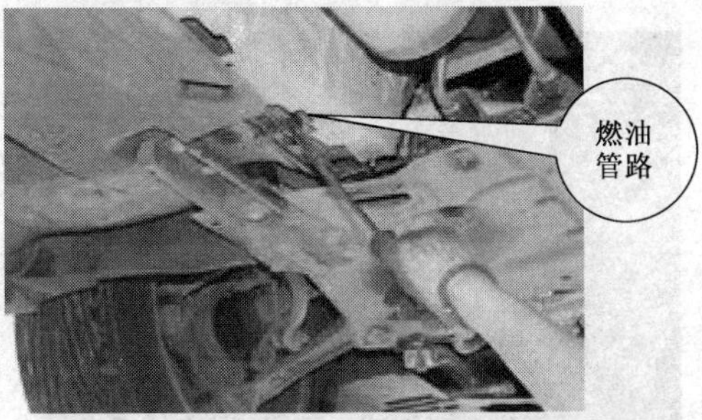

图 2-33　检查燃油管路

固定可靠，不得有渗、漏油现象；燃油管路与其他部件不应有磨蹭现象；软管不得老化开裂、有磨损等异常现象。

(2)检查传动轴中间支撑轴承及支架、万向节等有无裂纹和松旷现象。

(3)如图 2-34 所示，检查转向节臂、转向横直拉杆有无裂纹和损伤，有无拼焊现象。检查转向横直拉杆球销是否松旷、连接是否可靠；检查各运动部件在运动中有无干涉、摩擦现象。

图 2-34　检查转向节臂、转向横直拉杆

(4)检查车架是否有裂纹和影响车辆正常行驶的变形，螺栓和铆钉不得缺少和松动，车架不得有焊接加工的痕迹。

(5)检查前、后桥是否有变形、裂纹。

(6)检查钢板弹簧有无裂纹、断片和缺片现象，中心螺栓和 U 形螺栓是否紧固，减振器是否漏油，车架与悬架之间的各拉杆和导杆应无松旷和移位现象。

(7)如图 2-35 所示，检查排气管、消声器是否齐全及固定情况，有无破损和漏气现象。

(8)如图 2-36 所示，检查制动总泵、分泵、制动管路，不得有漏气、漏油现象；软管不得有老化开裂、磨损异常等现象。

图 2-35　检查排气管、消声器

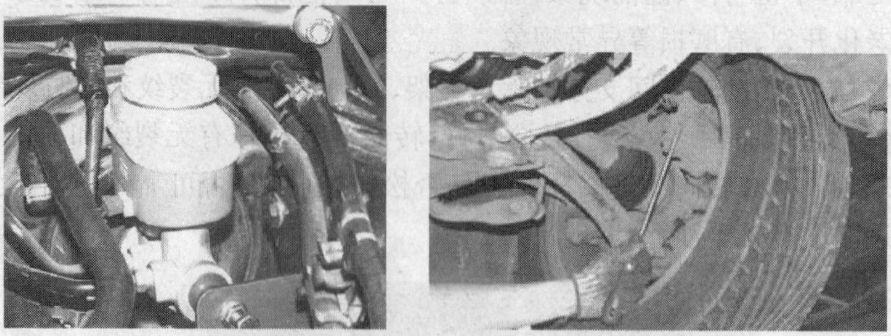

(a) 检查制动总泵　　(b) 检查制动分泵

图 2-36　检查制动总泵和制动分泵

(9)检查电器线路。所有电器导线均应捆扎成束、布置整齐、固定卡紧、接头牢固并有绝缘套,在导线穿越孔洞时需装设绝缘套管。

(10)如图 2-37 所示,检查减振器及悬架。可用手在汽车前后左右角分别用力下压,如放松后汽车车身能回弹,并能自由跳动 2～3 次,说明该系统正常。如出现异响或不能自动跳动,则说明该减振器或悬架系统的弹簧等部件工作不良,舒适性变差。

图 2-37　检查减振器及悬架

(11)检查手动变速器外观。如图 2-38a 所示,检查变速器输出轴的油封,是否有渗漏情况。图 2-38b 是变速器外壳的图片,从图片上可以看到密封垫有轻微渗漏。对于轻微渗漏,可先使用化清剂清洗后试车再确定是否需要更换该密封垫。

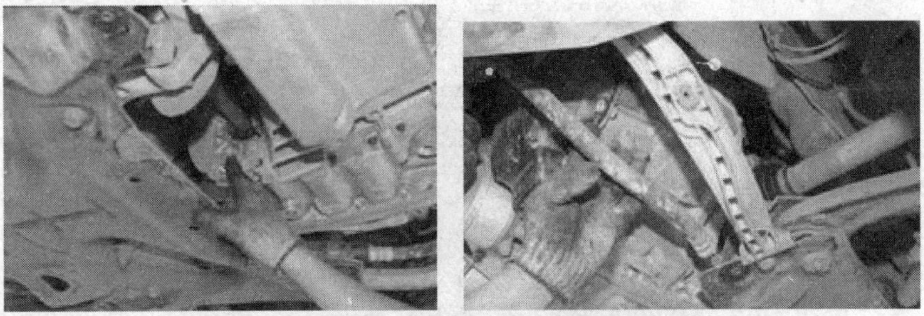

(a)检查手动变速器输出轴油封　(b)检查手动变速器油底壳

**图 2-38　检查手动变速器外观**

(12)发动机底部扭力杆的橡胶座如果开裂会导致车辆在行驶过程中有异响,并使乘坐舒适性下降。橡胶支座的检查方法很简单,用一字旋具撬动橡胶支座,看橡胶是否开裂即可,如图 2-39 所示。

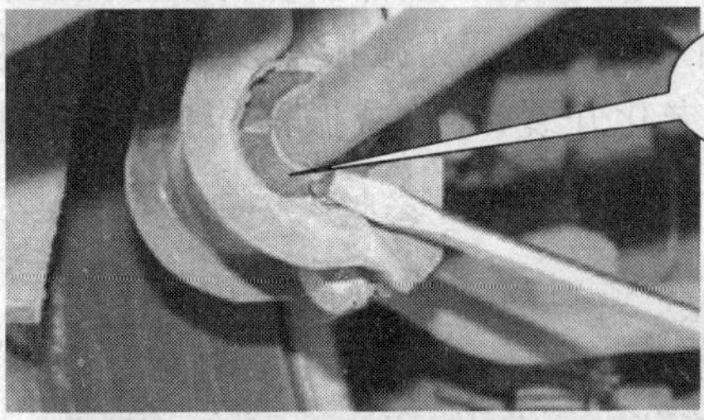


**图 2-39　检查扭力杆的橡胶座**

(13)如图 2-40 所示,检查半轴防尘套。防尘套的作用是保护充满润滑脂的万向节,如防尘套破损则会加速万向节损坏。

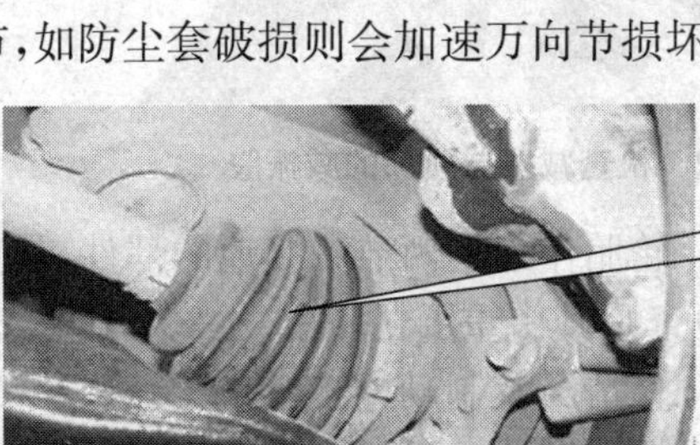


**图 2-40　检查半轴防尘套**

(14)图 2-41 所示为后悬架摆臂橡胶支座的检查方法，同样是用一字旋具撬动橡胶支座看是否松散开裂，以及目测橡胶支座是否损坏。前后轴悬架各拉杆或者摆臂两端都会有橡胶支座，任何一个橡胶支座损坏都会影响车辆的操控性以及驾乘舒适性。

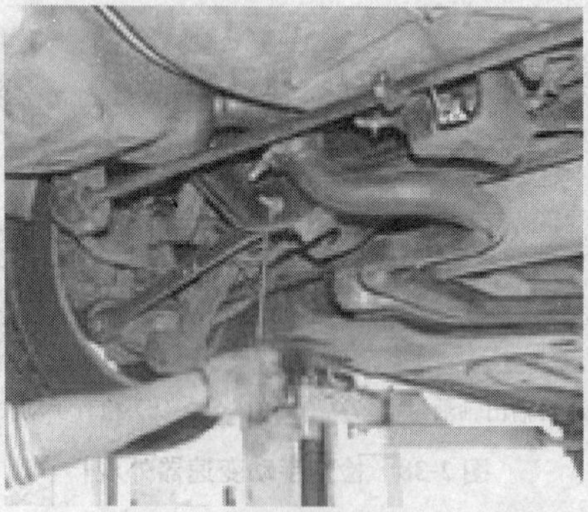

**图 2-41　后悬架摆臂橡胶支座的检查**

(15)一些行驶里程较长的车辆会出现减振器漏油的情况。减振器漏油时，会有油渍浸入减振器下部。减振器漏油会使得减振器性能下降。如漏油严重，建议更换减振器。图 2-42 所示为减振器顶部减振胶的检查。车辆行驶里程较长，此减振胶会老化开裂，导致减振器传到车身的振动变大，噪声变大。

**图 2-42　检查减振器顶部的减振胶**

(16)车轮及轮胎的检查。轮胎作为车辆唯一接地的部件，其重要性不言而喻。在车辆检查中，轮胎检查是其中重要的项目之一。在检查轮胎时，一般还会同时检查车轮轴承的工作情况及制动摩擦片的厚度。图 2-43 所示为车轮轴承的检查。检查时前后摆动车轮，感觉是否有较大的间隙。如果间隙较大，说明车轮轴承已松动或已磨损。图 2-44 所示是使用专用的制动摩擦片检测笔检测制动摩擦片的厚度。制动摩擦片厚度应不超过极限值。

图 2-43　车轮轴承的检查

图 2-44　检测制动摩擦片的厚度

图 2-45 所指的位置是轮胎的磨损标记。当胎纹磨损到磨损标记以后则需要更换轮胎。除了胎纹磨损标记，如轮胎胎面出现异常磨损的情况，还需要确定四轮定位参数是否正确。

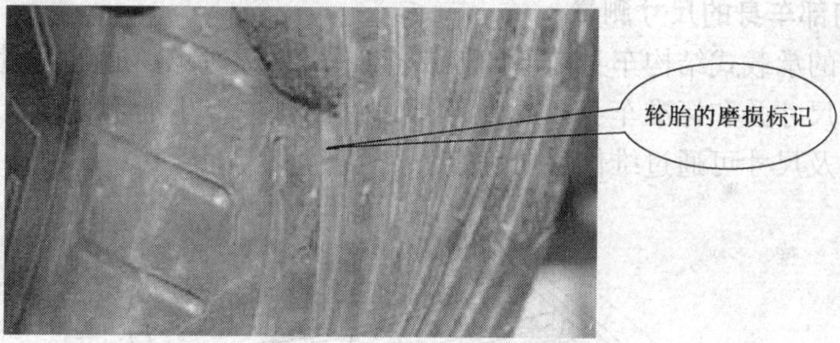


图 2-45　轮胎的磨损标记

轮胎在路上滚动，少不了会扎钉。轮胎扎钉后，可能会导致轮胎内部气体慢慢地泄漏。因此，如发现有扎钉，可在扎钉位置涂上肥皂水，看扎钉部位是否有气泡生成即可判断轮胎是否漏气，如图 2-46 所示。没有漏气的话，拔

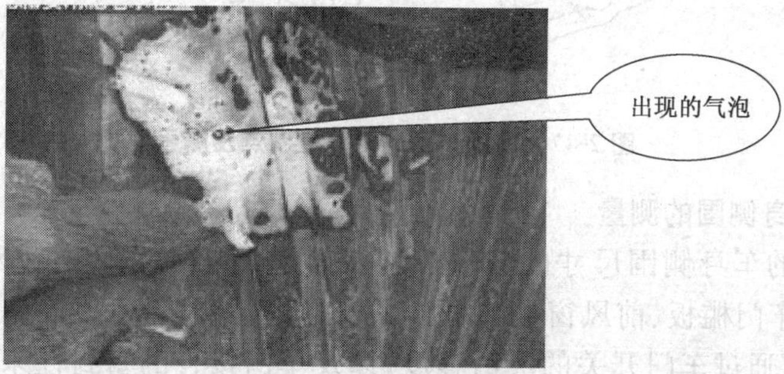


图 2-46　轮胎泄漏的检查

掉钉子后还需用同样方法测试拔掉扎钉的部位是否漏气。这里强调一点，轮胎漏气除了扎钉以外，还有一个可能就是气嘴老化漏气。因此，检查好胎面以后还应检查气嘴根部是否龟裂，也可使用肥皂水测试。

## 五、附属装置检查

如刮水器、收音机、仪表、反光镜、加热器、灯具、转向信号灯、喷水装置、空调设备等是否破损、残缺，并对附属装置进行动态检验。例如刮水器是否动作、喷水装置是否喷水、空调器是否制冷，以及各灯光和仪表是否正常工作等。

## 六、车身尺寸的测量

在事故车维修中，对于局部变形产生的损伤，可以很直观地做出判断。但对于整体变形造成的损伤就不那么容易查明。只有通过精确的测量才能确定变形的具体位置及损伤程度，并为下一步的定损和定价提供可靠的依据。

### 1. 前部车身的尺寸测量

典型的承载式结构车身前部的控制点如图 2-47 所示。通过测量图中所标位置的尺寸并和标准车身尺寸比对即可判断碰撞产生的形变量。具体车型控制点及尺寸可通过维修手册确定。

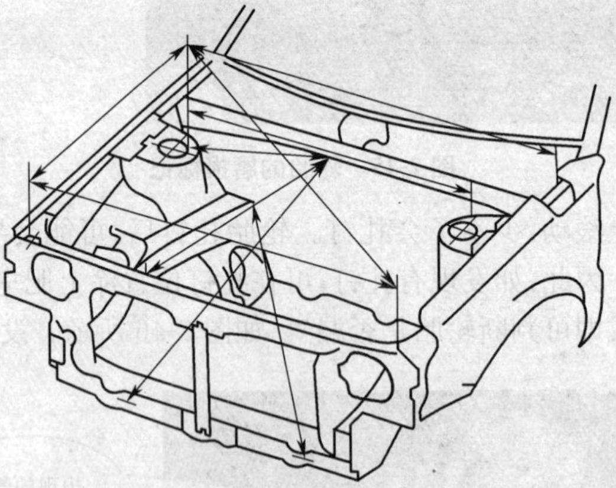

图 2-47 前部车身的尺寸控制点及测量

### 2. 车身侧围的测量

典型的车身侧围尺寸的测量控制点如图 2-48 所示。通过对 A 柱、B 柱、C 柱、车门槛板、前风窗玻璃框架的变形进行测量，可以确定侧围变形情况，也可通过车门开关的灵活程度，以及车门接合的密封性来判断其变形程度。

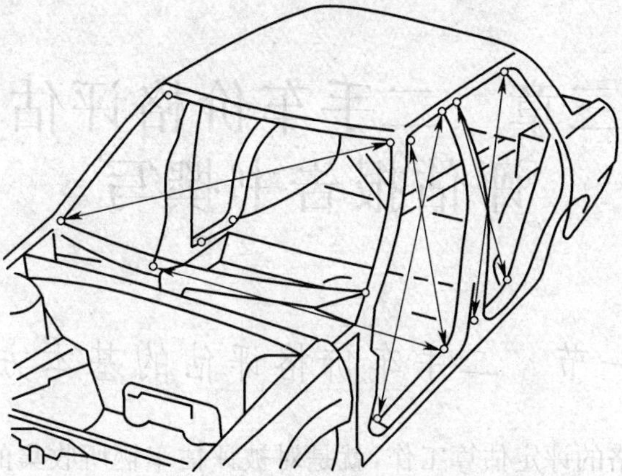

图 2-48　车身侧围的尺寸控制点及测量

**3. 车身后部的测量**

后部车身尺寸的常见测量控制点如图 2-49 所示。后部车身的变形，大致上可通过行李箱盖开关的灵活程度，以及与行李箱接合的密封性来判断。

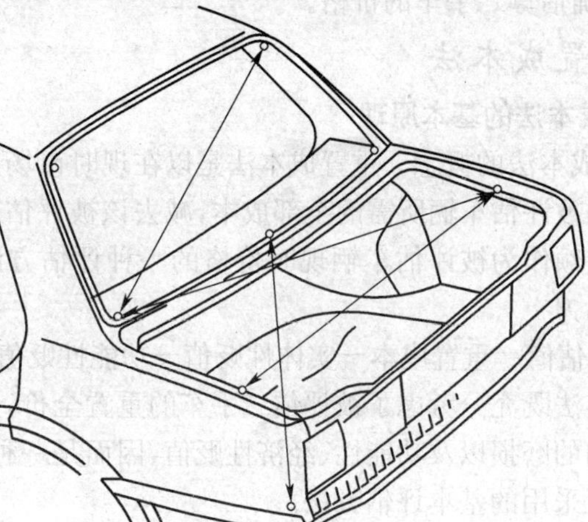

图 2-49　车身后段的尺寸控制点及测量

**4. 车身的扭曲变形测量**

扭曲是车身的一种总体变形。当车身一侧的前端或后端受到向下或向上的撞击时，另一侧的后端或前端就以相反的方向变形。这时就会呈现扭曲变形。扭曲变形只能在车身中段测量，否则，在前段或后段的其他变形将会导致扭曲变形的测量数据不准确。传统检测扭曲变形的方法比较复杂且精度较差，现代车身矫正仪配备了测量系统，能对车体进三维坐标测量，使用方便，精确度高，作业前的变形检测、矫正过程中参数的校核，都可以在台架上依次完成。

# 第三章　二手车价格评估与评估报告书撰写

## 第一节　二手车价格评估的基本方法

二手车价格的评定估算工作，就是对被评估车辆所收集的数据资料、技术鉴定资料进行整理，根据评估目的选择适用的估价标准和评估方法，本着客观、公正的原则对车辆价格进行评定估算，确定评估结果。

二手车价格估算方法有重置成本法、收益现值法、现行市价法、清算价格法等四种方法。二手车评估师必须根据二手车评估的目的正确选择合适的方法，才能正确估算二手车的价格。

### 一、重置成本法

**1. 重置成本法的基本原理**

(1)重置成本法的概念。重置成本法是以在现时市场条件下重新购置一辆全新状态的被评估车辆所需的全部成本，减去该被评估车辆因老化陈旧导致贬值后的差额作为被评估车辆现时价格的一种评估方法。其评估思路可用数学式概括为

二手车评估值＝重置成本－实体性贬值－功能性贬值－经济性贬值

重置成本法既充分考虑了被评估二手车的重置全价，又考虑了该二手车在使用年限内的磨损以及功能性、经济性贬值，因而是一种适应性较强，并在实践中被广泛采用的基本评估方法。

(2)重置成本法的基本要素。重置成本法的概念中涉及四个基本要素，即二手车的重置成本、二手车实体有形损耗、二手车功能性贬值和二手车经济性贬值。

①二手车的重置成本。二手车重置成本是指在现时市场条件下重新购置一辆全新车辆所支付的全部货币总额。简单地说，二手车重置成本就是当前再取得该车的成本。具体来说，重置成本又分为复原重置成本和更新重置成本两种。

复原重置成本是指用与被评估车辆相同的材料、制造标准、结构设计及技术水平等以现时市场价格重新购建与被评估车辆相同的全新车辆所发生

的全部成本。汽车不同于一般机器设备，它的技术性很强，又有很强的法规限制，一般用户是很难用复原重置成本法计算出一辆已经停产很久汽车的重置成本的。

更新重置成本是指利用新型材料、新技术标准和新型设计等，以现时市场价格购置具有相同或相似功能的全新车辆所支付的全部成本。

应该注意的是，无论复原重置成本还是更新重置成本，车辆本身的功能不变。

一般情况下，在选择重置成本时，如果同时取得复原重置成本和更新重置成本，应优先选择更新重置成本。在不存在更新重置成本时，再考虑采用复原重置成本。由此可见，在保证车辆功能不变的前提下，重置成本法主要立足于二手车的现行市价，与二手车的原购置价并无多大的关系。现行市价越高，重置成本也越高。

②二手车实体性贬值。二手车实体性贬值也称实体性有形损耗，是指二手车在存放和使用过程中，由于物理和化学原因（如机件磨损、锈蚀和老化等）而导致的车辆实体发生的价值损耗。即由于自然力的作用而发生的损耗。计量二手车实体有形损耗时主要根据已使用年限进行分摊。

③二手车功能性贬值。二手车功能性贬值是由于技术进步引起的二手车功能相对落后而导致的贬值。这是一种无形损耗。功能性贬值可分为一次性功能贬值和营运性功能贬值。

一次性功能贬值是由于技术进步引起劳动生产率的提高，现在再生产制造与原功能相同的车辆的社会必要劳动时间减少、成本降低而造成原车辆的价值贬值。

营运性功能贬值是由于技术进步，出现了新的、性能更优的车辆，致使原有车辆的功能相对新车型已经落后而引起其价值贬值。具体表现为原有车辆在完成相同工作任务的前提下，在燃料、人力、配件材料等方面的消耗增加，形成了一部分超额运营成本。

④二手车经济性贬值。二手车经济性贬值是指由于外部经济环境变化所造成的车辆贬值。它也是一种无形损耗。外部经济环境包括宏观经济政策、市场需求、通货膨胀和环境保护等。如国家提高对汽车排放标准的要求，实施欧Ⅲ排放标准，原来执行欧Ⅱ排放标准的在用车就会因此而贬值。经济性贬值是由于外部环境而不是车辆本身或内部因素所引起的达不到原有设计的获利能力而造成的贬值。外界因素对车辆价值的影响不仅是客观存在的，而且对车辆价值影响还相当大，因此在二手车的评估中不可忽视。

（3）重置成本法应用的理论依据。任何一个精明的投资者在购买某项资产时,他所愿意支付的价格,绝不会超过现时在市场上能够购买到与该项资产具有同等效用的全新资产所需的最低成本,而不管这项资产的原拥有者当初在购买这项资产时的购置价(历史成本)是多少。这就是重置成本法应用的理论依据。因此,简而言之,重置成本是现时购买一辆全新的与被评估二手车相同的车辆所支付的最低金额。

**2. 重置成本法的应用前提和适用范围**

重置成本法作为一种二手车评估的方法,是从能够重新取得被评估二手车的角度来反映二手车的交换价值的,即通过被评估二手车的重置成本反映二手车的交换价值。只有当被评估的二手车处于继续使用状态下,再取得被评估二手车的全部费用才能构成其交换价值的内容。二手车继续使用包含着其使用有效性的经济意义,只有当二手车能够继续使用并且在持续使用中为潜在投资者带来经济利益,二手车的重置成本才能为潜在投资者和市场承认及接受。从这个意义上讲,重置成本法主要适用于具有继续使用价值的二手车评估。

**3. 重置成本法的优缺点**

(1)重置成本法的优点。

①比较充分地考虑了车辆的各方面损耗,反映了车辆市场价格的变化,评估结果更趋于公平合理,在不易估算车辆未来收益,或难以在市场上找到可类比对象的情况下可广泛应用。

②可采用综合分析法确定成新率,将车况和配置以及车辆使用情况用适当的调整系数表征出来,比较清晰地解析了车辆残值的构成,使整个评估过程显得有理有据,有助于增强交易双方对评估结果的信任,可广泛应用于价值较高的中高档车辆评估。

(2)重置成本法的缺点。

①评估工作量较大,确定成新率时主观因素影响较大。

②对极少数的进口车辆,不易查询到现时市场报价,一些已停产或是国内自然淘汰的车型,由于不可能查询到相同车型新车的市场报价,因此难于准确地确定出它们的重置成本或重置成本全价。

## 二、收益现值法

**1. 收益现值法的基本原理**

(1)收益现值法的概念。收益现值法是通过估算被评估二手车在剩余寿命期内的预期收益,并折现为评估基准日的现值,借此来确定二手车价值的一种评估方法。也就是说,现值在这里被视为二手车的评估值,而且现值的确定依赖于未来预期收益。

(2)收益现值法的应用原理。收益现值法是基于这样的假设，即人们之所以购买某辆二手车，主要是考虑这辆车能为自己带来一定的收益。任何一个理智的投资者在决定投资购买这辆二手车时，他所愿意支付的货币金额不会高于评估时求得的该车未来预期收益的折现值。

**2. 收益现值法的应用前提和适用范围**

收益现值法的应用基于以下几个前提：

①被评估二手车必须是经营性车辆，且具有继续经营和获利的能力。

②继续经营的预期收益可以预测而且必须能够用货币金额来表示。

③二手车购买者获得预期收益所承担的风险也可以预测，并可以用货币衡量。

④被评估二手车预期获利年限可以预测。

由以上应用的前提条件可见，运用收益现值法进行评估时，是以车辆投入使用后连续获利为基础的。在机动车的交易中，人们购买的目的往往不是在于车辆本身，而是车辆获利的能力。因此，收益现值法较适用投资营运的车辆。

**3. 收益现值法的优缺点**

(1)收益现值法的优点。

①与投资决策相结合，容易被交易双方接受。

②能真实和较准确地反映车辆本金化的价格。

(2)收益现值法的缺点。

①预期收益额和折现率以及风险报酬率的预测难度较大。

②受主观判断和未来不可预见因素的影响较大。

## 三、现行市价法

**1. 现行市价法的基本原理**

(1)现行市价法的概念。现行市价法又称市场法、市场价格比较法。是指通过比较被评估车辆与最近售出类似车辆的异同，并将类似车辆的市场价格进行调整，从而确定被评估车辆价值的一种评估方法。其基本思路是，通过市场调查，选择一个或几个与评估车辆相同或类似的车辆作参照车辆，分析参照车辆的构造、功能、性能、新旧程度、地区差别、交易条件及成交价格等，并与被评估车辆进行比较，找出两者的差别及其在价格上所反映的差额，经过适当调整，最终计算出被评估车辆的价格。

现行市价法是采用比较和类比的方法，根据替代原则，从二手车可能进行交易角度来判断二手车价值的。

(2)现行市价法的应用原理。现行市价法的应用是基于这样的原理：任何一个正常的投资者在购置某项资产时，他所愿意支付的价格不会高于市场上具有相同用途的替代品的现行市价。

运用现行市价法要求充分利用类似二手车成交价格信息，并以此为基础判断和估测被评估二手车的价值。运用已被市场检验了的结论来评估被评估二手车，显然是容易被买卖双方当事人接受的。因此，现行市价法是二手车价格评估中最为直接、最具说服力的评估方法之一。

因为市场价格是车辆各种因素的综合反映，所以车辆的有形损耗及功能陈旧而造成的贬值，自然会在市场价格中有所体现。

**2. 现行市价法的应用前提和适用范围**

(1)现行市价法的应用前提。由于现行市价法是以同类二手车销售价格相比较的方式来确定被评估二手车价值的，因此，运用这一方法时一般应具备以下两个基本的前提条件：

①要有一个健全的、发育成熟、交易活跃的二手车市场，经常有相同或类似二手车的交易，有充分的参照车辆可取，市场成交的二手车价格反映市场行情，这是应用现行市价法评估二手车的关键。二手车交易越频繁，与被评估车辆相类似的二手车价格越容易获得。

②市场上参照的二手车与被评估二手车有可比较的指标，并且这些指标的技术参数等资料是可收集到的，并且价值影响因素明确，可以量化。

运用现行市价法，重要的是要在交易市场上能够找到与被评估二手车相同或相类似的已成交过的参照车辆，并且参照车辆是近期的、可比较的。所谓近期，是指参照车辆交易时间与被评估二手车评估基准日时间相近，一般在一个季度之内；所谓可比较，是指参照车辆在规格、型号、功能、性能、配置、内部结构、新旧程度及交易条件等方面与被评估二手车不相上下。

现行市价法要求二手车交易市场发育比较健全，并以能够相互比较的二手车交易在同一市场或地区经常出现为前提，而目前我国各地二手车交易市场完善程度、交易规模差异很大，有些地区的汽车保有量少、车型少，二手车交易量小，寻找参照车辆较为困难。因此，现行市价法的实际运用在我国目前的二手车交易市场条件下将受到一定的限制。

(2)现行市价法的适用范围。现行市价法是从卖者的角度来考虑被评估二手车的变现值的，二手车评估价值的大小直接受市场的制约，因此，它特别适用于产权转让的畅销车型的评估，如二手车收购(尤其是成批收购)和典当等业务。畅销车型的数据充分可靠，市场交易活跃，评估人员熟悉其市场交易情况，采用现行市价法评估二手车时间会很短。

**3. 现行市价法的优缺点**

(1)现行市价法的优点。

①能够客观反映二手车目前的市场情况，其评估的参数、指标，直接从市

场获得，评估值能反映二手车市场现实价格。

②结果易于被交易双方理解和接受。

（2）现行市价法的缺点。

①需要公开及活跃的二手车市场作为基础，然而在我国很多地方二手车市场建立时间短，发育不完全、不完善，寻找参照车辆有一定的困难。

②可比因素多而复杂，即使是同一个生产厂家生产的同一型号的产品，同一天登记，但可能由于由不同的车主使用，其使用强度、使用条件、维护水平的不同而带来车辆技术状况不同，造成二手车评估价值差异。

## 四、清算价格法

### 1. 清算价格法的基本原理

（1）清算价格法的概念。清算价格法是以清算价格为依据来估算二手车价格的一种方法。所谓清算价格，是指企业在停业或破产后，在一定的期限内拍卖资产（如车辆）时可得到的变现价格。

清算价格法的理论基础是清算价格标准。

（2）清算价格法的应用原理。清算价格法在原理上基本与现行市价法相同，所不同的是迫于停业或破产，清算价格往往略低于现行市场价格。这是由于企业被迫停业或破产，急于将车辆拍卖、出售。

### 2. 清算价格法的应用前提和适用范围

（1）清算价格法的应用前提。以清算价格法评估车辆价格的前提条件有以下三点：

①以具有法律效力的破产处理文件或抵押合同及其他有效文件为依据。

②车辆在市场上可以快速出售变现。

③所卖收入足以补偿因出售车辆而发生的附加支出的总额。

（2）清算价格法的适用范围。清算价格法适用于企业破产、资产抵押和停业清理时要出售的车辆。

①企业破产。当企业或个人因经营不善造成亏损严重、到期不能清偿债务时，企业应依法宣告破产，法院以其全部财产依法清偿其所欠的债务，不足部分不再清偿。

②资产抵押。资产抵押是以所有者资产作抵押物进行融资的一种经济行为，是合同当事人一方用自己特定的财产（如机动车辆）向对方保证履行合同义务的担保形式。提供财产的一方为抵押人，接受抵押财产的一方为抵押权人。抵押人不履行合同时，抵押权人有权利将抵押财产在法律允许的范围内变卖，从变卖抵押物价款中优先受偿。

③停业清理。停业清理是指企业由于经营不善导致严重亏损，已临近破

产的边缘或因其他原因将无法继续经营下去，为弄清企业财物现状，对全部财产进行清点、整理和查核，为经营决策(破产清算或继续经营)提供依据，以及因资产损毁、报废而进行清理、拆除等的经济行为。

**3. 影响清算价格的主要因素**

在二手车评估中，影响清算价格的主要因素包括破产形式、债权人处置车辆的方式、车辆清理费用、拍卖时限、公平市价和参照车辆价格等。

(1)破产形式。如果企业丧失车辆处置权，出售的一方无讨价还价的可能，则以买方出价决定车辆售价；如果企业未丧失处置权，出售车辆一方尚有讨价还价余地，则以双方议价决定售价。

(2)债权人处置车辆的方式。按抵押时的合同契约规定执行，如公开拍卖或收回。

(3)车辆清理费用。在企业破产等情况下评估车辆价格时，应对车辆清理费用及其他费用给予充分的考虑。如果这些费用太高拍卖变现后所剩无几，则失去了拍卖还债的意义。

(4)拍卖时限。一般来说，规定的拍卖时限长，售价会高些；时限短，则售价会低些。这是由资产快速变现原则产生的特定买方市场所决定的。

(5)公平市价。公平市价是指车辆交易成交时，使交易双方都满意的价格。在清算价格中卖方满意的价格一般不易求得。

(6)参照车辆价格。参照车辆价格是指在市场上出售相同或类似车辆的价格。一般来说，市场参照车辆价格高，车辆出售的价格就会高，反之则低。

## 五、二手车评估方法的选择

**1. 评估方法的适用特点**

(1)重置成本法比较充分地考虑了车辆的各方面损耗，反映了车辆市场价格的变化，评估结果更趋于公平合理，在不易估算车辆未来收益，或难于在市场上找到可类比对象的情况下可广泛应用。

(2)现行市价法要求评估方在当地或周边地区容易找到可类比的参照车辆。因此，它特别适用于产权转让中畅销车型的评估，如二手车收购(尤其是成批收购)和典当等业务。

(3)收益现值法是从被评估二手车在剩余使用寿命内能够带来预期利润的前提下进行评估的，因此，比较适用于投资营运车辆的评估。

(4)清算价格法是从车辆资产债权人的角度出发，以车辆快速变现为目的进行评估的，因此，适用于企业破产、资产抵押、停业清理等急于出售变现的车辆评估，如法院、海关委托评估的涉案车辆。

**2. 选择评估方法时应考虑的因素**

估价方法的多样性，为鉴定估价人员提供了选择评估方法的可能性。选择估价方法时应考虑以下因素：

①必须严格与二手车评估的计价标准相适应。

②要受收集数据和信息资料的制约。

③要充分考虑二手车鉴定估价工作的效率，选择简单易行的方法。

综合上述因素考虑，若采用现行市价法评估，由于目前我国二手车交易市场发育不完全，很难寻找到与被评估车辆型号、使用日期、使用强度、使用条件等都相近的参考车辆；当采用收益现值法时，由于投资者对预期收益额预测难度大，易受主观判断和未来不可预见因素的影响；当采用清算价格法评估车辆时，又受其适用条件的局限。故上述3种评估方法在二手车鉴定估价中很少采用。而重置成本法，具有收集资料信息便捷、操作简单易行、评估理论成熟、评估结果有理有据、可信度高等优点，故成为鉴定评估中应用最广的一种评估方法。

## 第二节　二手车成新率的计算方法

成新率是重置成本法的一项重要指标，如何科学、准确地确定该项指标是二手车评估中的重点和难点。

成新率是反映二手车新旧程度的指标。二手车成新率是表示二手车的功能或使用价值占全新机动车的功能或使用价值的比率，也可以理解为二手车的现时状态与机动车全新状态的比率。它与有形损耗一起反映了同一车辆的两方面。车辆的有形损耗也称为车辆的实体性贬值，它是由于使用磨损和自然损耗形成的。成新率和有形损耗率的关系是

成新率＝1－有形损耗率

二手车成新率的确定方法主要有使用年限法、行驶里程法、部件鉴定法、整车观测法、综合分析法、综合成新率法等。在二手车交易市场，根据不同类型的二手车，在对二手车进行相关检测的基础上，确定相应二手车成新率计算方法，并确定其成新率。用上述不同方法确定的成新率分别被称为使用年限成新率、行驶里程成新率、部件鉴定成新率、整车观测成新率、综合分析成新率和综合成新率。计算方法不同，其成新率的值也不尽相同。

### 一、使用年限法

#### (一) 方法介绍

**1. 计算方法**

使用年限法是通过确定被评估二手车的尚可使用年限与规定使用年限的比值来确定二手车成新率的一种方法。其计算公式为

$$C_Y=\frac{Y_g-Y}{Y_g}\times 100\%$$

式中　$C_Y$——使用年限成新率；

$Y$——二手车实际已使用年限，年或月；

$Y_g$——车辆规定的使用年限，年或月。

使用年限法估算二手车的成新率是基于这样的假设：二手车在规定的使用寿命期间，实体性损耗与时间呈线性递增关系，二手车价值的降低与其损耗大小成正比。因此，可利用被评估二手车的已使用年限与该车型规定使用年限的比值来判断其实体贬值率（程度），进而估算被评估二手车成新率。

**2. 已使用年限与规定使用年限**

（1）已使用年限。使用年限是代表汽车运行量和工作量的一种计量。这种计量是以汽车正常使用为前提的，包括正常的使用时间和正常的使用强度。因此对于汽车来说，已使用年限应采用折算年限更为合理，即

折算年限＝总的累计行驶里程/年平均行驶里程

这种使用年限表示方法既反映了汽车的使用情况（包括管理水平、使用水平和维护保养水平）、使用强度，又包括了运行条件和某些停驶时间较长的汽车的自然损耗。但在实践操作中，很难找到总的累计行驶里程和年平均行驶里程这一组数据，因此，已使用年限一般取该车从新车在公安交通管理机关注册登记日起至评估基准日所经历的时间。这个时间可以用年或月或日为单位计算。实际计算中，评估基准日并不恰好与注册登记日同日，如果以年为单位计算实际已使用年限，结果误差太大；如果以日为单位计算实际已使用年限，需要精确计算实际已使用天数，虽然结果精确，但工作量较大，比较麻烦；一般以月为单位计算实际已使用年限。即将已使用年限和规定使用年限换算成月数，这样，计算简单、结果误差也较小，比较切合实际。

（2）规定使用年限。车辆规定使用年限是指《汽车报废标准》中对被评估车辆规定的使用年限。各种类型汽车规定使用年限应按《汽车报废标准》和2001年3月1日国家发布的《关于调整汽车报废标准若干规定的通知》的规定执行。各类汽车规定使用年限见表3-1。

**表3-1　各类汽车规定使用年限**

| 车　　型 | 使用年限（年） |
|---|---|
| 一般非运营性9座（含9座）以下载客汽车 | 15 |
| 旅游载客汽车和9座以上非运营载客汽车 | 10 |
| 载货汽车（不含微型载货汽车） | 10 |
| 微型载货汽车和各类出租汽车 | 8 |

### 3. 用使用年限法计算成新率的前提条件

用使用年限法计算成新率的前提条件是车辆在正常使用条件下，按正常使用强度（年平均行驶里程）使用。我国各类汽车年平均行驶里程见表 3-2。

表 3-2　我国各类汽车年平均行驶里程

| 汽车类别 | 年平均行驶里程（万 km） |
|---|---|
| 微型、轻型货车 | 3～5 |
| 中型、重型货车 | 6～10 |
| 私家车 | 1～3 |
| 公务、商务用车 | 3～6 |
| 出租车 | 10～15 |
| 租赁车 | 5～8 |
| 旅游车 | 6～10 |
| 中、低档长途客运车 | 8～12 |
| 高档长途客运车 | 15～25 |

利用使用年限法计算得到的成新率实际上反映的是车辆的时间损耗及时间折旧率，与车辆的日常使用强度和车况无关。

如果车辆的日常使用强度较大，在运用已使用年限指标时，应适当乘以一定的系数。例如，对于某些以双班制运行的出租车，其实际使用时间为正常使用时间的两倍，因此该车辆的已使用年限，应是车辆从开始使用到评估基准日所经历时间的两倍。

## （二）用使用年限法计算二手车成新率实例

### 1. 车辆基本信息

车型：东风日产劲悦 08 款 1.6JS AT 豪华型，私家车；

购车时间：2008 年 5 月；

行驶里程数：2.3 万 km；

初次登记日期：2008 年 5 月；

评估基准日：2009 年 5 月。

### 2. 车辆基本配置

HR16DE 型全铝合金发动机、5 速自动变速器、电动门窗、电动天窗、智能钥匙、真皮座椅、CD、ABS、EBD、倒车雷达、双安全气囊、自动恒温空调、中控门锁。

### 3. 车辆检查

①外观目测。整体外观非常好，前保险杠右前角有一处较为明显的划

痕。全车没有过碰撞，行李箱也没有过追尾，轮胎磨损正常，底盘无剐蹭。

②内饰检测。内饰保养得不错，电子部件运作正常，功能良好，没有发现有改动过的痕迹。

③发动机舱检查。发动机舱干净整洁，无漏油、漏水，电器线路整齐，没有改动过的痕迹。各接口没有松动。

④道路路测。在怠速情况下，发动机安静与平顺性都控制较好，没有抖动，噪声极小；在加速过程中，该车加速有力；悬架较硬，路感明显，能过滤路面的不平，但在颠簸路面时减振的跳动稍大；转向盘转向较轻；制动性能适中。

**4. 成新率计算**

①由于该车的使用强度符合我国私家车年平均行驶里程统计标准，故可采用使用年限法计算其成新率。

②按我国现行的汽车报废标准，该车报废年限为15年(180个月)。

③该车初次登记日为2008年5月，评估基准日为2009年5月，已使用12个月。

④根据公式

$$C_Y=\frac{Y_g-Y}{Y_g}\times 100\%$$

该车的成新率为

$$C_Y=(1-12/180)\times 100\%=93.3\%$$

## 二、行驶里程法

### (一) 方法介绍

**1. 计算方法**

行驶里程法是通过确定被评估二手车的尚可行驶里程与规定行驶里程的比值来确定二手车成新率的一种方法。其计算公式为

$$C_S=\frac{S_g-S}{S_g}\times 100\%$$

式中 $C_S$——行驶里程成新率；

$S$——二手车实际累计行驶里程，km；

$S_g$——车辆规定的行驶里程，km。

**2. 累计行驶里程与规定行驶里程**

①累计行驶里程。二手车累计行驶里程是指被评估二手车从开始使用到评估基准时点所行驶的总里程。

②规定行驶里程。车辆规定行驶里程是指《汽车报废标准》中规定的该车型的行驶里程。

行驶里程较使用年限更真实地反映了二手车使用强度及使用过程中实际的物理损耗。它反映了二手车使用强度对其成新率的影响。总的行驶里程越大，车辆的实际有形损耗也越大。

**3. 用行驶里程法计算成新率的前提条件**

用行驶里程法计算成新率的前提条件是车辆里程表的记录必须是原始的，不能被人为更改。由于里程表容易被人为变更，因此，在实际应用中，较少直接采用此方法进行评估。

（二）用行驶里程法计算二手车成新率实例

**1. 车辆基本情况**

车型：迷你库伯 1.6 标准版，私家用车；

登记日期：2006 年 9 月；

表征行驶里程：7.8 万 km；

发动机：直列 4 缸 1.6 L 汽油发动机；

其他：电动转向助力＋转向盘调节；

登记证、发票：登记证有效、正规发票；

其他：正常、进口关单、手续齐全。

**2. 车辆检查**

①静态检查。车辆整体状况良好，油漆颜色靓丽，车身经过了专业的抛光打蜡，全车的细微划痕被遮盖，前后保险杠有碰撞修复的痕迹；车门开合良好，没有异常响动，车架连接良好，焊点清晰，橡胶密封正常；驾驶舱内的配置简单实用，前排长度相比较好，但是宽度略差，做工用料相对精细。发动机舱内线路基本正常，发动机没有明显的渗漏痕迹，前车灯经过更换，车辆常规保养部件有更换痕迹。底盘系统整体良好，悬架系统正常，刹车盘片磨损正常，轮胎磨损正常，备胎没有使用过的痕迹。

②动态检查。发动机起动时噪声正常，车身无抖动，怠速转速稍高，稳定后噪声减小，怠速稳定，变速器接合动力比较顺畅。车辆的起步速度相对较快，加速踏板感觉轻盈，整体行驶过程中操控灵活，制动感觉比较硬。轮胎噪声正常，抓地力良好。车辆音响效果一般，驾驶视野一般。

**3. 成新率计算**

①说明。该车 4 年行驶 7.8 万 km，符合家庭用车的使用标准，可以使用行驶里程法进行评估。

②根据国家汽车报废标准，该车报废里程为 45 万 km，已使用里程为 7.8 万 km。

③由行驶里程法成新率计算公式

$$C_S=\frac{S_g-S}{S_g}\times100\%=\frac{45-7.8}{45}\times100\%\approx83\%$$

## 三、部件鉴定法

### （一）方法介绍

**1. 计算方法**

部件鉴定法（也称技术鉴定法）是指评估人员在确定二手车各组成部分技术状况的基础上，按其各组成部分对整车的重要性和价值量的大小加权评分，最后确定成新率的一种方法。采用部件鉴定法估算二手车成新率的计算公式为

$$C_B=\sum_{i=1}^{n}(c_i\cdot\beta_i)$$

式中 $C_B$——部件鉴定成新率；

$c_i$——二手车第 $i$ 项部件的成新率；

$\beta_i$——二手车第 $i$ 项部件的价值权重。

**2. 计算步骤**

此方法的基本步骤如下：

①先确定二手车各主要总成、部件，再根据各总成部件的制造成本占整车制造成本的比重，确定其权重的百分数 $\beta_i$（$i=1,2,\cdots,n$）。表 3-3 为汽车各总成、部件的价值权重参考表。

②以全新车辆的各总成、部件功能为满分（100 分），功能完全丧失为零分，再根据被评估二手车各相应总成、部件的技术状态估算出其成新率 $c_i$（$i=1,2,\cdots,n$）。

③将各总成、部件估算出的成新率与价值权重相乘，得到各总成、部件的权重成新率（$c_i\cdot\beta_i$）（$i=1,2,\cdots,n$）。

④将各总成、部件的权重成新率相加，即得出被评估车辆的成新率。

从表 3-3 中可以看出，在不同种类、档次的车辆上，各组成总成、部件对整车的重要性及其价值占整车的比重各不相同，有些类型车辆之间相差还很大。因此，表 3-3 只能供评估人员参考，不可作为唯一标准。在实际评估时，应根据被评估车辆各总成、部件价值量占整车价值的比重，调整其权重。

**3. 部件鉴定法的特点及适用范围**

从上述计算步骤可见，采用部件鉴定法计算成新率比较费时费力，但评估值更接近客观实际，可信度高。它既考虑了二手车实体性损耗，同时也考虑了二手车维修或换件等追加投资使车辆价值发生的变化。这种方法一般用于价值较高的二手车评估。

表 3-3　汽车各总成、部件的价值权重参考表

| 序　号 | 车辆各主要总成、部件名称 | 价值权重(%) | | |
|---|---|---|---|---|
| | | 轿车 | 客车 | 货车 |
| 1 | 发动机及离合器总成 | 26 | 27 | 25 |
| 2 | 变速器及万向传动装置总成 | 11 | 10 | 15 |
| 3 | 前桥、前悬架及转向系总成 | 10 | 10 | 15 |
| 4 | 后桥及后悬架总成 | 8 | 11 | 15 |
| 5 | 制动系统 | 6 | 6 | 5 |
| 6 | 车架 | 2 | 6 | 6 |
| 7 | 车身 | 26 | 20 | 9 |
| 8 | 电器仪表 | 7 | 6 | 5 |
| 9 | 车轮 | 4 | 4 | 5 |
| | 合　计 | 100 | 100 | 100 |

(二) 用部件鉴定法计算二手车成新率实例

**1. 车辆基本情况**

车型：宝来 1.6-AT-2V 基本型(国Ⅱ)。

初次登记日期：2005 年 6 月 6 日。

评估基准日：2010 年 3 月 10 日。

累计行驶里程：12.8 万 km。

该车配置：排量 1.6 L 多点电喷发动机、DOHC 双顶置凸轮轴、四轮独立悬架、四轮盘式制动系统配合 ABS、全电动门窗以及电子除霜、前排安全气囊、单碟 DVD 配合四声道六喇叭音响系统、可调节转向盘、助力转向、智能倒车雷达、真皮座椅、防盗点火系统、智能中控门锁。

车辆手续：该车为公司老板个人使用车辆，证件、税费齐全有效。

**2. 车况检查**

①静态检查。对车辆的外观整体检查中发现，保险杠有碰撞修补的痕迹，车辆的左前侧雾灯下方有剐蹭痕迹，造成了油漆脱落，车辆左侧的滑动门需要进行润滑，不过整个的车身情况保持得比较好。发动机舱线束整齐，观察车辆大梁、左右翼子板没有变形、锈蚀，油路也没有渗油现象，整个前端的车架部分还保持着原厂油漆的痕迹，各部位代码清晰可见，足以证明车辆保养比较专业。车内真皮座椅及内饰干净，丝毫没有旧车的感觉。电动门窗、倒车雷达、音响使用正常。

②动态检查。发动机性能比较稳定，轻踩加速踏板，在 4300r/min 时达到了动力输出峰值。在车速较高的情况下，风噪、胎噪几乎听不到。紧急制

动，反应迅速，没有跑偏现象。高速行驶略有摆振，当车辆在 52km/h 左右时，前轮摇摆，当车辆保持在低速 38km/h 以下行驶或高速超过 66km/h 行驶时，前轮摇摆现象消失。经检查发现左前轮补过轮胎，试验更换两个前胎，摆动现象消失，可以认定是由于轮胎修补引起动不平衡。乘坐较舒适，对地面的振动反应一般。

**3. 计算成新率**

①由于该车为高档轿车，故可用部件鉴定法计算其成新率。

②根据对该车的检查结果，其成新率的估算明细见表 3-4。

**表 3-4　二手车成新率估算明细表**

| 序　号 | 主要总成、部件名称 | 价值权重(%) | 成新率(%) | 加权成新率(%) |
|---|---|---|---|---|
| 1 | 发动机及离合器总成 | 23 | 72 | 16.56 |
| 2 | 变速器及万向传动装置总成 | 12 | 72 | 8.64 |
| 3 | 前桥、前悬架及转向系总成 | 9 | 72 | 6.48 |
| 4 | 后桥及后悬架总成 | 9 | 72 | 6.48 |
| 5 | 制动系统 | 7 | 72 | 5.04 |
| 6 | 车架 | 2 | 72 | 1.44 |
| 7 | 车身 | 24 | 70 | 16.80 |
| 8 | 电器仪表 | 6 | 72 | 4.32 |
| 9 | 车轮 | 8 | 50 | 4.00 |
| 合　计 | | 100 | | 69.76 |

## 四、整车观测法

整车观测法是指评估人员采用人工观察的方法，辅助简单的仪器检测，判定被评估二手车的技术等级以确定成新率的一种方法。整车观测法观察和检测的技术指标主要包括：二手车的现时技术状态、使用时间及行驶里程、主要故障经历及大修情况、整车外观和完整性等。二手车技术状况的分级见表 3-5。

**表 3-5　二手车成新率评估参考表**

| 车况等级 | 新旧情况 | 有形损耗率(%) | 技术状况描述 | 成新率(%) |
|---|---|---|---|---|
| 1 | 使用不久 | 0～10 | 刚使用不久，行驶里程一般在 3 万～5 万 km，在用状态良好，能按设计要求正常使用 | 100～90 |
| 2 | 较新车 | 11～35 | 使用 1 年以上，行驶 15 万 km 左右，一般没有经过大修，在用状态良好，故障率低，可随时出车使用 | 89～65 |

续表 3-5

| 车况等级 | 新旧情况 | 有形损耗率(%) | 技术状况描述 | 成新率(%) |
|---|---|---|---|---|
| 3 | 旧车 | 36～60 | 使用4～5年,发动机或整车经过大修一次,大修较好地恢复原设计性能,在用状态良好,外观中度受损,恢复情况良好 | 64～40 |
| 4 | 老旧车 | 61～85 | 使用5～8年,发动机或整车经过二次大修,动力性能、经济性能、工作可靠性都有所下降,外观油漆脱落受损,金属件锈蚀程度明显;故障率上升,维修费用、使用费用明显上升,但车辆符合《机动车安全技术条件》,在用状态一般或较差 | 39～15 |
| 5 | 待报废处理车 | 86～100 | 接近或到达使用年限,通过《机动车安全技术条件》检查,能使用但不能正常使用,动力性、经济性、可靠性下降,燃料费、维修费、大修费用增长速度快,车辆收益与支出基本持平,排放污染和噪声污染到达极限 | 15以下 |

表3-5中所示数据是判定二手车成新率的经验数据,只能供评估人员参考,不能作为唯一标准。由于该法对二手车技术状况的评判是采用人工观察方法进行的,所以成新率的估值是否客观、实际取决于评估人员的专业水准和评估经验。整车观测法简单易行,但其判断结果没有部件鉴定法准确,一般用于初步估算中、低档二手车的价格,或作为综合分析法的辅助手段,其评估值可用来作为确定车辆技术状况的调整系数。

## 五、综合分析法

### (一) 方法介绍

#### 1. 估算方法

综合分析法是以使用年限法为基础,综合考虑二手车的实际技术状况、维护保养情况、原车制造质量、二手车用途及使用条件等多种因素,并将这些因素以调整系数的形式确定成新率的一种方法。其计算公式为

$$C_F = C_Y K \times 100\%$$

式中　$C_F$——综合分析成新率;

$C_Y$——使用年限成新率,根据使用年限成新率的计算公式 $C_Y=\frac{Y_g-Y}{Y_g}\times 100\%=\left(1-\frac{Y}{Y_g}\right)\times 100\%$,$Y$ 为二手车已使用年限,$Y_g$ 为二手车规定使用年限;

$K$——综合调整系数。

**2. 综合调整系数的确定**

影响二手车成新率的主要因素有二手车技术状况、二手车维护保养情况、二手车原始制造质量、二手车用途和二手车使用条件五个方面。在确定综合调整系数时,可采用表 3-6 二手车成新率综合调整系数参考表,用加权平均的方法计算出综合调整系数。

**表 3-6 二手车成新率综合调整系数参考表**

| 序 号 | 影响因素 | 因素分级 | 调整系数 | 权重(%) |
|---|---|---|---|---|
| 1 | 技术状况 | 好 | 1.0 | 30 |
| | | 较好 | 0.9 | |
| | | 一般 | 0.8 | |
| | | 较差 | 0.7 | |
| | | 差 | 0.6 | |
| 2 | 维护保养 | 好 | 1.0 | 25 |
| | | 较好 | 0.9 | |
| | | 一般 | 0.8 | |
| | | 差 | 0.7 | |
| 3 | 制造质量 | 进口车 | 1.0 | 20 |
| | | 国产名牌车(走私罚没车) | 0.9 | |
| | | 国产非名牌车 | 0.8 | |
| 4 | 车辆用途 | 私用 | 1.0 | 15 |
| | | 公务、商务 | 0.9 | |
| | | 营运 | 0.7 | |
| 5 | 使用条件 | 好 | 1.0 | 10 |
| | | 一般 | 0.9 | |
| | | 差 | 0.8 | |

根据被评估二手车是否需要进行项目修理或换件维修,综合调整系数有两种确定方法。

①当二手车无须进行项目修理或换件时,可直接采用表 3-6 所推荐的调整系数,应用下式进行计算:

$$K=K_1\times30\%+K_2\times25\%+K_3\times20\%+K_4\times15\%+K_5\times10\%$$

式中 $K$——综合调整系数;

$K_1$——二手车技术状况调整系数;

$K_2$——二手车维护保养调整系数;

$K_3$——二手车原始制造质量整系数;

$K_4$——二手车用途调整系数；

$K_5$——二手车使用条件调整系数。

②当二手车需要进行项目修理或换件，或需要进行大修时，可采用"一揽子"评估方法，综合考虑表 3-6 所列因素的影响。所谓"一揽子"评估方法就是综合考虑修理或换件后对二手车成新率估算值的影响，直接确定一个合理的综合调整系数而进行价值评估的一种方法。

表 3-6 中的因素分级和调整系数只是一个参考，实际确定综合调整系数时，应根据具体情况作适当的调整。但各因素的调整系数取值不要超过 1，综合调整系数计算结果也不会超过 1。

**3. 调整系数的选取**

(1)二手车技术状况调整系数 $K_1$。二手车技术状况调整系数，是在对车辆技术状况鉴定的基础上对车辆进行的分级，然后取调整系数来修正车辆的成新率。技术状况调整系数取值范围为 0.6～1.0，技术状况好的取上限，反之取下限。

(2)二手车维护保养调整系数 $K_2$。维护保养调整系数反映了使用者对车辆使用、维护和保养的水平，不同的使用者，对车辆使用、维护和保养的实际执行情况差别较大，因而直接影响到车辆的使用寿命和成新率。维护保养调整系数取值范围为 0.7～1.0，维护保养好的取上限，反之取下限。

(3)二手车原始制造质量调整系数 $K_3$。确定该系数时，应了解被评估的二手车是国产车还是进口车以及进口国别。一般来说，国家正规手续进口的车辆质量优于国产车辆，国产车中名牌产品优于一般产品。但也有例外，故在确定此系数时应较慎重。对依法没收领取牌证的走私车辆，其原始制造质量系数建议视同国产名牌产品。原始制造质量调整系数取值范围在 0.8～1.0。

(4)二手车用途调整系数 $K_4$。二手车用途(或使用性质)不同，其使用强度亦不同。一般车辆用途可分为私人工作和生活用车，机关企事业单位的公务和商务用车，从事旅客、货运、城市出租的营运用车。以普通小轿车为例，一般来说，私人工作和生活用车每年最多行驶约 3 万 km；公务、商务用车每年不超过 6 万 km；而营运出租车每年行驶有些高达 15 万 km。可见二手车用途不同，其使用强度差异很大。二手车用途调整系数取值范围为 0.7～1.0，使用强度小的取上限，反之取下限。

(5)二手车使用条件调整系数 $K_5$。我国地域辽阔，各地自然条件差别很大，车辆的使用条件对其成新率影响很大。使用条件可分为道路使用条件和特殊使用条件。

①道路使用条件。道路使用条件可分为好路、中等路和差路三类。

好路：指国家道路等级中的高速公路，一、二、三级道路，好路率在 50% 以上。

中等路：指符合国家道路等级四级道路，好路率在 30%～50%。

差路：国家等级以外的路，好路率在 30%以下。

②特殊使用条件。特殊使用条件主要指特殊自然条件，包括寒冷、沿海、风沙和山区等地区。

车辆使用条件调整系数取值范围为 0.8～1.0。取值时应根据二手车实际使用条件适当取值。如果二手车长期在道路条件为好路和中等路行驶，分别取 1 和 0.9；如果二手车长期在差路或特殊使用条件下工作，其系数取 0.8。

从上述影响因素中可以看出，各影响因素关联性较大。一般来说，其中某一影响因素加强时，其他项影响因素也随之加强；反之则减弱。影响因素作用加强时，对其综合调整系数不要随影响作用加强而无限加大。

**4. 综合分析法的特点及适用范围**

综合分析法较为详细地考虑了影响二手车价值的各种因素，并用一个综合调整系数指标来调整二手车成新率，评估值准确度较高，因而适用于具有中等价值的二手车评估。这是目前二手车鉴定评估最常用的方法之一。

（二）用综合分析法计算二手车成新率实例

**1. 车辆基本情况**

车辆型号：中华骏捷 1.8 舒适型。

车辆配置：1.8L 136 马力 L4 三菱发动机、四门电动车窗、前排双安全气囊、可调转向盘、助力转向、倒车雷达、ABS、合金轮圈、冷风空调、暖风空调、CD 机、自动变速器、电动后视镜、中遥控及防盗系统。

**2. 车况检查**

①静态检查。该车车漆属原车漆，光泽度非常好，但前、后保险杠明显有重新喷漆的痕迹，但经仔细检查未发现对车辆本身造成影响；一些细长划痕也都只是伤及表面漆，相对已经上路行驶 3 年多的车来说，外观保养得相当不错。目测发动机舱内主要部件、散热器组件、转向助力泵、制动泵、ABS 泵、蓄电池、发电机、起动机等主件外表均无异常，各机油颜色均正常。

②动态检查。在起步、急加速、急减速、倒车时车辆没有明显的顿挫感，可见发动机和变速器搭配得不错。行驶、转向和制动轨迹正常，无跑偏等现

象，只是制动稍微偏软一些。转向盘助力及转向盘的准确性较好。车辆的隔音设备以及音响都保养得不错。总体来说，该车动力、制动、通过、行驶平顺、噪声等方面性能基本良好。动态试验后车辆油温、水温正常，运动机件无过热，无漏水、漏油、漏电等现象。

**3. 成新率计算**

①初次登记日为 2006 年 10 月 25 日，评估基准日为 2010 年 3 月 26 日，已使用年限 $Y=41$ 个月，规定使用年限为 15 年，$Y_g=180$ 个月。

②综合调整系数的确定。根据表 3-6，确定各项调整系数如下：

该车技术状况较好，车辆技术状况调整系数 $K_1=0.9$；

维护保养一般，维护情况调整系数 $K_2=0.9$；

中华骏捷轿车是国产车，制造质量调整系数 $K_3=1.0$；

该车为私人用车，车辆用途调整系数 $K_4=1.0$；

该车主要在市内行驶，使用条件一般，使用条件调整系数 $K_5=0.9$。

根据公式

$$K=K_1\times30\%+K_2\times25\%+K_3\times20\%+K_4\times15\%+K_5\times10\%$$

得综合调整系数为

$$K=0.9\times30\%+0.9\times25\%+1.0\times20\%+1.0\times15\%+0.9\times10\%$$
$$=0.935$$

③计算成新率 $C_F$：

$$C_F=(1-Y/Y_g)K\times100\%=(1-41/180)\times0.935\times100\%=72.20\%$$

## 六、综合成新率法

**1. 计算方法**

前面介绍的用使用年限法、行驶里程法和部件鉴定法计算二手车成新率只从单一因素考虑了二手车的新旧程度，是不全面的。为了全面地反映二手车的新旧状态，可以采用综合成新率法来计算成新率。所谓综合成新率就是采用定性和定量两种分析方法，综合多种因素，并对二手车成新率的估算结果分别赋予不同的权重，计算加权平均成新率。这样，可以尽量减小使用单一因素成新率计算给评估结果带来的误差，因而是一种较为科学的方法。以下介绍一种综合采用使用年限法、行驶里程法、技术鉴定法和整车观测法估算二手车成新率的方法。

综合成新率法的计算公式为

$$C_Z=C_1\cdot a_1+C_2\cdot a_2$$

式中　$C_Z$——综合成新率；

　　$C_1$——二手车理论成新率；

$C_2$——二手车现场查勘成新率；

$a_1$、$a_2$——权重系数，$a_1+a_2=1$。

权重系数的取值要求评估人员根据被评估二手车的实际情况而定。

**2. 二手车理论成新率 $C_1$**

二手车理论成新率采用使用年限法和行驶里程法计算的成新率，是根据二手车实际使用的时间和行驶里程计算而得的，是对二手车成新率的定量计算，其结果一般不能人为改变。实际计算中，可将使用年限成新率和行驶里程成新率加权平均得到二手车理论成新率。计算公式为

$$C_1=C_Y\times50\%+C_5\times50\%$$

式中　$C_Y$——使用年限成新率；

$C_S$——行驶里程成新率。

**3. 二手车现场查勘成新率 $C_2$**

二手车现场查勘成新率是由评估人员根据现场查勘情况而确定的一个综合评价值。具体确定步骤是：评估人员先对二手车作技术状况现场查勘（包括静态检查和动态检查），得出鉴定评价意见，然后对整车和重要部件分别作综合评分，累加评分，其结果就是二手车现场查勘成新率。可见二手车现场查勘成新率是一个定性与定量相结合的结果。

(1)二手车技术状况现场查勘。被评估二手车技术状况现场查勘主要内容如下：

①车身外观。包括车身颜色、光泽、有无退色及锈蚀情况，车身是否被碰撞过，车灯是否齐全，前后保险杠是否完整和其他情况等。

②车内装饰。包括装潢程度、颜色、清洁程度、仪表及座位是否完整和其他有关装饰情况等。

③发动机工作状况。包括发动机动力状况，有无更换部件（或替代部件）和修复现象，是否有漏油现象等。

④底盘。包括有无变形、有无异响、变速器状况是否正常、前后桥状况是否正常、传动系统工作状况是否正常、是否有漏油现象、转向系统情况是否正常和制动系统工作状况是否正常等。

⑤电器系统。包括电源系统是否工作正常、发动机点火器是否工作正常、空调系统是否工作正常和音响系统是否工作正常等。

以上查勘情况，一般应由评估委托方或车辆所有单位技术人员签名，以确认查勘情况是客观的、真实的，不存在与实际车况不相符合的情况。确定查勘情况后，评估人员必须对被评估车辆作出查勘鉴定结论。上述资料经过整理，就可以编制成表 3-7 所示的二手车技术状况调查表。

**表 3-7　二手车技术状况调查表**

评估委托方：×××　　　　　　　　评估基准日：2011 年 9 月 20 日

| | | | | | | |
|---|---|---|---|---|---|---|
| 车辆基本情况 | 明细表序号 | 01 | 车辆牌号 | ××× | 厂牌型号 | BUICK 上海别克 |
| | 生产厂家 | 上海通用 | 已行驶里程 | 60000km | 规定行驶里程 | 500000km |
| | 购置日期 | 2008 年 5 月 | 登记日期 | 2008 年 5 月 | 规定使用年限 | 15 年(180 个月) |
| | 大修情况 | 无大修 | | | | |
| | 改装情况 | 无改装 | | | | |
| | 耗油量 | 正常 | 环保要求 | 达标 | 事故次数及情况 | 无事故 |

现场查勘情况

| | | | | | | | | | |
|---|---|---|---|---|---|---|---|---|---|
| 车辆实际技术状况 | 外形车身部分 | 颜色 | 银 | 光泽 | 较好 | 退色 | 无 | 锈蚀 | 无 |
| | | 有无被碰撞 | 轻微 | 严重程度 | — | 修复 | — | 车灯 | 齐全 |
| | | 前、后保险杠 | 完整 | 其他 | 车头右侧及左前车门有轻碰剐痕 | | | | |
| | 车内装饰部分 | 装潢程度 | 一般 | 颜色 | 浅色 | 清洁 | 较好 | 仪表 | 齐全 |
| | | 座位 | 完整 | 其他 | — | | | | |
| | 发动机总成 | 动力状况评分 | 85 | 部件 | 无更换 | 修补现象 | 无 | 替代部件 | 无 |
| | | 漏油现象 | 严重□　一般□　轻微□　无☑ | | | | | | |
| | 底盘各部分 | 变形 | 无 | 异响 | 无 | 变速器 | 工况正常 | 后桥 | 正常 |
| | | 前桥 | 正常 | 传动系统 | 工况正常 | 漏油现象 | 严重□　一般□　轻微□　无☑ | | |
| | | 转向系统 | 工况正常 | | | 制动系统 | 工况正常 | | |
| | 电器系统 | 电源系统 | 工况正常 | 发动机点火器 | 工况正常 | 空调系统 | 工况正常 | 音响系统 | 工况正常 |
| | | 其他 | | | | | | | |
| 鉴定意见 | 维护保养情况较好，磨损正常，整体车况较好 | | | | | | | | |

资产占有单位技术人员签字：×××　　　　　　评估人员签字：×××

(2)二手车现场查勘成新率。在对二手车作技术状况现场查勘的基础上，对整车和重要部件作定量分析并以评分形式给予量化，总分就是二手车现场查勘成新率，见表 3-8。

必须指出的是，被评估二手车理论成新率和现场查勘成新率的权重分配、使用年限成新率和机动车行驶里程成新率的权重分配，要根据被评估二手车类型、使用状况、维修保养状况综合考虑，科学、合理地确定权重分配。权重分配的是否合理，与二手车鉴定评估人员的实践工作经验和专业判断能力有很大的关系，需要在实践中注意学习和总结。

**表 3-8　二手车现场查勘成新率评定表**

| 序　号 | 项目名称 | 达标程度 | 参考标准分 | 评　分 |
|---|---|---|---|---|
| 1 | 整车(满分 20 分) | 全新 | 20 | — |
| | | 良好 | 15 | 15 |
| | | 较差 | 5 | — |
| 2 | 车架(满分 15 分) | 全新 | 15 | 12 |
| | | 一般 | 7 | — |
| 3 | 前后桥(满分 15 分) | 全新 | 15 | 12 |
| | | 一般 | 7 | — |
| 4 | 发动机(满分 30 分) | 全新 | 30 | — |
| | | 轻度磨损 | 25 | 28 |
| | | 中度磨损 | 17 | — |
| | | 重度磨损 | 5 | — |
| 5 | 变速器(满分 10 分) | 全新 | 10 | — |
| | | 轻度磨损 | 8 | 8 |
| | | 中度磨损 | 6 | — |
| | | 重度磨损 | 2 | — |
| 6 | 转向及制动系统(满分 10 分) | 全新 | 10 | — |
| | | 轻度磨损 | 8 | 8 |
| | | 中度磨损 | 5 | — |
| | | 重度磨损 | 2 | — |
| 总分(现场查勘成新率%) | | | 100 | 83 |

用综合成新率法计算成新率的实例将在本章第三节一、(二)6.(3)②中介绍。

## 七、各种成新率计算方法的选择

二手车成新率的确定可根据鉴定评估目的和评估对象的实际情况选择相应的计算方法。在这些计算成新率的计算方法中，综合分析法以使用年限法为基础，以调整系数形式调整二手车成新率，调整系数综合考虑了二手车的实际技术状况、维护保养情况、原车制造质量、二手车用途及使用条件等多种因素对二手车价值的影响，评估值准确度较高，是目前二手车鉴定评估业务中最常用的方法之一。由于综合成新率法也是以技术状况现场查勘为基础，其综合分析的因素及评估的准确程度与综合分析法相似，因此，也是二手车鉴定评估业务中常用的方法。

## 第三节　二手车价格的计算评估

二手车评估师根据评估目的，选择了相应的计价标准和评估方法，并依据现场车辆查勘的结果确定了二手车成新率之后，即可根据不同评估方法的数学模型计算被评估二手车的评估值。由于重置成本法为评估二手车常用的方法之一，所以通常在计算之前，还需要进行市场询价，以获得被评估二手车的重置成本。

### 一、应用重置成本法的评估

（一）应用重置成本法的评估方法

**1. 重置成本法的计算模型**

重置成本法有以下两种基本计算模型：

模型一：评估值＝重置成本－实体性贬值－功能性贬值－经济性贬值

模型二：评估值＝重置成本×成新率

模型一是用重置成本法评估二手车的最基本模型。它综合考虑了二手车的现行市场价格和各种影响二手车价值量变化（贬值）的因素，最让人信服和易于接受。但由于造成这些贬值的影响因素较多且有一定的不确定性，所以准确地确定二手车的贬值是不容易的。

模型二以成新率综合考虑了各种贬值对二手车价值的影响，是一种定性和定量相结合的评估方法，比较符合中国人评判二手物品的思维模式，是目前市场上应用最广的一种评估方法。下面重点介绍此评估模型。

**2. 基于成新率的重置成本法评估计算**

（1）评估计算公式。基于成新率的重置成本法评估计算公式：

$$P=BC$$

式中　$P$——二手车的评估值，元；

$B$——二手车的现时重置成本，元；

$C$——二手车的现时成新率。

（2）重置成本的计算。在资产评估中，重置成本的估算有多种方法，对二手车评估来说，计算重置成本的常用方法有重置核算法和物价指数法两种。

①重置核算法。重置核算法是利用成本核算原理，根据重新取得一辆与二手车车型和功能一样的新车所需的费用项目，逐项计算后累加得到二手车

的重置成本。二手车的重置成本具体由二手车的现行购买价格、运杂费以及必要的税费构成。根据新车来源方式不同,二手车重置成本的构成可分为国产车和进口车两种不同形式。

a. 国产二手车重置成本的构成。国产二手车重置成本构成的计算公式为

$$B=B_1+B_2$$

式中 $B$——二手车重置成本,元;

$B_1$——购置全新车辆的市场成交价,元;

$B_2$——车辆购置价格以外国家和地方政府一次性收缴的各种税费总和,元。

各种税费包括车辆购置税和注册登记费(牌照费)。

重置成本构成不应包括车辆拥有阶段及使用阶段的税费,如车辆拥有阶段的年审费、车船使用税、消费税,车辆使用阶段的保险费、燃油税、路桥费等。

b. 进口二手车重置成本的构成。根据海关税则和收费标准,进口轿车的重置成本(即现行价格)构成的计算公式为

进口二手车重置成本=报关价+关税+消费税+增值税+其他必要费用

报关价即到岸价,又称 CIF 价格,它与离岸价 FOB 的关系为

CIF 价格=FOB 价格+途中保险费+从装运港到目的港的运费

FOB 价格是指在国外装运港船上交货时的价格,因此也称为离岸价,它不包括从装运港到目的港的运费和保险费。

由于这部分费用是以外汇支付的,所以在计算时,需要将报关价格换算成人民币。外汇汇率采用评估基准日的外汇汇率。

关税的计算方法为

关税=报关价×关税税率

根据我国加入 WTO 的承诺,自 2006 年 7 月 1 日起,轿车的关税税率为 25%。

消费税的计算方法为

$$消费税=\frac{报关价+关税}{1-消费税率}\times消费税率$$

我国 2006 年 4 月 1 日起实施新的汽车消费税率。消费税率根据汽车排量共分为 6 档,见表 3-9。

增值税的计算方法为

增值税=(报关价+关税+消费税)×增值税率

各种进口车增值税税率均为 17%。

**表 3-9　汽车排量与汽车消费税率对照表**

| 车　型 | 排量(L) | 税率(%) |
|---|---|---|
| 乘用车(含越野车) | ≤1.5 | 3 |
| | 1.5～2.0(含) | 5 |
| | 2.0～2.5(含) | 9 |
| | 2.5～3.0(含) | 12 |
| | 3.0～4.0(含) | 15 |
| | >4.0 | 20 |
| 中轻型商用客车 | | 5 |

除了上述费用之外，进口车价还包括通关、商检、仓储运输、银行、选装件价格、经销商、进口许可证等非关税措施造成的费用。

一般而言，车辆重置成本大多是依靠市场调查搜集而来的，并不需要进行十分复杂的计算。但是对于市场上尚未出现的新车型(特别是进口新车型)或淘汰车型，由于其价格信息有时不容易获得，这时则需要按照其重置成本的构成进行估算。

②物价指数法。物价指数法也叫价格指数法，是指根据已掌握的历年来的价格指数，在二手车原始成本的基础上，通过现时物价指数确定其重置成本。其计算公式为

$$B=B_0\frac{I}{I_0}$$

或
$$B=B_0(1-\lambda)$$

式中　$B$——车辆重置成本，元；

$B_0$——车辆原始成本，元；

$I$——车辆评估时物价指数；

$I_0$——车辆当初购买时物价指数；

$\lambda$——车辆价格变动指数。

当被评估车辆已停产，或是进口车辆无法找到现时市场价格时，这是一种很有用的方法。但应用时要注意，一定要先检查被评估车辆的账面购买原价。如果购买原价不准确，则不能用物价指数法。

车辆价格变动指数是表示车辆历年价格变动趋势和速度的指标。取值时要选用国家统计部门、物价管理部门或行业协会定期发布和提供的数据，不能选用无依据、不明来源的数据。

(3)二手车重置成本全价的确定。实际工作中，一般根据鉴定估价的经济行为确定重置成本的全价。具体有以下两种处理方法：

①对于以所有权转让为目的的二手车交易经济行为，按评估基准日被评估车辆所在地收集的现行市场成交价格作为被评估车辆的重置成本全价，其他费用略去不计。

②对企业产权变动的经济行为（如企业合资、合作和联营，企业分设、合并和兼并，企业清算，企业租赁等），其重置成本全价除了考虑被评估车辆的现行市场购置价格以外，还应将国家和地方政府规定对车辆加收的其他税费（如车辆购置附加费、车船使用税等）一并计入重置成本全价中。

（二）用重置成本法评估二手车实例

**1. 基于使用年限法确定成新率的二手车评估**

一辆私人用一汽大众捷达 CIF，2005 年 6 月份购买，购买价格为 7.68 万元，车辆购置税为 8000 元，初次登记日期是 2005 年 12 月，使用 4 年后于 2009 年 12 月进入二手车交易市场估价交易。经核对相关证件（照）齐全。

经现场查勘，车身外观较好，无漆面脱落现象，经点火试驾，发动机运转平稳，无异常的响声，挡位清晰，制动系统良好。该车里程表显示累计行驶里程为 11 万 km，与实际情况比较吻合，评估基准日为 2009 年 12 月。在评估时，已知该车的现行市场销售价格为 6 万元，其他税费不计，试评估该车的现时市场价值。

评估步骤如下：

①根据题目已知条件，选用重置成本法进行评估。

②该车为轿车，车型为紧凑型，车体结构 4 门 5 座 3 车厢，变速器 5 挡手动，其报废年限为 15 年，即 180 个月。

③初次登记日为 2005 年 12 月，评估基准日为 2009 年 12 月，已使用 48 个月。

④由于此项业务属于交易类业务，故重置成本不计车辆购置税等附加费用，因此，该车的现时重置成本为 6 万元。

⑤根据现场查勘结果，该车属于正常使用，故可用使用年限法确定成新率。

根据公式 $C_Y=\dfrac{Y_g-Y}{Y_g}\times 100\%$，该车的年限成新率为

$$C_Y=(1-48/180)\times 100\%=73.33\%$$

⑥评估值＝重置成本×成新率＝60000×73.33%＝44000（元）。

**2. 基于行驶里程法确定成新率的二手车评估**

一辆飞驰 FSQ6100HD 大型普通客车欲转让。据该车辆的机动车行驶证和登记证书所记，该车登记日期为 2005 年 9 月，检验合格至 2009 年 4 月

有效。据现场勘察，该车的外观和内饰正常，能正常上路行驶，累计行驶里程约为 13.55 万 km。试估算该车的价格(提示：从中国车网上查得，同生产厂家与被估车型相近大型客车的车身价为 37 万元，其购置税约为车身价的 10%)。

评估步骤如下：

①正常运营的大型客车一般较少人为调整里程表，表上显示的累计行驶里程数比较真实地反映了使用强度，故可采用行驶里程法估算其价格。

②根据《汽车报废标准》，大型客车规定的累计行驶里程数为 50 万 km。已知该车里程表显示累计行驶里程约为 13.55 万 km。

③根据公式 $C_S=\frac{S_g-S}{S_g}\times 100\%$，该车的行驶里程成新率为

$$C_S=(1-13.55/50)\times 100\%=72.9\%$$

④该车的现时重置成本＝车身价×(1＋10%)＝37×(1＋10%)＝40.7(万元)。由于该车于 2005 年 9 月购置，存在功能性贬值，重置成本取 95%，约为 38.6 万元，取重置成本为 38 万元。

⑤评估值＝重置成本×成新率＝38 万元×72.9%＝27.7 万元。

对于家用轿车，除了使用行驶里程法估算二手车价格外，也可以采用一种经验方法，俗称“54321 法”。这种经验方法的基本思路是：一般认为，一辆家用轿车最多行驶 30 万 km，超过 30 万 km 后，维修保养费可能比车本身价值还高，失去了使用价值。将 30 年的使用期分为 5 段，每段 6 万 km，每段价值依序为新车价的 5/15、4/15、3/15、2/15、1/15。也就是说，新车开了第一段 6 万 km 后，就耗去了新车价值的 5/15，剩余价值为[新车现行市价×(4＋3＋2＋1)/15]，而第二段 6 万 km 又消耗了新车价的 4/15，剩余价值为[新车现行市价×(3＋2＋1)/15]，之后如此类推，剩余价值依次递减。这种方法简便实用，可用于个人购买二手车时大致估算价格，以便做到心中有数，一般不作为正式鉴定评估时使用。例如，某车已行驶了 12 万 km，而同款车型目前市场价为 10 万元，那么此时该车的估算价为 10 万元×(3＋2＋1)/15＝4 万元。

**3. 基于部件鉴定法确定成新率的二手车评估**

(1)车辆基本情况及手续。

车型：宝来 1.6-AT-2V 基本型(国Ⅱ)。

初次登记日期：2006 年 4 月。

评估基准日：2010 年 3 月。

累计行驶里程：12.8 万 km。

该车配置：排量1.6L多点电喷发动机、DOHC双顶置凸轮轴、四轮独立悬架、四轮盘式制动系统配合ABS、全电动门窗以及电子除霜、前排安全气囊、单碟DVD配合四声道六喇叭音响系统、可调节转向盘、助力转向、智能倒车雷达、真皮座椅、防盗点火系统、智能中控门锁。

市场新车价格：14.58万元。

车辆手续：该车为公司老板个人使用车辆，证件、税费齐全有效。

(2)车况检查。

①静态检查。对车辆的外观整体检查中发现保险杠有碰撞修补的痕迹，车辆的左前侧雾灯下方有剐蹭痕迹，造成了油漆脱落，不过整个的车身情况保持得比较好。发动机舱线束整齐，观察车辆大梁、左右翼子板没有变形、锈蚀，油路也没有渗油现象，整个前端的车架部分还保持着原厂油漆的痕迹，各部位代码清晰可见，足以证明车辆保养比较专业。车内真皮座椅及内饰干净，丝毫没有旧车的感觉。电动门窗、倒车雷达、音响使用正常。

②动态检查。发动机性能比较稳定，轻踩加速踏板，在4300r/min时达到了动力输出峰值。在车速较高的情况下，风噪、胎噪几乎听不到。急踩制动，反应迅速，制动没有跑偏现象。高速行驶略有摆振，当车辆在52km/h左右时，前轮摇摆，当车辆保持在低速38km/h以下行驶或速度超过66km/h行驶时，前轮摇摆现象消失。经检查发现左前轮补过轮胎，试验更换两个前胎，摆动现象消失，由此可知摆动是由于轮胎修补引起动不平衡造成的。乘坐较舒适，对地面的振动反应一般。

(3)评估值计算。

评估步骤如下：

①根据题目已知条件及要求，选用重置成本法进行评估。

②该车为私人轿车，其报废年限为15年，即180个月。

③初次登记日为2006年4月，评估基准日为2010年3月，已使用47个月。

④由于此项业务属于交易类业务，故重置成本不计车辆购置税等附加费用，因此车的现时重置成本为145800元。

⑤由于该车型为高档轿车，故可采用部件鉴定法估算该车的成新率。根据对该车的检查结果，其成新率的估算明细见表3-10。

**表3-10　二手宝来车成新率估算明细表**

| 序　　号 | 主要总成、部件名称 | 价值权重(%) | 成新率(%) | 加权成新率(%) |
|---|---|---|---|---|
| 1 | 发动机及离合器总成 | 23 | 72 | 16.56 |
| 2 | 变速器及万向传动装置总成 | 12 | 72 | 8.64 |

续表 3-10

| 序　号 | 主要总成、部件名称 | 价值权重(%) | 成新率(%) | 加权成新率(%) |
|---|---|---|---|---|
| 3 | 前桥、前悬架及转向系总成 | 9 | 72 | 6.48 |
| 4 | 后桥及后悬架总成 | 9 | 72 | 6.48 |
| 5 | 制动系统 | 7 | 72 | 5.04 |
| 6 | 车架 | 2 | 72 | 1.44 |
| 7 | 车身 | 24 | 70 | 16.80 |
| 8 | 电器仪表 | 6 | 72 | 4.32 |
| 9 | 轮胎 | 8 | 50 | 4.00 |
| 合　计 | | 100 | — | 69.76 |

值得注意的是,因此车没有进行大件更换而产生附加费用,所以用部件鉴定法计算的成新率不应高于使用年限法计算的成新率 $C_Y$,即

$$C_Y=(1-Y)/Y_g=(1-47/180)\times100\%=73.9\%>69.76$$

⑥评估值=重置成本×成新率=145800×69.76%=101710(元)。

**4. 基于整车观测法确定成新率的二手车评估**

2010 年 12 月二手车鉴定评估人员对一辆捷达的二手车进行评估。

(1)车辆基本情况。

型号:捷达 CIF。

年份:2005 年 7 月。

里程:76427km。

车辆基本配置:排量 1.6L,发动机型号 JL368Q,直列 4 缸 8 气门多点电喷发动机,5 速手动变速器,发动机最大功率 64kW,铝合金轮毂。

内饰配置:无发动机转速表,手动调节车窗及后视镜,机械式手动调节空调,卡带及调频收音机 4 喇叭音响。

(2)车况检查。

①静态检查。首先整体看过车辆后,发现该车外观不佳,具体情况如下:前后保险杠均有多处蹭伤;左侧两个车门都出现重新做漆迹象,在阳光下观察,车门已不平整,有凹凸不平痕迹。再仔细观察漆面色差,发现右前翼子板、前门、后门形成三种颜色,特别是右前门漆面光泽晦涩,影响美观度,但车门部分没有发现事故痕迹。打开左前门检查门边沿,发现有明显的拉伸及焊接的维修迹象;车顶左边沿也有明显通过拉伸修复的痕迹,而且重新喷漆的部位有多处脱落。打开发动机舱盖,发现左前翼子板部位有焊接及钣金的痕迹,两根前纵梁没有任何事故痕迹。车尾部有被追尾留下的凹陷。车内饰显出一定的磨损,座椅正常无损坏,玻璃升降器无异常。

②动态检查。起动发动机，怠速状态有明显的抖动；空调效果差，需要加氟；灯光、刮水器无异常；音响效果欠佳，扬声器失真明显，需要更换；变速器已经有明显的松旷感；倒车挡无异常，不过离合器踏板偏高。路试的结果如下：起步平稳顺畅，提速尚可，但挂入 2 挡比较费劲，而且在 2 挡时加油，驾驶人有向后一挫的感觉；制动器不佳，脚感不好，给人比较软的感觉，在驾驶人感觉似乎没有制动反应时，本能地深踩制动踏板，这时制动的反应又太过灵敏，近似紧急制动的状态；转向正常，但因为没有转向助力，转向盘比较沉；弯道的侧倾比较明显；行进中，感觉车的密封性较差，发动机噪声以及风噪、胎噪都很明显；行车中发现右后轮减振器有异响，需要更换；驻车检查无异常。

(3)确定成新率。由于该车为一般车型，而且使用年限较长，故可使用整车观测法确定其成新率。根据车况检查结果，该车的车况一般，使用时间已有 5 年，保养较差，车外观不佳，有明显的事故痕迹，可大致确定该车的成新率在 44%左右。

(4)市场询价。通常市场调查，该型号车的新车市场价格为 75800 元。

(5)粗略估算评估价。

评估价＝重置成本×成新率＝75800×44%＝33352(元)

(6)综合评价。在二手车市场，大众的收购行情以及转手的价格都比较稳定。2009 年的大众捷达，在车况正常时，应该可以得到 3.3 万元的收购价。但这辆车外观不佳，车况不是太好，所以，结合二手车收购行情，该车评估价为 3.1 万元，价格低于正常行情。

**5. 基于综合分析法确定成新率的二手车评估**

2010 年 3 月 15 日，客户吴先生驾驶其高尔夫 2.0 轿车到长春某高尔夫专卖店进行二手车置换业务。以下是鉴定估价师对该车的检查鉴定情况：

(1)手续检验。手续齐全，主要证件有行驶证、登记证书、车辆附加费本、交强险单(到 2010 年 9 月 15 日)。此车为整车原装德国进口。

(2)车辆使用背景。该车属私家车，有车库保管，一年下乡 3 次，长年工作在市区内，工作条件较好，使用强度不大，日常维护、保养也好。

(3)配置。自动挡、天窗、双安全气囊、ABS、EBD、电动门窗、中控门锁、电动后视镜、真皮加热座椅、前置 6 碟 CD、倒车雷达、氙气灯、行车电脑、空调、行车自动落锁、超重低音炮、全车四条全新韩泰轮胎等。

(4)车况检查。

①静态检查。查看车辆外观漆面全车 80%为原漆，通过车辆漆面查看可以看出此车没有过碰撞事故；打开发动机盖，发动机很新，没有漏油的地方；

查看挡泥没有修复过的痕迹；驾驶室表台和真皮座椅很新，没有乱花老化的痕迹。整体查看此车外况有8.5成新。

②动态检查。起动发动机(停了一晚上室外气温－26℃)，经过三四个压缩比车辆顺利起动。冷车高怠速在1200r/min，查看尾气正常，约5min后，怠速回到了800r/min左右。发动机运转平稳，脚踏刹车挂入D挡，变速器没有冲击感。松开制动，车辆起步加速，由于水温没有上来，所以车子换挡转速有些高，约在1800r/min，当水温90℃以后，车子自动换挡转速在1300r/min左右。在平整路面加速到60km/h，车子顺利地跳到了4挡，没有异响和冲击。松开转向盘，车子无跑偏的现象。紧急制动，可以感到ABS工作时反馈给制动踏板的回跳感。在过铁路的时候底盘没有很大异响，前轮返馈回给转向盘的路感非常精准，说明底盘各球头无大间隙。

(5)确定成新率。

①由于该车型为中档轿车，为计算准确，采用综合分析法确定其成新率，评估值$P$的计算公式为

$$P=BC_F=B(1-Y/Y_g)K\times 100\%$$

②初次登记日为2006年3月，评估基准日为2010年3月，已使用年限$Y=48$个月，规定使用年限为15年，$Y_g=180$个月。

③综合调整系数$K$的确定。根据技术鉴定情况，该车无须进行项目修理或换件，参考表3-5得到以下综合调整系数。

该车技术状况好，车辆技术状况调整系数$K_1=1.0$；

使用、维护保养好，使用与维护保养调整系数$K_2=0.9$；

该车为进口车，制造质量调整系数$K_3=1.0$；

该车为私人用车，车辆用途调整系数$K_4=0.9$；

该车主要在市内行驶，使用条件好，使用条件调整系数$K_5=0.9$。

根据公式$K=K_1\times 30\%+K_2\times 25\%+K_3\times 20\%+K_4\times 15\%+K_5\times 10\%$得综合调整系数为

$$K=1.0\times 30\%+0.9\times 25\%+1.0\times 20\%+0.9\times 15\%+0.9\times 10\%=0.95$$

④计算成新率$C_F$。

$$C_F=(1-Y/Y_g)K\times 100\%=(1-48/180)\times 0.95\times 100\%=69.8\%$$

⑤重置成本的确定。因属交易类，故重置成本为新车市场价。根据市场询价，该车型的新车市场价格为120000元，即重置成本为120000元。

⑥计算评估值$P$。

$$P=BC_F=120000\times 69.8\%=83760(\text{元})$$

**6. 基于综合成新率法确定成新率的二手车评估**

2010年3月辽宁沈阳马某委托当地一会计师事务所吴某对欲处置的09

款福克斯两厢2.0AT运动型轿车进行评估。

(1)车辆概况。

车牌号:辽A×××××;车型:××××××××;发动机号:×××××××××;车身号:×××××××××××××××××××;乘员数(包括驾驶人):5人;生产商:长安福特;登记日期:2009年2月。

(2)性能参数及配置。

发动机型号:Duratec-HE DOHC 16V;排量:1999mL;最大功率:104kW(6000r/min);最大扭矩:180N·m(4000r/min);气缸数:4个;气缸排列形式:直列横置;气缸压缩比:10.8;达到排放标准:欧Ⅲ标准;燃油供给方式:多点电喷;冷却系统:水冷;三元催化转换器:标准配置;前悬架:麦弗逊式;后悬架:多连杆;驱动方式:前驱;动力助力转向:标准配置;助力转向方式:电子液压助力;前制动器:盘式;后制动器:盘式;最高车速:185km/h;整车整备质量:1360kg;经济油耗:8.8L;长×宽×高:4342mm×1840mm×1500mm。

(3)采用重置成本法进行价值评估。

①重置成本全价的确定。

a. 现行购置价的确定。经当地市场调查,09款福克斯两厢2.0AT运动型新车的沈阳市场售价为153900元。

b. 车辆购置税及相关税费的确定。

车辆购置税=153900×10%=15390(元)

证照费、检车费为500元

重置成本全价=153900+15390+500=169790(元)

②成新率的确定。由于该车型价值较高,为了全面反映二手车的新旧状态,故采用综合成新率法计算成新率。

a. 计算理论成新率$C_1$。查看该车里程表为23200km,又由于为私家车,所以理论成新率$C_1$直接由年限法成新率计算而得。该车登记日期为2009年2月,评估基准日为2010年3月,已使用1年,根据国家《汽车报废标准》,小型越野汽车的规定使用年限为15年,故有:

$$C_1=C_Y=(1-Y/Y_g)\times 100\%=(1-1/15)\times 100\%=93\%$$

b. 计算现场查勘成新率$C_2$。评估人员在现场对该车的勘察中,分别对车辆的发动机、底盘、车身、内饰及电气系统进行鉴定打分,详见表3-11。

根据表3-11,现场查勘成新率$C_2$=现场勘察打分值/100=72%。

取权重系数$\alpha_1=0.4$、$\alpha_2=0.6$,则综合成新率为

$$C_Z=C_1\cdot\alpha_1+C_2\cdot\alpha_2=93\%\times 0.4+72\%\times 0.6=80\%$$

**表3-11　二手车现场勘查鉴定评分表**

| 项　目 | 鉴定标准 | 标准分 | 鉴定情况 | 评定分数 |
|---|---|---|---|---|
| 发动机、离合器总成 | ①气缸压力是否符合标准<br>②机油是否泄漏，冷却系统是否漏水<br>③燃油消耗是否在正常范围内<br>④测量气缸内椭圆度不超过0.125mm<br>⑤在高中低速时没有断火现象和其他异常现象 | 35 | 燃油消耗超标，其他情况一般 | 26 |
| 前桥总成 | 工字梁应无变形和裂纹，转向系统操作轻便灵活，转向节不应有裂纹 | 8 | 操作较灵活及准确，其他均正常 | 6 |
| 后桥总成 | 圆锥主动齿轮轴转速在1400～1500r/min，各轴承温度不应高于60℃，差速器及半轴的齿轮符合要求的敲击声或高低变化声响，各接合部位不允许漏油 | 10 | 基本符合要求 | 8 |
| 变速器总成 | ①变速器在运动中，齿轮在任何挡位均不应有脱挡、跳挡及异响<br>②变速杆不应有明显抖动，密封部位不漏油，变速操作杆操作灵便<br>③箱体各孔圆度误差不大0.0075mm | 8 | 基本符合要求 | 6 |
| 车身总成 | 车身无碰伤变形、脱漆、锈蚀，门窗玻璃完好，各焊口应无裂纹及损伤，连接件齐全无松动，密封良好，座椅完整 | 29 | 有脱漆、锈蚀现象，车辆维护一般 | 20 |
| 轮胎 | 依磨损量确定 | 2 | 中度磨损 | 1 |
| 其他 | ①制动系统：气压制动的储气筒，制动管不漏气<br>②电系统：电源点火、信号、照明应正常 | 8 | 工作状况一般 | 5 |
| 合计 | | 100 | | 72 |

③评估值的确定。

评估价值＝重置全价×综合成新率＝169790×80％＝135832(元)

## 二、应用收益现值法的评估

### (一)应用收益现值法评估的具体方法

**1. 计算模型**

应用收益现值法求二手车评估值的计算过程，实际上就是对被评估二手

车未来预期收益进行折现的过程。即被评估二手车的评估值等于剩余寿命期内各收益期的收益折现值之和。其基本计算公式为

$$P=\sum_{t=1}^{n}\frac{A_t}{(1+i)^t}=\frac{A_1}{(1+i)^1}+\frac{A_2}{(1+i)^2}+\cdots+\frac{A_n}{(1+i)^n}$$

式中 $P$——评估值,元;

$A_t$——未来第 $t$ 个收益期的预期收益额,元;

$n$——收益年期(即二手车剩余使用寿命的年限);

$i$——折现率,在经济分析中如果不作其他说明,一般指年利率或收益率;

$t$——收益期,一般以年计。

由于二手车的收益期是有限的,所以上式中的 $A_t$ 还包括收益期末车辆的残值,一般估算时忽略不计。

当 $A_1=A_2=\cdots=A_n=A$ 时,即 $t$ 在 $1\sim n$ 年未来收益都相同为 $A$ 时,则有

$$P=A\left[\frac{1}{(1+i)^1}+\frac{1}{(1+i)^2}+\cdots+\frac{1}{(1+i)^n}\right]=A\,\frac{(1+i)^n-1}{i(1+i)^n}$$

式中 $\frac{1}{(1+i)^t}$——第 $t$ 个收益年期的现值系数;

$\frac{(1+i)^n-1}{i(1+i)^n}$——年金现值系数。

上式反映了收益率为 $i$,二手车预期在 $n$ 年的收益期内每年的收益为 $A$ 元,几年累计收益额"等值于"现值 $P$ 元,那么,现在可接受的最大投资额应为 $P$ 元。

**2. 收益现值法各评估参数的确定**

(1)收益年期 $n$ 的确定。收益年期(即二手车剩余使用寿命的年限)指从评估基准日到二手车报废的年限。各类营运车辆的报废年限在国家《汽车报废标准》中都有具体规定。如果剩余使用寿命期估算得过长,则计算的收益期就多,车辆的评估价格就高;反之,则会低估价格。因此,必须根据二手车的实际状况对其收益年期作出正确的评定。

(2)预期收益额 $A_t$ 的确定。当运用收益现值法时,未来每年收益额的确定是关键。预期收益额是指被评估二手车在其剩余使用寿命期内,可能带来的年纯收益额。确定车辆预期收益额时应注意以下两点:

①预期收益额是通过预测分析获得的。对于买卖双方来说,判断车辆是否有价值,应判断该车辆是否能带来收益。对车辆收益能力的判断,不仅要看现在的情形,更重要的是关注未来的经营风险。

②收益额的构成。以企业为例，目前有几种观点：第一，企业税后利润；第二，企业税后利润与提取折旧额之和扣除投资额；第三，利润总额。在二手车评估业务中建议选择第一种观点，目的是准确反映预期收益额。其计算公式为

收益额＝税前收入－应交所得税＝税前收入×(1－所得税率)

税前收入＝一年的毛收入－车辆使用的各种税费和人员劳务费等

(3)折现率 $i$ 的确定。折现率是指将未来预期收益额折算成现值的比率。从本质上讲，折现率是一种期望投资报酬率，是投资者在投资风险一定的情况下，对投资所期望的回报率。折现率由无风险报酬率和风险报酬率两部分组成，即

折现率($i$)＝无风险报酬率＋风险报酬率

无风险报酬率一般是指同期国库券利率，它实际上是一种无风险收益率。风险报酬率是指超过无风险收益率以上部分的投资回报率。在资产评估中，因资产的行业分布、种类、市场条件等的不同，其折现率亦不相同。因此，在利用收益法对二手车鉴定评估选择折现率时，应该进行本企业、本行业历年收益率指标的对比分析，以尽可能准确地估测二手车的折现率。但是，最后确定的折现率应该起码不低于国家债券或银行存款的利率。

(二)用收益现值法评估二手车实例

2009 年 1 月，某人打算在二手车市场购置一辆夏利 TJ7100U 型轿车用于个体出租车运营。该车的基本信息及经营预测如下：

2005 年 1 月购买，并于当月完成车辆登记手续，已行驶 36 万 km。目前车辆技术状况良好，能正常运行；如用于出租车运营，全年预计可出勤 320 天。根据市场经营经验，该车型每天平均毛收入约 400 元，每天耗油费用 80 元，年检、保险、养路费及各种应支出费用平均每天 75 元，年日常维修保养费用约 12000 元，年平均大修费用约 8000 元，人员劳务费 15000 元。根据目前银行储蓄年利率、行业收益等情况，确定资金预期收益率为 15%，风险报酬率为 5%。

假设每年的纯收入相同，试结合上述条件评估该车可接受的最大投资额是多少？

评估步骤如下：

①根据题目条件，评估方法采用收益现值法。

②收益年期 $n$ 的确定。从车辆登记日(2005 年 1 月)至评估基准日(2009 年 1 月)止，该车已使用 4 年，根据国家《汽车报废标准》的规定，出租车规定运营年限为 8 年，车辆剩余使用寿命为 4 年，即收益年期 $n=4$。

③预期收益额$A_t$的确定。

a. 根据题设条件，计算预计年毛收入。具体计算见表3-12。

**表3-12 预计年收支**

| 预计年收入(元) | | 400×320=128000 |
|---|---|---|
| 预计年支出(元) | 年燃油消耗费用 | 80×320=25600 |
| | 年检、保险、养路费及各种应支出费用 | 75×320=24000 |
| | 年日常维修保养费用 | 12000 |
| | 年平均大修费用 | 8000 |
| | 人员劳务费 | 15000 |
| 预计年毛收入(元) | | 43400 |

b. 计算年预计纯收入。根据国家个人所得税条例规定，年收入为3万～5万元应缴纳所得税率为30%，故年预计纯收入为43400×(1－30%)＝30380(元)。

c. 预期收益额$A_t$＝年预计纯收入＝30380元。

④折现率($i$)的确定。折现率($i$)＝无风险报酬率＋风险报酬率＝15%＋5%＝20%。

⑤计算评估值$P$：

$$P=A\cdot\frac{(1+i)^n-1}{i\cdot(1+i)^n}=30380\times\frac{(1+0.2)^4-1}{0.2\times(1+0.2)^4}=78646(\text{元})$$

## 三、应用现行市价法的评估

### (一)应用现行市价法评估的具体方法

运用现行市价法评估二手车价值通常采用直接市价法和类比调整市价法。

**1. 直接市价法**

直接市价法是指在市场上能找到与被评估二手车完全相同的车辆的现行市价，并依其价格直接作为被评估二手车评估价格的一种方法。直接市价法应用有以下两种情况：

①参照车辆与被评估二手车完全相同。所谓完全相同是指车辆型号、使用条件和技术状况相同，生产和交易时间相近。这样的参照车辆常见于市场保有量大、交易比较频繁的畅销车型，如普通桑塔纳、捷达和夏利等。

②参照车辆与被评估二手车相近。所谓相近是指参照车辆与被评估车辆类别相同、主参数相同、结构性能相同，只是生产序号不同并只作局部改动，交易时间相近的车辆。这种情况在我国汽车市场上是非常常见的，很多汽车厂商为了追求车型的变化，给消费者一个新的感受，每年都在原车型的

基础上做一些小的改动，如车身的小变化、内饰配置的变化等。这种车辆也可以作为评估过程中的参考车辆。

直接市价法评估公式为

$$P=P'$$

式中 $P$——评估值，元；

$P'$——参照车辆的市场成交价格，元。

**2. 类比调整市价法**

(1)计算模型。类比调整市价法是指评估二手车时，在公开市场上找不到与之完全相同的车辆，但能找到与之相类似的车辆。以此为参照车辆，并根据车辆技术状况和交易条件的差异对参照车辆的价格作出相应调整，进而确定被评估二手车价格的一种评估方法。其基本计算公式为

$$P=P'K$$

式中 $P$——评估值，元；

$P'$——参照车辆的市场成交价格，元；

$K$—差异调整系数。

类比调整市价法不像直接市价法对参照车辆的条件要求那么严，只要求参照车辆与被评估二手车大的方面相同即可。

(2)评估步骤。现行市价法评估二手车的步骤如下：

①收集被评估二手车资料。收集被评估二手车的相关资料，内容包括车辆的类别名称、车辆型号和技术性能参数、生产厂家和出厂年月、车辆用途、目前使用情况和实际技术状况、尚可使用的年限等，为市场数据资料的搜集及参照物的选择提供依据。

②选取参照车辆。根据了解到的被评估二手车资料，按照可比性原则，从二手车交易市场上寻找可类比的参照车辆，参照车辆的选择应在两辆以上。车辆的可比因素主要包括以下几个方面：

a. 车辆型号和生产厂家。

b. 车辆用途。指的是私家车还是公务车，是乘用车还是商用车等。

c. 车辆使用年限和行驶里程。

d. 车辆实际技术性能和技术状况。

e. 车辆所处地区。由于地区经济发展的不平衡，收入水平存在差别，在不同地区的二手车交易市场，同样车辆的价格会有较大的差别。

f. 市场状况。指的是二手车交易市场处于低迷还是复苏、繁荣，车源丰富还是匮乏，车型涵盖面如何，交易量如何，新车价格趋势如何等。

g. 交易动机和目的。指车辆出售是以清偿还是以淘汰转让为目的，买

方是获利转手倒卖还是购买自用。不同情况下的交易作价往往有较大的差别。

h. 成交数量。单辆车交易与成批车辆交易的价格会有一定差别。

i. 成交时间。应采用近期成交的车辆作类比对象。由于国家经济、金融和交通政策以及市场供求关系会随时发生一些变化,市场行情也会随之变化,引起二手车价格的波动。

③类比和调整。对被评估二手车和参照车辆之间的差异进行分析、比较,并进行适当的量化后调整为可比因素。主要差异及量化方法体现在以下方面:

a. 结构性能的差异及量化。汽车型号、结构上的差别都会集中反映到汽车的功能和性能的差别上。功能和性能的差异可通过功能、性能对汽车价格的影响进行估算(量化调整值=结构性能差异值×成新率)。例如,同类型的汽油车,电喷发动机相对于化油器发动机要贵3000～5000元;对营运汽车而言,主要表现为生产能力、生产效率和运营成本等方面的差异,可利用收益现值法对其进行量化调整。

b. 销售时间的差异与量化。在选择参照车辆时,应尽可能选择评估基准日的成交案例,以免去销售时间差异的量化;若参照车辆的交易时间在评估基准日之前,可采用价格指数法将销售时间差异量化并调整。

c. 新旧程度的差异及量化。被评估二手车与参照车辆在新旧程度上存在一定的差异,要求评估人员能够对二者作出基本判断,取得被评估二手车和参照车辆成新率后,以参照车辆的价格乘以被评估二手车与参照车辆成新率之差,即可得到两者新旧程度的差异量。可用公式表示为

新旧程度差异量=参照车辆价格×(被评估二手车成新率－参照车辆成新率)

d. 销售数量的差异及量化。销售数量的多少会对二手车成交单价产生影响。当被评估二手车是成批量交易时,以单辆汽车作为参照车辆是不合适的;而当被评估二手车只有一辆时,以成批汽车作为参照车辆也不合适。销售数量的不同会造成成交价格的差异,必须对此差异进行分析,适当调整被评估二手车的价值。

e. 付款方式的差异及量化。在二手车交易中,绝大多数为现款交易,在一些经济较活跃的地区已出现二手车的银行按揭销售。银行按揭的二手车与一次性付款的二手车价格差异由两部分组成:一是银行的贷款利息,贷款利息按贷款年限确定;二是汽车按揭保险费,各保险公司的汽车按揭保险费率不完全相同,会有一些差异。

④计算评估值。将各可比因素差异的调整值以适当的方式加以汇总,并

据此对参照车辆的成交市价进行调整，从而确定被评估二手车的评估价格。

（二）用现行市价法评估二手车的实例

**1. 实例一**

2010 年 2 月在沈阳二手车市场预购一台宝来 1.6 自动挡轿车，评估人员收集了两辆参照车辆的技术经济参数。该车及参照车辆的技术经济参数见表 3-13。

**表 3-13　被评估车辆与参照车辆的有关技术经济参数**

| 序号 | 技术经济参数 | 参照车辆 A | 参照车辆 B | 标的车 |
|---|---|---|---|---|
| 1 | 车型 | 宝来 1.8 手动挡（豪华型） | 宝来 1.6 手动挡（基本型） | 宝来 1.6 自动挡（基本型） |
| 2 | 销售条件 | 公开市场 | 公开市场 | 公开市场 |
| 3 | 行驶里程 | 12 万 km | 15 万 km | 13 万 km |
| 4 | 上牌时间 | 2004 年 6 月 | 2004 年 2 月 | 2005 年 3 月 |
| 5 | 技术状况 | 良好 | 良好 | 良好 |
| 6 | 交易地点 | 沈阳 | 沈阳 | 沈阳 |
| 7 | 付款方式 | 现金 | 现金 | 现金 |
| 8 | 交易时间 | 2008 年 4 月 | 2009 年 10 月 | 2010 年 2 月 |
| 9 | 成新率 | 74% | 60% | 待确定 |
| 10 | 规定使用年限 | 15 年 | 15 年 | 15 年 |
| 11 | 物价指数 | 1 | 1.03 | 1.03 |
| 12 | 交易价格 | 10.8 万元 | 8.8 万元 | 待评估 |

评估步骤如下：

(1)技术检测。起动发动机运转平稳，无明显异响。表面无明显划痕，车内设备齐全并且功能良好，车辆内部干净整洁。经过试驾，车辆动力性能良好，爬坡有力，综合性能良好。

(2)确定标的车成新率。根据以上检测结果分析认为，该车整体技术状况良好，其使用年限与车辆的技术状况相吻合，故可采用使用年限法计算成新率。

$$C_Y=(1-Y/Y_g)\times100\%=(1-5/15)\times100\%=67\%$$

(3)以车辆 A 为参照车辆作各项差异量化和调整。

①结构性能差异量化及调整。参照车辆 A 为豪华型，被评估二手车为标准型，评估基准时点该项结构价格差异为 8000 元。该项量化调整值为

$$-8000\times67\%=-5360(\text{元})$$

②销售时间差异量化与调整。参照车辆A成交时物价指数为$I_0=1$，被评估二手车评估时物价指数为$I_1=1.03$，该项物价指数调整值为

$$I=\frac{I_1}{I_0}=\frac{1.03}{1}=1.03$$

③新旧程度差异量化与调整。该项调整值为

$$108000\times(67\%-74\%)=-7560$$

④销售数量和付款方式无差异，不用量化和调整。

⑤以参照车辆A为参照车辆时，被评估二手车的评估值$P_1$为

$$P_1=(108000-5360-7560)\times1.03=95080(\text{元})$$

(4)以车辆B为参照车辆作各项差异量化和调整。

①结构性能差异量化及调整。参照车辆B与标的车的车型相同。该项调整值为0元。

②新旧程度差异量化与调整。该项调整值为

$$88000\times(67\%-60\%)=6160(\text{元})$$

③销售时间、数量和付款方式无差异，不用量化和调整。

④计算以车辆B为参照车辆时，被评估二手车的评估值$P_2$为

$$P_2=88000+6160=94160(\text{元})$$

由于两辆参照车辆与被评估二手车的交易地点相同，且成新率、已使用年限、交易时间等参数均相接近，故可采用算术平均法计算被评估二手车评估值$P$，即

$$P=\frac{P_1+P_2}{2}=\frac{95080+94160}{2}=94620(\text{元})$$

**2. 实例二**

在对某辆二手车进行评估时，评估人员选择了三个近期成交的与被评估二手车类别、结构基本相同，技术经济参数相近的车辆作参照车辆。参照车辆与被评估二手车的一些具体技术经济参数见表3-14，试采用现行市价法对该车进行价值评估。

**表3-14 被评估车辆及参照车辆的有关技术经济参数**

| 序 号 | 技术经济参数 | 参照车辆A | 参照车辆B | 参照车辆C | 被评估二手车 |
|---|---|---|---|---|---|
| 1 | 车辆交易价格(元) | 50000 | 65000 | 40000 | — |
| 2 | 销售条件 | 公开市场 | 公开市场 | 公开市场 | 公开市场 |
| 3 | 交易时间 | 6个月前 | 2个月前 | 10个月前 | — |
| 4 | 已使用年限(年) | 5 | 5 | 6 | 5 |
| 5 | 尚可使用年限(年) | 5 | 5 | 4 | 5 |

续表 3-14

| 序　号 | 技术经济参数 | 参照车辆 A | 参照车辆 B | 参照车辆 C | 被评估二手车 |
|---|---|---|---|---|---|
| 6 | 成新率(%) | 60 | 75 | 55 | 70 |
| 7 | 年平均维修费用(元) | 20000 | 18000 | 25000 | 20000 |
| 8 | 每百千米耗油量(L) | 25 | 22 | 28 | 24 |

评估步骤如下：

(1)对被评估二手车与参照车辆之间的差异进行比较和量化。

①销售时间的差异。根据搜集到的资料表明，在评估之前到评估基准日之间的 1 年内，物价指数大约每月上升 0.5%左右。各参照车辆与被评估二手车由于时间差异所产生的差额为

a. 被评估二手车与参照车辆 A 相比较晚 6 个月，价格指数上升 3%，其差额为

$$50000\times3\%=1500(\text{元})$$

b. 被评估二手车与参照车辆 B 相比较晚 2 个月，价格指数上升 1%，其差额为

$$65000\times1\%=650(\text{元})$$

c. 被评估二手车与参照车辆 C 相比较晚 10 个月，价格指数上升 5%，其差额为

$$40000\times5\%=2000(\text{元})$$

②车辆性能的差异。

a. 各参照车辆与被评估二手车每年由于燃油消耗的差异所产生的差额。按每日营运 150km、每年平均出车 250 天，燃油价格按每升 2.2 元计算。

参照车辆 A 每年比被评估二手车多消耗燃料的费用为

$$[(25-24)\times2.2\times150/100]\times250=825(\text{元})$$

参照车辆 B 每年比被评估二手车少消耗燃料的费用为

$$[(24-22)\times2.2\times150/100]\times250=1650(\text{元})$$

参照车辆 C 每年比被评估二手车多消耗燃料的费用为

$$[(28-24)\times2.2\times150/100]\times250=3300(\text{元})$$

b. 各参照车辆与被评估二手车每年由于维修费用的差异所产生的差额。

参照车辆 A 每年比被评估二手车多花费的维修费用为

$$20000-20000=0(\text{元})$$

参照车辆 B 每年比被评估二手车少花费的维修费用为

$$20000-18000=2000(\text{元})$$

参照车辆 C 每年比被评估二手车多花费的维修费用为

$$25000-20000=5000(\text{元})$$

c. 各参照车辆与被评估二手车每年由于营运成本的差异所产生的差额。

参照车辆 A 比被评估二手车每年多花费的营运成本为

$$825+0=825(\text{元})$$

参照车辆 B 比被评估二手车每年少花费的营运成本为

$$1650+2000=3650(\text{元})$$

参照车辆 C 比被评估二手车每年多花费的营运成本为

$$3300+5000=8300(\text{元})$$

d. 若取所得税率为 33%，则税后各参照车辆每年比被评估二手车多(或少)花费的营运成本如下：

税后参照车辆 A 比被评估二手车每年多花费的营运成本为

$$825\times(1-33\%)=552.75(\text{元})$$

税后参照车辆 B 比被评估二手车每年少花费的营运成本为

$$3650\times(1-33\%)=2445.5(\text{元})$$

税后参照车辆 C 比被评估二手车每年多花费的营运成本为

$$8300\times(1-33\%)=5561(\text{元})$$

e. 适用的折现率为 $i=10\%$，则在剩余的使用年限内，各参照车辆比被评估二手车多(或少)花费的营运成本为

参照车辆 A 比被评估二手车多花费的营运成本折现累加为

$$552.75\times\frac{(1+10\%)^5-1}{10\%\times(1+10\%)^5}=2095(\text{元})$$

参照车辆 B 比被评估二手车少花费的营运成本折现累加为

$$2445.5\times\frac{(1+10\%)^5-1}{10\%\times(1+10\%)^5}=9270(\text{元})$$

参照车辆 C 比被评估二手车多花费的营运成本折现累加为

$$5561\times\frac{(1+10\%)^4-1}{10\%\times(1+10\%)^4}=17628(\text{元})$$

③成新率的差异。

参照车辆 A 比被评估二手车由于成新率的差异所产生的差额为

$$50000\times(70\%-60\%)=5000(\text{元})$$

参照车辆 B 比被评估二手车由于成新率的差异所产生的差额为

$$65000\times(70\%-75\%)=-3250(\text{元})$$

参照车辆 C 比被评估二手车由于成新率的差异所产生的差额为

$$40000\times(70\%-55\%)=6000(\text{元})$$

(2)根据被评估二手车与参照车辆之间差异的量化结果，确定车辆的评估值。

①初步确定被评估二手车的评估值。

与参照车辆A相比分析调整差额，初步评估的结果为

车辆评估值＝50000＋1500＋2095＋5000＝58595(元)

与参照车辆B相比分析调整差额，初步评估的结果为

车辆评估值＝65000＋650－9270－3250＝53130(元)

与参照车辆C相比分析调整差额，初步评估的结果为

车辆评估值＝40000＋2000＋17628＋6000＝65628(元)

②综合定性分析，确定被评估二手车的评估值。

从上述初步估算的结果可知，按三个不同的参照车辆进行比较测算，初步评估的结果最多相差12498元(65628元－53130元＝12498元)。其主要原因是三个参照车辆的成新率不同(参照车辆A为60%、参照车辆B为75%、参照车辆c为55%)。另外，在选取有关的技术经济参数时也可能存在误差。为减少误差，综合考虑被评估二手车与参照车辆的相似程度，决定采用加权平均法确定评估值。参照车辆B的交易时间离评估基准日较接近(仅隔2个月)，且已使用年限、尚可使用年限、成新率等都与被评估二手车最相近，故决定取参照车辆B的加权系数为60%；参照车辆A的交易时间、已使用年限、尚可使用年限、成新率等与被评估车辆的相似程度差距较大，故决定取参照车辆A的加权系数为30%；同理，取参照车辆C的加权系数为10%。加权平均后，被评估二手车的评估值为

车辆评估值＝53130×60%＋58595×30%＋65628×10%≈56019.3(元)

## 四、应用清算价格的评估

### (一)应用清算价格评估的具体方法

目前，对于清算价格的确定方法，从理论上还难以找到十分有效的依据，但在实践上仍有一些方法可以采用，主要方法有如下三种：

**1. 评估价格折扣法**

首先，根据被评估二手车的具体情况及所获得的资料，选择重置成本法、收益现值法及现行市价法中的一种方法确定被评估二手车的价格；然后，根据市场调查和快速变现原则，确定一个合适的折扣率。用评估价格乘以折扣率，所得结果即为被评估二手车的清算价格。例如，一辆旧桑塔纳轿车，经调查在二手车交易市场上成交价为4万元，根据销售情况调查，折价20%可以当即出售，则该车辆清算价格为4×(1－20%)＝3.2(万元)。

**2. 模拟拍卖法**

模拟拍卖法，也称意向询价法。这种方法是先向被评估二手车的潜在购

买者询价取得市场信息,再经评估人员分析确定其清算价格。用这种方法确定的清算价格受供需关系影响很大,要充分考虑其影响的程度。

例如,有 8t 自卸车 1 台,拟评估其拍卖清算价格,评估人员经过对两家运输公司、三个个体运输户征询意向价格,其报价分别为 7 万元、8.3 万元、7.8 万元、8 万元和 7.5 万元,平均价为 7.72 万元。考虑目前各种因素,评估人员确定清算价格为 7.5 万元。

**3. 竞价法**

竞价法是由法院按照破产清算的法定程序或由卖方根据评估结果提出一个拍卖的底价,在公开市场上由买方竞争出价,谁出的价格高就卖给谁。

(二) 用清算价格法评估二手车的实例

某法院欲在近期内将其扣押的一辆轻型载货汽车拍卖出售。至评估基准日止,该汽车已使用了 1 年 6 个月,车况与其新旧程度相符,试评估该车的清算价格。

分析:据了解,本次评估的目的属债务清偿,应采用的评估方法为清算价格法。根据被评估车辆的实际情况和所掌握的资料,决定首先利用重置成本法确定车辆在公平市场条件下的评估价格;然后,根据市场调查,按一定的折现率确定汽车的清算价格。

评估步骤如下:

①根据已知条件,采用重置成本法确定清算价格。

②求已使用年限和规定使用年限。该车已使用年限为 1 年 6 个月,折合为 18 个月;根据国家规定,被评估车辆的使用年限为 10 年,折合为 120 个月。

③确定车辆的成新率。被评估车辆的价值不高,且车辆的技术状况与其新旧程度相符,决定采用使用年限法确定其成新率,被评估车辆的成新率 $C_Y$ 为

$$C_Y=\left(1-\frac{Y}{Y_g}\right)\times100\%=\left(1-\frac{18}{120}\right)\times100\%=85\%$$

④确定车辆的重置成本全价。据市场调查,全新的同型车目前的售价为 5.5 万元。根据相关规定,购置此型车时,要缴纳 10%的车辆购置税,3%的货运附加费,故被评估车辆的重置成本全价 $B$ 为

$$B=55000\times(1+10\%+3\%)=62150(\text{元})$$

⑤确定被评估车辆在公平市场条件下的评估值。根据调查了解,被评估车辆的功能性损耗及经济性损耗均很小,可忽略不计,故在公平市场条件下,该车的评估值为

$$P=BC=62150\times85\%\approx52828(\text{元})$$

⑥确定折扣率。根据市场调查，当折扣率取75%时，可在清算日内出售车辆，故确定折扣率为75%。

⑦确定被评估车辆的清算价格。

车辆的清算价格＝52828×75%＝39621(元)

## 第四节　撰写二手车评估报告书

### 一、二手车鉴定评估报告定义

二手车鉴定评估报告，是指二手车鉴定评估机构按照评估工作制度有关规定，在完成鉴定评估工作后向委托方和有关方面提交的说明二手车鉴定评估过程和结果的书面报告。它是按照一定格式和内容来反映评估目的、程序、依据、方法、结果等基本情况的报告书。广义的鉴定评估报告还是一种工作制度。它规定评估机构在完成二手车鉴定评估工作之后必须按照一定的程序和要求，用书面形式向委托方报告鉴定评估过程和结果。狭义的鉴定评估报告即鉴定评估结果报告书。二手车鉴定评估报告的重要性主要表现在以下三个方面：既是二手车鉴定评估机构完成对二手车作价意见，提交给委托方的公正性的报告；也是二手车鉴定评估机构履行评估合同情况的总结；还是二手车鉴定评估机构为其所完成的鉴定评估结论承担相应法律责任的证明文件。

### 二、评估报告书的作用

二手车鉴定评估报告书不仅是一份评估工作的总结，而且是其价格的公正性文件和二手车交易双方认定二手车价格的依据。

**1. 二手车鉴定评估报告书对委托方的作用**

(1)作为产权交易变动的作价依据。二手车鉴定评估报告书是经具有机动车鉴定评估资格的机构，委派专业的二手车鉴定估价师，遵循评估的原则和标准，按照法定的程序，运用科学的方法对被委托评估的车辆价值进行评定和估算后，通过报告书的形式提出的作价意见。该作价意见不代表任何当事人一方的利益，是一种专家估价的意见，因而具有较强的公正性和科学性，可以作为二手车买卖交易谈判底价的参考依据，或作为投资比例出资价格的证明材料。特别是对涉及国有资产的二手车给出客观公正的作价，可以有效地防止国有资产的流失，确保国有资产价格的客观、公正、真实。

(2)作为法庭辩论和裁决时确认财产价格的举证材料。

(3)作为支付评估费用的依据。当委托方(客户)收到评估资料及报告后没有提出异议，也就是说，评估的资料及结果符合委托书的条款，委托方应以此为前提和依据向受托方(评估机构)付费。

**2. 二手车鉴定评估报告书对鉴定评估机构的作用**

(1)二手车鉴定评估报告书采用文字的形式,对受托方进行二手车评估的目的、背景、产权、依据、程序、方法等过程和评定的结果进行说明和总结,体现了评估机构的工作成果和工作质量;同时,也反映和体现了二手车鉴定评估机构与鉴定评估人员的权利和义务,并以此来明确委托方和受托方的法律责任。

(2)二手车鉴定评估报告书是一种动态管理的信息资料,是建立评估档案、归集评估档案资料的重要信息来源。

**3. 撰写二手车鉴定估价报告的基本要求**

国家国有资产管理局以国资办发[1993]55 号文发布了《关于资产评估报告书的规范意见》,对资产评估报告书的撰写提出了比较系统的要求。结合二手车鉴定估价的实际情况,主要要求如下:

(1)鉴定估价报告必须依照客观、公正、实事求是的原则,由二手车鉴定评估机构独立撰写,如实反映鉴定估价的工作情况。

(2)鉴定估价报告应有委托单位(或个人)的名称、二手车鉴定评估机构的名称和印章,二手车鉴定评估机构法人代表或其委托人和二手车鉴定估价师的签字,以及提供报告的日期。

(3)鉴定估价报告要写明评估基准日,并且不得随意更改。所有在估价中采用的税率、费率、利率和其他价格标准,均应采用基准日的标准。

(4)鉴定估价报告中应写明估价的目的、范围、二手车的状态和产权归属。

(5)鉴定估价报告应说明估价工作遵循的原则和依据的法律法规,简述鉴定估价过程,写明评估的方法。

(6)鉴定估价报告应有明确的鉴定估算价值的结果,鉴定结果应有二手车的成新率,应有二手车原值、重置价值、评估价值等。

(7)鉴定估价报告还应有齐全的附件。

## 三、二手车鉴定评估报告书的基本构成

二手车鉴定评估报告书主要包括以下文件和附件:

**1. 封面**

二手车鉴定评估报告书的封面须包含下列内容:二手车鉴定评估报告书名称、鉴定评估机构出具鉴定评估报告的编号、二手车鉴定评估机构全称和鉴定评估报告提交日期等。有服务商标的评估机构可以在报告封面载明其图形标志。

**2. 首部**

鉴定评估报告书正文的首部应包括标题和报告书序号。

(1)标题。标题应简练清晰,含有“××××(评估项目名称)鉴定评估报告书”字样,位置居中偏上。

(2)报告书序号。报告书序号应符合公文的要求,包括评估机构特征字、公文种类特征字(评估报告书正式报告应用“评报”,评估报告书预报告应用“评预报”)、年份、文件序号。例如,××评报字(2010)第10号。

**3. 绪言**

写明该评估报告委托方全称、受委托评估事项及评估工作整体情况,一般应采用包含下列内容的表达格式。

“××(鉴定评估机构)接受××××的委托,根据国家有关资产评估的规定,本着客观、独立、公正、科学的原则,按照公认的资产评估方法,对××××(车辆)进行了鉴定评估。本机构鉴定评估人员按照必要的程序,对委托鉴定评估车辆进行了实地查勘与市场调查,对其在××××年××月××日所表现的市场价值作出了公允反映。现将车辆评估情况及鉴定评估结果报告如下。”

**4. 委托方与车辆所有方简介**

(1)应写明委托方名称,委托方联系人的姓名、联系电话及住址。

(2)应写明车主的名称。

**5. 鉴定评估目的**

应写明本次鉴定评估是为了满足委托方的何种需要,及其所对应的经济行为类型。式样如下:根据委托方的要求,本项目评估目的(在□处填√):

□交易　☑转籍　□拍卖　□置换　□抵押　□担保　□咨询　□司法裁决

**6. 鉴定评估对象**

须简要写明纳入评估范围车辆的厂牌型号、号牌号码、发动机号、车辆识别代号/车架号、注册登记日期、年审检验合格有效日期、车辆购置税证号码、车船使用税缴纳有效期。

**7. 鉴定评估基准日**

写明车辆鉴定评估基准日的具体日期。式样如下:

鉴定评估基准日:××××年××月××日。

**8. 评估原则**

严格遵循“客观性、独立性、公正性、科学性”原则。

**9. 评估依据**

评估依据一般包括行为依据、法律法规依据、产权依据和评定及取价依据等。对评估中所采用的特殊依据也应在本节内容中披露。

(1)行为依据。行为依据主要是指二手车鉴定评估委托书、法院的委托书等经济行为文件。例如,“二手车鉴定评估委托书第10号”。

(2)法律、法规依据。法律、法规依据应包括车辆鉴定评估的有关条款、文件及涉及车辆评估的有关法律、法规等。

(3)产权依据。产权依据是指被评估车辆的机动车登记证书或其他能够证明车辆产权的文件等。

(4)评定及取价依据。评定及取价依据应为鉴定评估机构收集的国家有关部门发布的统计资料和技术标准资料,以及评估机构收集的有关询价资料和技术参数资料等。例如,《最新资产评估常用数据与参数手册》;被评估二手车的技术参数表;车辆检测报告单;现场工作底稿、市场询价资料等。

**10. 评估方法及计算过程**

简要说明评估人员在评估过程中所选择并使用的评估方法;简要说明选择评估方法的依据或原因;如评估时采用一种以上的评估方法,应适当说明原因并说明该资产评估价值确定方法;对于所选择的特殊评估方法,应适当介绍其原理与适用范围;简单说明各种评估方法计算的主要步骤等。

**11. 评估过程**

评估过程应反映二手车鉴定评估机构自接受评估委托起至提交评估报告止的工作过程,包括接受委托、验证、现场查勘、市场调查与询证、评定估算和提交报告等。

**12. 评估结论**

给出被评估车辆的评估价格、金额(小写、大写)。

**13. 特别事项说明**

评估报告中陈述的特别事项是指在已确定评估结果的前提下,评估人员揭示在评估过程中已发现可能影响评估结论,但非评估人员执业水平和能力所能评定估算的有关事项;提示评估报告使用者应注意特别事项对评估结论的影响;揭示鉴定评估人员认为需要说明的其他问题。

**14. 评估报告法律效力**

揭示评估报告的有效日期;特别提示评估基准日的期后事项对评估结论的影响以及评估报告的使用范围等。常见写法如下:

(1)本项评估结论有效期为90天,自评估基准日起至××××年××月××日止。

(2)当评估目的在有效期内实现时,本评估结果可以作为作价参考依据;超过90天,需重新评估。另外,在评估有效期内若被评估车辆的市场价格或因交通事故等原因导致车辆的价值发生变化，对车辆评估结果产生明显影响时，委托方也需重新委托评估机构重新评估。

(3)鉴定评估报告书的使用权归委托方所有。其评估结论仅供委托方为本项目评估目的使用和送交二手车鉴定评估主管机关审查使用，不适用于其他目的。因使用本报告书不当而产生的任何后果与签署本报告书的鉴定估价师无关。未经委托方许可，本鉴定评估机构承诺不将本报告书的内容向他人提供或公开。

**15. 鉴定评估报告提出日期**

写明评估报告提交委托方的具体时间。评估报告原则上应在确定的评估基准日后1周内提出。

**16. 附件**

附件应包括：二手车鉴定评估委托书，二手车鉴定评估作业表，车辆行驶证、车辆购置税、车辆登记证书复印件，二手车鉴定评估师资格证书复印件，鉴定评估机构营业执照复印件，鉴定评估机构资质复印件和二手车照片等。

**17. 尾部**

写明出具评估报告的评估机构名称，并盖章；写明评估机构法定代表人姓名并签名；注册旧机动车鉴定评估师盖章并签名；高级注册旧机动车鉴定评估师审核签章以及报告日期。

## 四、编制二手车鉴定评估报告书的步骤及注意事项

**1. 编制二手车鉴定评估报告书的步骤**

编制二手车鉴定评估报告书是完成评估工作的最后一道工序，也是评估工作中的一个很重要的环节。评估人员通过评估报告不仅要真实准确地反映评估工作情况，而且表明评估者在今后一段时期里对评估的结果和有关的全部附件资料承担相应的法律责任。二手车鉴定评估报告是记述鉴定评估成果的文件，是鉴定评估机构向委托方和二手车鉴定评估管理部门提交的主要成果。鉴定评估报告的质量高低，不仅反映鉴定评估人员的水平，而且直接关系到有关各方的利益。这就要求评估人员编制的报告要思路清晰、文字简练准确、格式规范、有关的取证与调查材料和数据真实可靠。为了达到这些要求，评估人员应按下列步骤进行评估报告的编制：

(1)评估资料的分类整理。被评估二手车的有关背景资料、技术鉴定情况资料及其他可供参考的数据记录等评估资料是编制二手车鉴定评估报告的基础。一个较复杂的评估项目是由2个或2个以上评估人员合作完成的，撰写评估报告前应将每个人手头掌握的评估资料进行分类整理，包括评估鉴定作业表的审核、评估依据的说明和最后形成评估的文字材料。

(2)鉴定评估资料的分析讨论。在整理资料工作完成后，应召集参与评估工作过程的有关人员，对评估的情况和初步结论进行分析讨论。如果发现其中提法不妥、计算错误、作价不合理等方面的问题，要进行必要的调整。对于采用两种不同方法评估并得出两个不同结论的项目，需要在充分讨论的基础上得出一个正确的结论。

(3)鉴定评估报告书的撰写。评估报告的拟稿人应根据评估资料讨论后的修正意见，进行资料的汇总编排和评估报告书初稿的撰写工作。初稿形成后，将二手车鉴定评估的基本情况和评估报告书初稿得到的初步结论与委托方交换意见。听取委托方的反馈意见后，在坚持客观、公正、科学、可行的评价原则前提下，认真分析委托方提出的问题和意见，考虑是否应该修改评估报告书，并对报告书中存在的疏忽、遗漏和错误之处进行修正。待修正完毕即可撰写出正式的二手车鉴定评估报告书。

(4)评估报告的审核。评估报告先由项目负责人审核，再报评估机构经理审核签发，同时要求二手车鉴定评估人员签字并加盖评估机构公章。送达客户签收时，必须要求客户按送达回执上的要求认真填写并签字确认。

**2. 编制二手车鉴定评估报告书时应注意的事项**

编制二手车鉴定评估报告书时应注意以下事项：

(1)实事求是，切忌出具虚假报告。报告书必须建立在真实、客观的基础上，不能脱离实际情况，更不能无中生有。报告拟定人应是参与鉴定评估并全面了解评估情况和过程的主要鉴定评估人员。

(2)坚持一致性做法。报告书文字、内容要前后一致，正文、评估说明、作业表、鉴定工作底稿、数据要相互一致，不能出现相互矛盾的情况。

(3)提交报告书要及时、齐全和保密。在正式完成二手车鉴定评估报告工作后，应按业务约定书的约定时间及时将报告书送交委托方。送交报告书时，报告书及有关文件要送交齐全。

## 五、评估报告书撰写实例

**1. 实例一**

二手车鉴定评估报告书

××市×××二手车评估中心评报字(2010年)第006号

一、绪言

××市××县二手车交易市场接受××县人民法院的委托，根据国家有关资产评估的规定，本着客观、独立、公正、科学的原则，按照公认的资产评估方法，对辽N138××(车辆)进行了鉴定评估。本机构鉴定评估人员按照必要的程序，对委托鉴定评估车辆进行了实地查勘与市场调查，并对其在2010

年2月9日所表现的市场价值作出了公允反映。现将车辆评估情况及鉴定评估结果报告如下：

二、委托方与车辆所有方简介

(一)委托方××县人民法院

委托方联系人李××,联系电话138××××××××。

(二)根据《机动车行驶证》所示,委托车辆车主王××。

三、评估目的

根据委托方的要求,本项目评估目的(在□处填√)：

□交易　□转籍　□拍卖　□置换　□抵押　□担保　□咨询　☑司法裁决

四、评估对象

评估车辆的厂牌型号(560i-2.0-A/MT)；号牌号码(辽 M13×××)；发动机号(563×××)；车辆识别代号/车架号(0952×××)；登记日期(2007年05月)；年审检验合格至2010年04月；车辆购置税(已交,5230432×××)；车船使用税(2010年已交,343×××)。

五、鉴定评估基准日

鉴定评估基准日：2010年02月09日。

六、评估原则

严格遵循"客观性、独立性、公正性、科学性"原则。

七、评估依据

(一)行为依据

二手车评估委托书第[2010]006号。

(二)法律、法规依据

1.《国有资产评估管理办法》(国务院令第91号)；

2. 原国家国有资产管理局《关于印发〈国有资产评估管理办法施行细则〉的通知》(国资办发[1992]136号)；

3. 原国家国有资产管理局《关于转发〈资产评估操作规范意见(试行)〉的通知》(国资办发[1996]23号)；

4. 国家经贸委等部门《汽车报废标准》(国经贸经[1997]456号)、《关于调整轻型载货汽车及其补充规定》(国经贸经[1998]407号)、《关于调整汽车报废标准若干规定的通知》(国经贸资源[2000]1202号)等；

5. 其他相关的法律、法规等。

(三)产权依据

委托鉴定评估车辆的机动车登记证书编号8617××。

(四)评定及取价依据

技术标准资料:《汽车标准汇编》;

技术参数资料:随车说明书;

技术鉴定资料:《汽车质检技术》和《汽车维修手册》。

八、评估方法(在□处填√)

☑重置成本法 □现行市价法 □收益现值法 □其他[1]

计算过程如下:因该车鉴定估价目的为司法裁决,故采用清算价格法(按重置成本法估算成新率),重置成本全价为现时新车价加上车辆购置附加税。本车的重置成新率为77.72%(见附件二成新率估算明细表),清算折扣率为80%。

计算公式为评估价=重置成本全价×成新率×清算折扣率

=870000×77.72%×80%=540931元

九、评估过程

按照接受委托、验证、现场查勘、评定估算和提交报告的程序进行。

十、评估结论

车辆评估价格:540931元,金额大写:伍拾肆万零玖佰叁拾壹元整。

十一、特别事项说明[2]

该车轮胎有缺口引起动不平衡,但不影响汽车平稳性。

十二、评估报告法律效力

(一)本项评估结论有效期为90天,自评估基准日起至2010年5月9日止。

(二)当评估目的在有效期内实现时,本评估结果可以作为作价参考依据;超过90天,需重新评估。另外,在评估有效期内若被评估车辆的市场价格或因交通事故等原因导致车辆的价值发生变化,对车辆评估结果产生明显影响时,委托方也需重新委托评估机构重新评估。

(三)鉴定评估报告书的使用权归委托方所有,其评估结论仅供委托方为本项目评估目的使用和送交二手车鉴定评估主管机关审查使用,不适用于其他目的;因使用本报告书不当而产生的任何后果与签署本报告书的鉴定估价师无关;未经委托方许可,本鉴定评估机构承诺不将本报告书的内容向他人提供或公开。

附件:

附件一 二手车鉴定评估委托书(略)

附件二 二手车评估鉴定表和成新率估算明细表

附件三　车辆行驶证、购置附加税(费)证复印件(略)

附件四　鉴定估价师职业资格证书复印件(略)

附件五　鉴定评估机构营业执照复印件(略)

附件六　二手车照片(要求外观清晰,车辆牌照能够辨认)(略)

注册二手车鉴定估价师(签字、盖章):　复核人[3](签字、盖章):

(二手车鉴定评估机构盖章)

××市×××二手评估中心

2010 年 02 月 09 日

---

注:

[1]指利用两种或两种以上的评估方法对车辆进行鉴定评估,并以它们评估结果的加权值为最终评估结果的方法。

[2]特别事项是指在已确定评估结果的前提下,评估人员认为需要说明在评估过程中已发现可能影响评估结论,但非评估人员执业水平和能力所能评定估算的有关事项以及其他问题。

[3]复核人应具有高级鉴定估价师资格。

本报告书和作业表一式三份,委托方两份,受托方一份。

附件二　二手车评估鉴定表和成新率估算明细表

**二手车评估鉴定表**

<table>
<tr><td>车主</td><td colspan="4">王××</td><td colspan="2">所有权性质</td><td>□公　☑私</td><td>联系电话</td><td>××××</td></tr>
<tr><td>住址</td><td colspan="6">××市××县</td><td>经办人</td><td colspan="2">李××</td></tr>
<tr><td rowspan="6">车辆技术参数与使用情况</td><td colspan="2">厂牌型号</td><td colspan="2">560i-2.0-A/MT</td><td colspan="2">机动车号牌</td><td>辽 N138××</td><td>车辆类型</td><td>轿车</td></tr>
<tr><td colspan="4">车辆识别代号(VIN)</td><td colspan="3">×××</td><td>颜色</td><td>黑色</td></tr>
<tr><td colspan="2">发动机号</td><td colspan="4">563723</td><td>车架号</td><td colspan="2">0952046</td></tr>
<tr><td colspan="4">载质量/座位/排量</td><td colspan="3">2.0L</td><td>燃料种类</td><td>汽油</td></tr>
<tr><td colspan="3">初次登记日期</td><td colspan="2">2007 年 03 月</td><td colspan="2">车辆出厂日期</td><td colspan="2">2006 年 09 月</td></tr>
<tr><td>已使用年限</td><td colspan="3">35 个月</td><td colspan="2">累计行驶里程</td><td>6.5 万 km</td><td>使用用途</td><td>私人使用</td></tr>
<tr><td rowspan="2">检查核对交易证件</td><td>证件</td><td colspan="8">☑原始发票　☑登记证　☑行驶证　☑法人代码或身份证　□其他</td></tr>
<tr><td colspan="2">税费</td><td colspan="7">☑购置附加税　□其他</td></tr>
<tr><td>结构特点</td><td colspan="9">发动机前置前驱</td></tr>
<tr><td>现时技术状况</td><td colspan="9">在车速较高的情况下,车内没有噪声。制动反应灵敏,制动无跑偏现象。各项性能均良好</td></tr>
</table>

**续表**

| 维护情况 | 良好 | | | 现时状态 | 整车如新 | |
|---|---|---|---|---|---|---|
| 价值反映 | 账面原值(元) | 87万 | | 车主报价(元) | 55万 | |
| | 重置成本(元) | 87万 | 成新率 | 77.72% | 评估价格(元) | 540931 |
| 鉴定评估目的:为法院司法裁定提供价值依据 | | | | | | |

注:因该车鉴定估价目的为司法裁决,故采用清算价格法(按重置成本法估算成新率),重置成本全价为现时新车价加上车辆购置附加税。本车的重置成新率为77.72%(因车辆价值较高,采用总成部件法估算成新率,见附件二成新率估算明细表),清算折扣率为80%。

计算公式为:评估价=重置成本全价×成新率×清算折扣率

=870000×77.72%×80%=540931元

注册二手车鉴定估价师(签名): 复核人(签名):

2010年02月09日 2010年02月09

填表说明:

(1)现时技术状况:必须如实填写对车辆进行技术鉴定的结果,客观真实地反映出二手车主要部分(含车身、底盘、发动机、电气、内饰等)以及整车的现时技术状况;

(2)鉴定评估说明:应详细说明重置成本的计算方法、成新率的计算方法以及评估价格的计算方法。

**成新率估算明细表**

| 汽车部件 | 权分(%) | 成新率(%) | 加权成新率(%) |
|---|---|---|---|
| 发动机及离合器 | 26 | 79 | 20.54 |
| 变速器及传动轴总成 | 11 | 78 | 8.58 |
| 前桥及转向器 | 10 | 79 | 7.9 |
| 后桥及后悬架总成 | 8 | 76 | 6.08 |
| 制动系统 | 6 | 76 | 4.56 |
| 车架总成 | 2 | 79 | 1.58 |
| 车身总成 | 26 | 78 | 20.28 |
| 电气设备及仪表 | 7 | 80 | 5.6 |
| 轮胎 | 4 | 65 | 2.6 |
| 合计 | 100 | | 77.72 |

**2. 实例二**

致委托估价方函

×××:

受您委托,我公司对抵您的一辆德国奔驰S500L轿车进行了客观、公正

的评估。经估价人员认真、周密地测算，确定该车辆在 2010 年 4 月 23 日的汽车市场价格为

| 品　牌 | 车牌号 | 登记日期 | 评估价格(元) |
|---|---|---|---|
| 德国奔驰 S500L | 辽 A×××× | 2003 年 03 月 | 450000 |

评估过程、结果及有关说明详见《机动车估价报告书》。

沈阳×××机动车鉴定评估有限公司

2010 年 04 月 23

## 机动车估价报告书

沈×××评报字[2010]第 010 号

一、绪言

沈阳×××机动车鉴定评估有限公司接受×××的委托，根据国家有关资产评估的规定，本着客观、独立、公正、科学的原则，按照公认的资产评估方法，对您的一辆德国奔驰 S500L 轿车进行了鉴定评估。本机构鉴定评估人员按照必要的程序，对委托鉴定评估车辆进行了实地查勘与市场调查，并对其在 2010 年 4 月 23 日所表现的市场价值作出了公允反映。现将车辆评估情况及鉴定评估结果报告如下：

二、委托方与车辆所有方简介

1. 委托方：×××；联系人：×××；联系电话：×××

2. 根据《机动车行驶证》所示，委托车辆原车主：×××

三、评估目的

根据委托方的要求，本项目评估目的：

☑交易　□转籍　□拍卖　□置换　□抵押　□担保　□咨询　□司法裁决

四、评估对象

评估车辆的品牌型号(德国奔驰 S500L)；号牌号码(辽 A ×××)；发动机号码(×××)；车辆识别代号/车架号(×××)；注册登记日期(2003 年 03 月)；车辆类型(轿车)；所有人(×××)；年审检验合格至 2010 年 09 月；车辆购置税完税证明(有)。

五、鉴定评估基准日

鉴定评估基准日：2010 年 04 月 23 日。

六、评估原则

严格遵循“客观性、独立性、公正性、科学性”原则。

七、评估依据

1. 行为依据

二手车评估委托书[2010]第010号。

2. 法律、法规依据

(1)《国有资产评估管理办法》(国务院令第91号);

(2)《国有资产评估管理办法施行细则》(国资办发[1992]36号);

(3)《关于转发〈资产评估操作规范意见(试行)〉的通知》(国资办发[1996]23号);

(4)《汽车报废标准》(国经贸经[1997]456号)、《关于调整轻型载货汽车及其补充规定》(国经贸经[1998]407号)、《关于调整汽车报废标准若干规定的通知》(国经贸资源[2000]1202号)、《农用运输车报废标准》(国经贸资源[2001]234号)等;

(5)其他相关的法律、法规等。

3. 产权依据

委托鉴定评估车辆的机动车登记证书编号:

| 品 牌 | 车牌号 | 登记编号 |
|---|---|---|
| 德国奔驰 S500L | 辽A×××× | ××× |

4. 评定及取价依据

(1)《资产评估常用数据与参数手册》;

(2)2010年第2季度新车和二手车市场行情。

八、评估方法

☑重置成本法 □现行市价法 □收益现值法 □其他

采用重置成本法计算评估值,采用现行市价法确定重置成本,采用综合分析法确定成新率。重置成本确定为45万元。

评估值=1873300×32.4%×74%=449142.408元(取整450000元)

九、评估过程

按照接受委托、验证、现场查勘、评定估算和提交报告的程序进行。

十、评估结论

车辆评估价格:450000元,金额大写:肆拾伍万元整。

十一、特别事项说明

在估价基准日委托评估对象未设定抵押权、租赁权、担保权,无欠购置税、车船使用税情况,无交通违章、执法机关查封,车辆在检验有效期内检验合格。

本报告之估价结果不含可能发生的交易税费、手续费。

十二、评估报告法律效力

1. 本项评估结论有效期为 90 天，自评估基准日起至 2010 年 7 月 23 日止。

2. 当评估目的在有效期内实现时，本评估结果可以作为作价参考依据；超过 90 天，需重新评估。另外，在评估有效期内若被评估车辆的市场价格或因交通事故等原因导致车辆的价值发生变化，对车辆评估结果产生明显影响时，委托方也需重新委托评估机构重新评估。

3. 鉴定评估报告书的使用权归委托方所有，其评估结论仅供委托方为本项目评估目的使用和送交旧机动车鉴定评估主管机关审查使用，不适用于其他目的；因使用本报告书不当而产生的任何后果与签署本报告书的鉴定估价师无关；未经委托方许可，本鉴定评估机构承诺不将本报告书的内容向他人提供或公开。

附件：

附件一　二手车鉴定评估作业表

附件二　机动车辆保险权益转让书(略)

附件三　二手车照片(略)

附件四　机动车鉴定估价师执业证书复印件(略)

附件五　鉴定评估机构营业执照复印件(略)

注册旧机动车鉴定估价师(签字、盖章)

×××：国家注册旧机动车鉴定估价师

×××：国家注册旧机动车鉴定估价师

复核人(签字、盖章)

×××：国家注册旧机动车高级鉴定估价师

沈阳×××机动车鉴定评估有限公司

2010 年 04 月 23 日

备注：本报告书和作业表一式四份，委托方两份，受托方两份。

附件一　二手车鉴定评估作业表

沈阳×××机动车鉴定评估有限公司

## 二手车鉴定评估作业表

评估基准日：2010 年 04 月 23 日

| | | | |
|---|---|---|---|
| 车主 | ××× | 联系电话 | ××××× |
| 住址 | ××××××××××× | | |

鉴定评估目的：☑交易 □转籍拍卖 □置换 □抵押 □担保 □咨询 □司法裁决

| | | | | | | |
|---|---|---|---|---|---|---|
| 原始情况 | 品牌型号 | 德国奔驰 S500L | | 号牌号码 | 辽 A×××× | |
| | 车辆识别代号/车架号 | ×××××××××××××××××× | | | | |
| | 发动机号 | ××××××××××× | | 车身颜色 | 黑 | |
| | 总质量/核定载质量/准牵引总质量 | 2199kg | | 核定载客/排量功率/燃料种类 | 5 人/汽油 | |
| | 注册登记日期 | 2003 年 03 月 | 已使用年限 | 85 个月 | 规定使用年限 | 180 个月 |
| | 累计行驶里程 | 21 万 km | 车辆类型 | 小型客车 | 现实状态 | 在用/闲置个月 |

| | | |
|---|---|---|
| 检查核对交易证件 | 证件 | ☑原始发票 ☑机动车登记证书 ☑机动车行驶证 ☑法人代表证或身份证口其他 |
| | 税费 | ☑购置附加税 □养路费 ☑车船使用税 □其他 |
| 车况说明 | 起动发动机，感觉声音沉稳，没有杂音，悬架正常，坐在车上感觉发动机运转平稳。制动系统灵敏度较高，四个轮胎磨损程度显得一般。该车车漆光亮如新，可以看出车主保养比较到位。进入车内观察内饰，座椅及转向盘都保养得较佳，天花板、地毯都维持着崭新感。门把手没有任何损坏的痕迹。由于原车底盘较高，观察后发现车况保持得较好，没有任何刮花的现象 | |
| 调整系数（取值）0.74 | 技术状况：☑好 0.8 □一般 0.7 □差 0.6 ×权重 30%<br>维修保养：□好 0.8 ☑一般 0.7 □差 0.6 ×权重 25%<br>制造质量：☑进口 0.8 □国产名牌 0.7 □国产非名牌 0.6 ×权重 20%<br>工作性质：☑私用 0.8 □公务用车 0.7 □营运 0.6 □盗抢 0.5 ×权重 15%<br>工作条件：☑好 0.8 □一般 0.7 □差 0.6 ×权重 10% | |

| | | | | | | |
|---|---|---|---|---|---|---|
| 价值反映 | 账面原值(元) | | | 车主报价(元) | | |
| | 重置成本(元) | 1873300 | 成新率 | 32.4% | 评估价格(元) | 450000 |

鉴定评估说明：

采用重置成本法计算评估值，采用现行市价法确定重置成本，采用综合分析法确定成新率。重置成本确定为 45 万元。

评估值＝1873300×32.4%×74%＝449142.408 元（取整 450000 元）

注册机动车鉴定估价师（签单） 复核人（签单）

2010 年 04 月 23 日 2010 年 04 月 23 日

# 第四章 二手车交易手续

## 第一节 二手车交易类型与规定

二手车交易是一种产权交易，是实现二手车所有权从卖方到买方的转移过程。二手车必须完成所有权转移登记(即过户)才算是合法、完整的交易。

二手车交易必须符合《二手车交易规范》的相关规定，并按照规定的程序进行。

### 一、二手车交易类型

(一)二手车交易类型

根据《二手车流通管理办法》规定，二手车交易有以下几种类型：

**1. 直接交易**

二手车直接交易是指二手车所有人不通过经销企业、拍卖企业和经纪机构，而将车辆直接出售给买方的交易行为。交易可以在二手车交易市场内进行，也可以在场外进行。

**2. 中介经营**

中介经营是指二手车买卖双方通过中介方的帮助而实现交易，中介方收取约定佣金的一种交易行为。中介经营包括二手车经纪、二手车拍卖等。

①二手车经纪，是指二手车经纪机构以收取佣金为目的，为促成他人交易二手车而从事居间、行纪或者代理等经营活动。

②二手车拍卖，是指二手车拍卖企业以公开竞价的形式将二手车转让给最高应价者的经营活动。

**3. 二手车销售**

二手车销售是指二手车销售企业收购、销售二手车的经营活动。

二手车置换也是一种二手车经销行为。

二手车典当不赎回的情况也可以算作一种二手车销售。二手车典当是指二手车所有人将其拥有的、具有合法手续的车辆质押给典当公司，典当公司支付典当当金，封存质押车辆，双方约定在一定期限内由出典人(二手车所有人)结清典当本息、赎回车辆的一种贷款行为。典当时二手车所有人须持合法有效的手续到典当行办理典当手续，由典当行工作人员和车主当面查验，填写《机动车抵押/注销抵押登记申请表》(见表 4-1,此申请表必须交到车辆管理所备案),然后封存于典当公司的专业车辆库房。如果到约定的赎回期限二手车所有人不赎回车辆,则典当行就可以依据协议自行处置该车,如出售。

**表 4-1　机动车抵押/注销抵押登记申请表**

<table>
<tr><td colspan="3">机动车登记证书编号</td><td></td><td>号牌号码</td></tr>
<tr><td colspan="3">申请登记种类</td><td>□抵押登记</td><td>□注销抵押登记</td></tr>
<tr><td rowspan="5">抵押人</td><td colspan="2">姓名/名称</td><td></td><td rowspan="5">抵押人签章：<br>(个人签字/单位盖章)<br>年　月　日</td></tr>
<tr><td colspan="2">住所地址</td><td></td></tr>
<tr><td colspan="2">身份证明名称</td><td>号码</td></tr>
<tr><td colspan="2">联系电话</td><td></td></tr>
<tr><td colspan="2">邮政编码</td><td></td></tr>
<tr><td rowspan="5">抵押权人</td><td colspan="2">姓名/名称</td><td></td><td rowspan="5">抵押权人签章：<br>(个人签字/单位盖章)<br>年　月　日</td></tr>
<tr><td colspan="2">住所地址</td><td></td></tr>
<tr><td colspan="2">身份证明名称</td><td>号码</td></tr>
<tr><td colspan="2">联系电话</td><td></td></tr>
<tr><td colspan="2">邮政编码</td><td></td></tr>
<tr><td colspan="3">相关资料</td><td colspan="2">□主合同　合同编号：____　□抵押合同　合同编号：____</td></tr>
<tr><td rowspan="2">申请方式</td><td colspan="3">抵押人</td><td>抵押权人</td></tr>
<tr><td colspan="3">□本人申请<br>□委托____代理申请</td><td>□本人申请<br>□委托____代理申请</td></tr>
<tr><td rowspan="7">抵押人的代理人</td><td colspan="2">姓名/名称</td><td></td><td></td></tr>
<tr><td colspan="2">住所地址</td><td></td><td>联系电话</td></tr>
<tr><td colspan="2">身份证明名称</td><td>号码</td><td rowspan="5">抵押人的代理人签章：<br>(个人签字/单位盖章)<br>年　月　日</td></tr>
<tr><td rowspan="4">经办人</td><td>姓名</td><td></td></tr>
<tr><td>身份证明名称</td><td>号码</td></tr>
<tr><td>住所地址</td><td></td></tr>
<tr><td>签字</td><td>年　月　日</td></tr>
<tr><td rowspan="7">抵押权人的代理人</td><td colspan="2">姓名/名称</td><td></td><td></td></tr>
<tr><td colspan="2">住所地址</td><td></td><td>联系电话</td></tr>
<tr><td colspan="2">身份证明名称</td><td>号码</td><td rowspan="5">抵押权人的代理人签章：<br>(个人签字/单位盖章)<br>年　月　日</td></tr>
<tr><td rowspan="4">经办人</td><td>姓名</td><td></td></tr>
<tr><td>身份证明名称</td><td>号码</td></tr>
<tr><td>住所地址</td><td></td></tr>
<tr><td>签字</td><td>年　月　日</td></tr>
</table>

填表说明：

①填写时使用黑色、蓝色墨水笔，字体工整。

②标注有“□”符号的为选择项目，选择后在“□”中画“√”。

③抵押人、抵押权人的住所地址栏，属于个人的，填写实际居住的地址；属于单位的，填写组织机构代码证书上签注的地址。

④申请方式栏，属于由抵押人、抵押权人委托代理单位或者代理人代为申请的，除在“□”内画“√”外，还应当在下画线处填写代理单位或者代理人的全称。

⑤抵押人或抵押权人的签字/盖章栏，属于个人的，由抵押人或抵押权人签字；属于单位的，盖单位公章。

⑥抵押人的代理人栏和抵押权人的代理人栏，属于个人代理的，填写代理人的姓名、住所地址、身份证明名称、号码，在代理人栏内签名，不必填写经办人姓名等项目；属于单位代理的，应填写代理人栏的所有内容，代理单位应盖单位公章，经办人应签字。

### （二）二手车交易者类型

二手车可以在任何具有公民和法人身份的人群中交易。根据二手车买卖双方身份不同，二手车交易者有以下四种类型。

(1)个人对个人交易。这种交易类型是：二手车所有权人为个人，二手车买受人也是个人。

(2)个人对单位交易。这种交易类型是：二手车所有权人为个人，二手车买受人是单位。

(3)单位对个人交易。这种交易类型是：二手车所有权人为单位，二手车买受人是个人。

(4)单位对单位交易。这种交易类型是：二手车所有权人为单位，二手车买受人也是单位。

## 二、二手车交易的相关规定

**1. 二手车交易地点**

二手车应在车辆注册登记所在地交易，也就是说，二手车不允许在异地交易。

**2. 二手车办理转移登记手续地点**

二手车转移登记手续应按照公安部门有关规定，在原车辆注册登记所在地公安机关交通管理部门办理。需要进行异地转移登记的，由车辆原属地公安机关交通管理部门办理车辆转出手续，在接收地公安机关交通管理部门办理车辆转入手续。

**3. 建立二手车交易档案**

交易后，二手车交易市场经营者、经销企业、拍卖公司应建立交易档案。交易档案主要包括以下内容：

(1)法定证明、凭证复印件（主要包括车辆号牌、机动车登记证书、机动车行驶证和机动车安全技术检验合格标志)；

(2)购车原始发票或者最近一次交易发票复印件；

(3)买卖双方身份证明或者机构代码证书复印件；

(4)委托人及授权代理人身份证或者机构代码证书，以及授权委托书复印件；

(5)交易合同原件；

(6)二手车经销企业的《车辆信息表》、二手车拍卖公司的《拍卖车辆信息》和《二手车拍卖成交确认书》；

(7)其他需要存档的有关资料。

交易档案保留期限不少于3年。

## 第二节 二手车交易流程

### 一、二手车交易程序的种类

二手车交易不像一般商品交易那么简单，需要遵守相关的规定，按照一定的交易程序进行，这样才能保障买卖双方的利益。不论是哪一种交易类型，都必须办理过户相关手续，实现车辆所有权变更。目前，我国没有统一的二手车交易程序标准，各地二手车交易市场在完成二手车交易过程中程序可能有差异，但主要程序是基本相同的。下面以北京市二手车交易为例，介绍二手车交易的基本程序。根据二手车交易类型和开具销售发票的权限，二手车交易程序有二手车直接交易程序、二手车销售交易程序、二手车拍卖交易程序3种。

**1. 二手车直接交易程序**

二手车个人直接交易和通过二手车经纪机构进行的二手车交易，卖方不能直接给买方开具二手车销售统一发票。根据《二手车流通管理办法》规定，买卖双方达成交易意向后应当到二手车交易市场办理过户业务，由二手车交易市场经营者按规定向买方开具税务机关监制的统一发票——二手车销售统一发票(发票上必须盖有工商验证章才有效)，以便办理车辆相关证件及变更手续。这种交易的程序(流程)如图4-1所示。

(1)买卖双方达成交易意向。买卖双方达成交易意向是指买卖双方已就二手车交易谈妥了相关条件(如成交价格)，达成了成交愿望。交易意向的达成是买卖双方的一个谈判过程，一旦谈妥就可以进入办理交易过户的相关手续，完成交易。

(2)车辆评估。二手车鉴定评估是买卖双方达成交易意向后自愿选择的

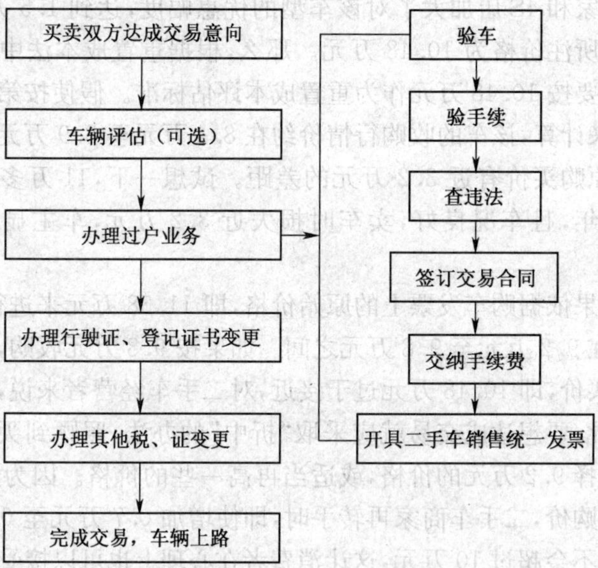


**图 4-1 二手车直接交易程序**

项目。2005 年 12 月实施《二手车流通管理办法》以前，二手车在买卖过程中，二手车交易中心会对车辆进行评估定价，并在评估价的基础上收取 2.5%的过户费用。实际上，把评估当成了二手车交易的必经环节。但是，由于缺乏统一的标准和规范，导致车辆评估的随意性比较大，评估结果可信度低，强制评估实际上成了收取过户费的工具。《二手车流通管理办法》规定：交易二手车时，除属国有资产的二手车外，二手车鉴定评估应本着买卖双方自愿的原则，不得强制执行，更不能以此为依据强制收取评估费。

消费者要求鉴定评估的目的主要有二：一是想通过鉴定评估了解二手车的技术状况，尤其是发现车辆存在的故障和安全隐患；二是了解二手车的真实价值。对于不熟悉汽车性能的普通消费者来说，在购买二手车时，委托二手车鉴定评估机构作鉴定评估还是十分必要的。但一定要委托正规的、有资质的第三方评估机构（如二手车鉴定评估中心、资产评估事务所、价格认证中心），并签订鉴定评估委托书，以使自己的权益得到保证。

(3)二手车评估中交易中注意的问题。下面通过一个评估案例介绍二手车评估中值得注意的一些问题。

在现实的二手车收购业务中，除了参考当前新车的售价以外，有时也要考虑二手车的原始价格，以平衡买卖双方的利益。

例如，某车是在半年前购买的，发票上注明的价格是 11.58 万元，而该车当时的厂家指导价为 11.98 万元，由此可见是优惠了 0.4 万元后购买的。而在半年后，厂家和4S店加大了对该车型的优惠幅度，达到1.5万元，目前提车时，发票上所注价格为10.48万元。那么，根据重置成本法中有关重置成本的定义，需要按10.48万元作为重置成本评估标准。假使按第一年折旧率15%～20%来计算，该车的收购行情价约在8.4万元至8.9万元之间。那么就与该车主原购买价有近3.2万元的差距。试想一下，11万多元购买的新车，使用仅半年，且车况良好，卖车时损失近3.2万元，车主显然是无法接受的。

但是，如果依据购车发票上的原始价格，即11.58万元来进行价值评估，评估价范围在9.2万元至9.8万元之间。如果按9.8万元收购，与当前新车优惠后的购买价，即10.48万元过于接近，对二手车经营者来说，必然造成经营风险。因此，要想达成交易就应采取“折中”的办法，照顾到买卖双方的利益，一般会选择9.2万元的价格，或适当再高一些的价格。因为选择“9万出头”这样的收购价，二手车商家再转手时，即使增加0.7万元至0.9万元的利润，销售价也不会超过10万元，这让消费者在心理上也可以接受。

上面的例子至少可以说明两个问题：其一，原购车发票价格的重要性，它是买卖双方议价的基本依据；其二，不应过分依赖评估方法和各种公式，应权衡利弊，斟酌损益。二手车经营的最终目的是顺利地达成交易，实现经济利益。

**2. 二手车销售交易程序**

由于二手车销售企业能够直接给购车者开具二手车销售统一发票，所以只要购车者和二手车销售企业达成交易意向，双方即可签订二手车交易合同。购车者付清车款后，企业按规定给购车者开具二手车销售统一发票，那么购车者就可以携带发票和要求的证件去相关部门办理车辆相关证件及手续的变更。这种销售类交易程序（流程）如图4-2所示。有关车辆的合法性手续，二手车经销企业在收购车时已经查验过，可以通过二手车交易合同加以保证。

**3. 二手车拍卖交易程序**

《二手车流通管理办法》规定，二手车拍卖企业也能够直接给买受人开具二手车销售统一发票。在拍卖会结束后，买受人和拍卖企业签订成交确认书（相当于二手车交易合同），交款后得到二手车销售统一发票。凭成交确认书到指定地点提车，然后携带发票和要求的证件去相关部门办理车辆相关证件及手续的变更。拍卖交易程序（流程）如图4-3所示。有些拍卖企业虽然有二手车拍卖业务，但没有开具二手车销售统一发票的资格。此时，在交款后需要到指定的二手车交易市场办理相关过户手续，由市场管理部门按规定开具二手车销售统一发票。

有关车辆的合法性手续，二手车拍卖企业在接受拍卖委托时已经查验过，可以通过二手车拍卖成交确认书加以保证。

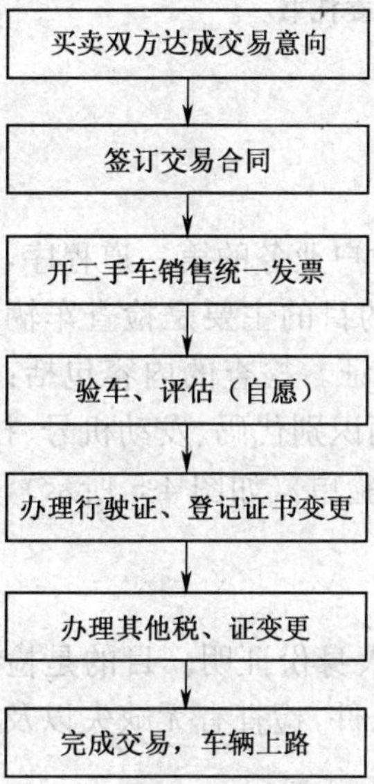


图 4-2　二手车销售类交易程序

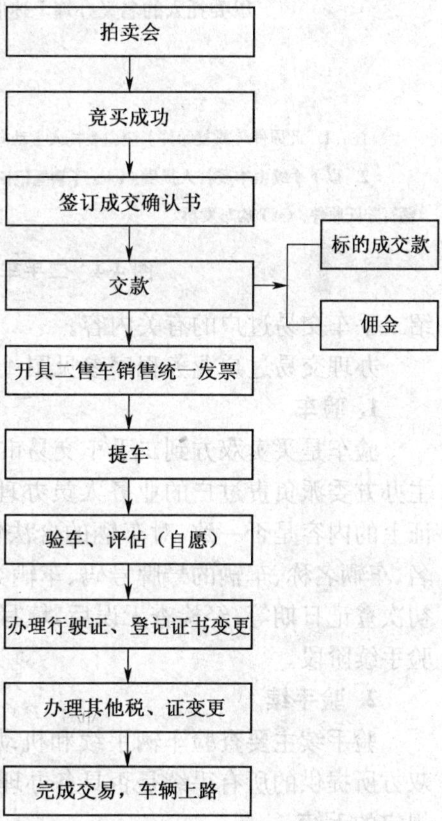


图 4-3　二手车拍卖交易程序

## 二、二手车交易过户业务的办理

二手车过户过程分为两个步骤：车辆交易过户和转移登记过户，两个步骤缺一不可。交易过户业务在二手车交易市场里办理，获取《二手车销售统一发票》；转移登记过户业务在车管所办理，主要完成《机动车登记证书》的变更登记、核发《机动车行驶证》及机动车号牌。办理二手车交易时，如果原车主不来，可以授权委托其他人来办理交易及过户手续，但必须签署授权委托书（见图 4-4）。此委托书只在办理交易过户业务时使用，而办理转移登记过户业务不用。

二手车转移登记过户业务的办理将在本章第三节专题介绍，这里重点介

**授权办理旧机动车交易、过户委托书**

本委托书现有旧机动车一辆，车辆号牌为________

车辆型号为________需出售。现委托________

以委托人的名义办理上述旧机动车的交易、过户事宜。

委托人（签章）________

________年________月________日

注：1. 此原件（或复印件）应由委托人主动向购买旧车的当事人提供。

2. 以下手续由本委托人提供：（1）车辆登记证书原件；（2）本人身份证或单位法人代码证书；（3）车辆行驶证原件；（4）购车发票。

图 4-4　二手车交易、过户委托书

绍二手车交易过户的有关内容。

办理交易过户业务程序参见图 4-1 所示。

**1. 验车**

验车是买卖双方到二手车交易市场办理过户业务的第一道程序，由市场主办方委派负责过户的业务人员办理。验车的目的主要是检查车辆和行驶证上的内容是否一致，对车辆的合法性进行验证。检查的内容包括：车主姓名、车辆名称、车辆的号牌号码、车辆类型、车辆识别代码、发动机号、排气量、初次登记日期等，经检查无误后，填写《车辆检验单》（如图 4-5 所示），进入查验手续阶段。

**2. 验手续**

验手续主要查验车辆手续和机动车所有人身份证明。目的是检验买卖双方所提供的所有手续是否具备办理过户的条件，检查有无缺失以及不符合规定的手续。

(1)车辆手续检查。

①查验证件。查验证件的目的是查验交易车辆的合法性。每辆合法注册登记的机动车都有车辆管理所核发的机动车登记证书和机动车行驶证、机动车号牌。二手车交易时主要查验以下证件：机动车来历证明、机动车登记证书和机动车行驶证。车辆号牌、机动车登记证书、机动车行驶证、机动车安全技术检验合格标志应真实、合法、有效。

②查验税费证明。《二手车流通管理办法》规定，二手车交易必须提供车辆购置税、车船使用税和车辆保险单等税费缴付凭证。

③交易车辆不属于《二手车流通管理办法》第二十三条规定禁止交易的车辆。

(2)机动车所有人身份证明。机动车所有人身份证明是证实车主身份的

**××市××旧机动车交易市场车辆检验单**

卖方：________________________联系电话：____________

买方：________________________联系电话：____________

车牌号码：________________车辆类型：________________

车辆品牌名称：____________车牌识别代号：____________

车辆使用性质：____________发动机号：________________

排气量：______　车辆出厂年份：__________车辆颜色：________

注册登记日期：____________登记证号：________________

原购车价：__________交易管理费：________有效期：________

验车员：__________　　　　　　　年　　月　　日

**备注：**

号牌号码：__________　登记日期：__________　年份：________

厂牌名称：__________　颜色：______________排气量：________

车辆类型：__________　使用性质：__________　原购车价：______

经办人：____________

年　　月　　日

图 4-5　车辆检验单

证明，目的是查验机动车所有人是否合法拥有该车的处置权。车主的身份证明有以下几种情况：

①如果车主为自然人，则身份证件为个人身份证。个人身份又有本地和外地之分：本市个人，只需身份证原件；外地个人，需身份证原件和暂住证原件。

②如果车主为企业，则身份证件为企业的法人代码证书。

③如果车主为外籍公民，则身份证件为其护照及工作（居留）证。

卖方身份证明或者机构代码证书原件应合法有效。

（3）车辆所有权与处置权证明。二手车交易市场经营者和二手车经营主体应核实卖方的所有权或处置权证明。车辆所有权或处置权证明应符合下列条件：

①机动车登记证书、行驶证与卖方身份证明名称一致；国家机关、国有企事业单位出售的车辆，应附有资产处理证明。

②委托出售的车辆，卖方应提供车主授权委托书和身份证明。

③二手车经销企业销售的车辆，应具有车辆收购合同等能够证明经销企业拥有该车所有权或处置权的相关材料，以及原车主身份证明复印件。原车主名称应与机动车登记证、行驶证名称一致。

**3. 查违法**

查违法就是查询交易的二手车是否有违法行为记录。具体方法是登陆车辆管理部门的信息数据库或查询网站进行查询。

**4. 签订交易合同**

二手车经过查验和评估后，其车辆的真实性和基本价格已基本确定。如果车主不同意评估价格，可以和二手车销售企业协商达成最终交易的价格，同时，需要原车主对其车辆的一些其他事宜(使用年限、行驶千米数、安全隐患、有无违章记录等)作出一个书面承诺。这些都应以签订交易合同的形式来确定。《二手车流通管理办法》规定，二手车交易双方应该签订交易合同，要在合同当中对二手车的状况、来源的合法性、费用负担以及出现问题的解决方法等进行约定，以便分清各自的责任和义务。

交易合同是确立买卖双方交易关系和履行责任的法律合约，是办理交易手续和过户手续的必要凭证之一。

有关二手车交易合同的内容、订立、式样等将在本节三中详细介绍。

**5. 交纳手续费**

手续费俗称过户费，是指在二手车交易市场中办理交易过户业务相关手续的服务费用。

2005 年 10 月颁布实施《二手车流通管理办法》之前，二手车过户费的收取，是按照车辆评估价值的一定比例征收的，也是二手车交易市场的主要利润来源。

目前，很多二手车交易市场的服务费是按照汽车的排量定额收取的，小排量少收，大排量多收。例如，北京市旧机动车交易市场收取标准按排量、年份、价格来划分，并设有起始价和最低价。车辆初次登记日期 1 年以内的车型按起始价收取费用，1 年以上的按使用年份逐年递减，直至最低价。微型轿车的过户费用 200 元起，1.0 排量的轿车 300 元起，两者的过户费用最高均为 600 元。随着排量的增大。过户费用也随着增加。3.0 排量的轿车最高的过户费用为 4000 元，最低为 500 元。相同排量的客车与货车的过户费用低于轿车，微型货车和农用车的过户费用最低，只需 100 元。

**6. 开具二手车销售统一发票**

二手车销售发票是二手车的来历证明，是办理转移登记手续变更的重要文件。因此，它又被称为“过户发票”。过户发票的有效期为1个月，买卖双方应在此期间内，到车辆管理部门办理机动车行驶证、机动车登记证的相关变更手续。

二手车销售统一发票由从事二手车交易的市场、有开票资格的二手车经销企业或拍卖企业开具；二手车经纪公司和消费者个人之间二手车交易发票由二手车交易市场统一开具。二手车销售统一发票是采用压感纸印制的计算机票，一式5联，其中存根联、记账联、入库联由开票方留存；发票联交购车方；转移登记联交公安车辆管理部门办理过户手续。二手车销售统一发票的价款中不包括过户手续费和评估费。

开具的发票必须经驻场工商部门审验合格后，在已经开具的“二手车销售统一发票”上加盖“工商行政管理局旧机动车市场管理专用章”才能生效。这一步骤称为“工商验证”。

**7. 二手车交易完成后卖方应向买方交付的手续**

二手车交易完成后，卖方应当及时向买方交付车辆、车辆号牌及车辆法定证明、凭证。车辆法定证明、凭证主要包括《机动车登记证书》、《机动车行驶证》、有效的机动车安全技术检验合格标志、车辆购置税完税证明、车船使用税缴付凭证、车辆保险单。

## 三、二手车交易合同的订立

**1. 订立二手车交易合同的基本原则**

二手车交易合同，是指二手车经营公司、经纪公司与法人、其他组织和自然人相互之间为实现二手车交易的目的，明确相互权利义务关系，所订立的协议。

订立交易合同时须遵守以下基本原则：

(1)合法原则。订立二手车交易合同，必须遵守法律和行政法规。法律法规集中体现了人民的利益和要求。合同的内容及订立合同的程序、形式只有与法律法规相符合，才会具有法律效力，当事人的合法权益才可得到保护。任何单位和个人都不得利用经济合同进行违法活动，扰乱市场秩序，损害国家和社会利益，牟取非法收入。

(2)平等互利、协商一致原则。订立合同的当事人法律地位一律平等，任何一方不得以大欺小、以强凌弱，把自己的意愿强加给对方。二手车交易合同应当在当事人之间充分协商、意思表示一致的基础上订立，采取胁迫、乘人之危、违背当事人真实意志而订立的合同都是无效的。也不允许任何单位和个人进行非法干预。

**2. 交易合同的主体**

二手车交易合同主体，是指为了实现二手车交易目的，以自己名义签订交易合同，享有合同权利、承担合同义务的组织和个人。根据《中华人民共和国合同法》的规定，我国合同当事人从其法律地位来划分，可分为以下几种：

(1)法人。法人是指具有民事权利能力和民事行为能力，依法独立享有民事权利和承担民事义务的组织。它必须具备以下条件：

①依法成立。

②有必要的财产或经费。

③有自己的名称、场所和组织机构。

④能够独立承担民事责任的企业法人、机关法人、事业单位法人和社会团体法人。

(2)其他组织。其他组织是指合法成立、有一定的组织机构和财产，但又不具备法人资格的组织，如私营独资企业、合伙组织和个体工商户。

(3)自然人。自然人是指具有完全民事行为能力，可以独立进行民事活动的人。

**3. 交易合同的内容**

(1)主要条款。

①标的。它是指合同当事人双方权利义务共同指向的对象，可以是物也可以是行为。二手车交易合同的标的是被交易的二手车。

②数量。

③质量。它是标的内在因素和外观形态优劣的标志，是标的满足人们一定需要的具体特征。

④履行期限、地点和方式。

⑤违约责任。

⑥根据法律规定的或按合同性质必须具备的条款及当事人一方要求必须规定的条款。

(2)其他条款。它包括合同的包装要求、某种特定的行业规则和当事人之间交易的惯有规则。

**4. 交易合同的变更和解除**

(1)交易合同的变更。交易合同的变更，通常是指依法成立的交易合同尚未履行或未完全履行之前，当事人就其内容进行修改和补充而达成的协议。

交易合同的变更必须以有效成立的合同为对象，凡未成立或无效的合同，不存在变更问题。交易合同的变更是在原合同的基础上，达成一个或几个新的合同作为修正，以新协议代替原协议。所以，变更作为一种法律行为，使原合同的权利义务关系消灭，新权利义务关系产生。

（2）交易合同的解除。交易合同的解除，是指交易合同订立后，没有履行或没有完全履行以前，当事人依法提前终止合同。

（3）交易合同变更和解除的条件。合同法规定，凡发生下列情况之一，允许变更或解除合同：

①当事人双方经协商同意，并且不因此损害国家利益和社会公共利益。

②由于不可抗力致使合同的全部义务不能履行。

③由于另一方在合同约定的期限内没有履行合同。

**5. 违约责任**

违约责任，是指交易合同一方或双方当事人由于自己的过错造成合同不能履行或不能完全履行，依照法律或合同约定必须承受的法律制裁。

（1）违约责任的性质。

①等价补偿。凡是已给对方当事人造成财产损失的，就应当承担补偿责任。

②违约惩罚。合同当事人违反合同的，无论这种违约是否已经给对方当事人造成财产损失，都要依照法律规定或合同约定，承担相应的违约责任。

（2）承担违约责任的条件。

①要有违约行为。要追究违约责任，必须有合同当事人不履行或不完全履行的违约行为。它可分为作为违约和不作为违约。

②行为人要有过错。过错是指当事人违约行为主观上出于故意或过失。故意，是指当事人应当预见自己的行为会产生一定的不良后果，但仍用积极的不作为或者消极的不作为希望或放任这种后果的发生；过失是指当事人对自己行为的不良后果应当预见或能够预见到，而由于疏忽大意没有预见到或虽已预见到但轻信可以避免，以致产生不良后果。

（3）承担违约责任的方式。

①违约金，是指合同当事人因过错不履行或不适当履行合同，依据法律规定或合同约定，支付给对方一定数额的货币。根据《合同法》及有关条例或实施细则的规定，违约金分为法定违约金和约定违约金。

②赔偿金，是指合同当事人一方过错违约给另一方当事人造成损失超过违约金数额时，由违约方当事人支付给对方当事人的一定数额的补偿货币。

③继续履行，是指合同违约方支付违约金、赔偿金后，合同关系尚未终止，应对方的要求，违约方有义务在对方指定或双方约定的期限内，继续完成没有履行的那部分合同义务。

**6. 合同纠纷处理方式**

合同纠纷，是指合同当事人之间因对合同的履行状况及不履行的后果所发生的争议。根据《合同法》及有关条例的规定，我国合同纠纷的解决方式一般有协商解决、调解解决、仲裁和诉讼四种方式。

(1)协商解决。协商解决是指合同当事人之间直接磋商，自行解决彼此间发生的合同纠纷。这是合同当事人在自愿、互谅互让基础上，按照法律、法规的规定和合同的约定，解决合同纠纷的一种方式。

(2)调解解决。调解解决是指由合同当事人以外的第三人(交易市场管理部门或二手车交易管理协会)出面调解，使争议双方在互谅互让基础上自愿达成解决纠纷的协议。

(3)仲裁。仲裁是指合同当事人将合同纠纷提交国家规定的仲裁机关，由仲裁机关对合同纠纷作出裁决的一种活动。

(4)诉讼。诉讼是指合同当事人之间发生争议而合同中未规定仲裁条款或发生争议后也未达成仲裁协议的情况下，由当事人一方将争议提交有管辖权的法院按诉讼程序审理作出判决的活动。

**7. 二手车交易合同的种类**

二手车交易合同按当事人在合同中处于出让、受让或居间中介的不同情况，可分为二手车买卖合同和二手车居间合同两种。

(1)二手车买卖合同。

①出让人(售车方)：有意向出让二手车合法产权的法人或其他组织、自然人。

②受让人(购车方)：有意向受让二手车合法产权的法人或其他组织、自然人。

常见的二手车买卖合同如下：

**二手车买卖合同**

合同编号：________________

签订时间：______年______月______日

甲方：(售车方)________________

乙方：(购车方)________________

**第一条 目的**

依据国家有关法律、法规和本市有关规定；甲、乙双方在自愿、平等和协商一致的基础上，就订立二手车买卖合同，并完成其他委托的服务事项达成一致，订立本合同。

**第二条 当事人及车辆情况**

一、甲方(售车方)基本情况

(1)单位代码证号□□□□□□□□□□□□□□□□—□，经办人____________，

身份证号码□□□□□□□□□□□□□□□□□□□□□□，

单位地址________________________，联系电话____________。

(2)自然人身份证号码□□□□□□□□□□□□□□□□□□□□□□，

现常住地址________________________,联系电话________________。

二、乙方(购车方)基本情况

(1)单位代码证号□□□□□□□□□□□□□□□□□—□,经办人________________,

身份证号码□□□□□□□□□□□□□□□□□□□□□□,

单位地址________________________,联系电话________________。

(2)自然人身份证号码□□□□□□□□□□□□□□□□□□□□□□,

现常住地址________________________,联系电话________________。

三、出售车辆基本情况

车辆牌号________________________,车辆类别________________,

厂牌型号________________________,颜色________________,

初次登记时间________________________,登记证号________________,

发动机号码________________________,车架号码________________,

行驶里程__________km,允许使用年限至________年________月________日。

车辆年检签证有效期至________年________月。

车辆购置费完税交纳证号________________/免税交纳(有证/无证)。

车辆保险险种:1.________ 2.________ 3.________ 4.________。

保险有效期截止日期:________年________月________日。

配置:________________________________________________

________________________________________________________。

其他情况:______________________________________________

________________________________________________________。

**第三条 车辆价款**

经协商一致,本车价款定为人民币________元(大写:________元),上述价款包括车辆、备胎及________________等附件。

过户手续费为人民币________元(大写:________元),由________方负责。

**第四条 付款及交付、过户**

1. 乙方于合同签订后(当日/____日)内支会价款____%(人民币:______元,大写______元)作为定金支付给甲方;支付方式(现金/指定账户)。

2. 甲方于合同签订(当日/____日)内,将本车(过户/转籍)所需的有关证件原件及复印件交付给____方,由______方负责办理(过户/转籍)手续。

3. 乙方于(过户/转籍)事项完成后(当日/________日)内向甲方支付剩余价款(人民币____元,大写:____元);支付方式:(现金/指定账户)。

**第五条 双方的权利和义务**

1. 甲方承诺车辆出让时不存在任何权属上的法律问题和各类尚未处理完毕的交通违章记录,所提供的证件、证明均真实、有效,无伪造情况;否则,致使出让车辆不能过户、转籍的,乙方有权单方解除本合同或终止本合同的履行,甲方应接受退回的车辆,并向乙方双倍返还定金和支付实际发生的费用。

________方如在收取有关文件、证明后________日内未办理(过户/转籍)手续或由于

________方的过失导致(过户/转籍)手续不能办理或不能在合理期限内完成(双方约定该合理期限为收取文件、证明后的________日内),除非有正当理由或不可抗力,否则________方可单方终止本合同,并要求________方双倍返还定金和支付实际发生的费用。

2. 乙方承诺已对受让车辆的配置、技术状况和原使用性质了解清楚、该车能根据居住管辖地车辆落籍规定办理落籍手续。如由于乙方的过失导致(过户/转籍)手续不能办理,则甲方可单方终止本合同,并不返还定金,已经发生的费用应乙方承担。

本合同签订后,乙方如未按本合同规定的时间支付定金,甲方有权单方解除本合同,并要求乙方赔偿相应的经济损失。

**第六条 合同在履行中的变更及处理**

本合同在履行期间,任何一方要求变更合同条款的,应及时书面通知对方,并征得对方的同意后,在约定的时限________天内,签订补充条款,注明变更事项,未书面告知对方,并征得对方同意,擅自变更造成的经济损失,由责任方承担。

本合同履行期间,双方因履行本合同而签署的补充协议及其他书面文件,均为本合同不可分割的一部分,具有同等效力。

**第七条 违约责任**

甲、乙双方如发生违约行为,违约方给守约方造成的经济损失,由守约方按照法律、法规的有关规定和本合同有关条款追偿。

**第八条 风险承担**

本车在过户、转籍手续完成前由甲方作为所有人承担一切风险责任;本车在过户、转籍手续完成后由乙方作为所有人承担一切风险责任。

**第九条 其他规定**

本合同未约定的事项,按照《中华人民共和国合同法》以及有关法律、法规的规定执行。

**第十条 发生争议的解决办法**

甲、乙双方在履行本合同过程中发生争议,由双方协商解决;协商不成的,提请二手车交易市场或二手车交易管理协会调解。调解成功的,双方应当履行调解协议;调解不成的,按本合同约定的下列第(  )项进行解决:

1. 向仲裁委员会申请仲裁;
2. 向法院提起诉讼。

**第十一条 合同效力和订立数量**

本合同内,空格部分填写的文字,其效力优于印刷文字的效力。本合同所称“日”,均指工作日。

本合同经双方当事人签字、盖章后生效;本合同一式三份,由甲方、乙方、二手车交易市场各执一份,均具有同等的法律效力。

甲方:出售方(名称):________________

法定代表人/自然人:(签章)________________

经办人:(签章)________________

开户银行:________________

账号：______________________

乙方：购车方（名称）：______________________

法定代表人/自然人：（签章）______________________

经办人：（签章）______________________

开户银行：______________________

账号：______________________

（2）二手车居间合同（一般有三方当事人）。

①出让人（售车方）：有意向出让二手车合法产权的法人或其他组织、自然人。

②受让人（购车方）：有意向受让二手车合法产权的法人或其他组织、自然人。

③中介人（居间方）：合法拥有二手车中介交易资质的二手车经纪公司。

常见的二手车居间合同如下：

**二手车居间合同**

合同编号：______________________

签订时间：________年________月________日

委托出让方（简称甲方）：______________________

居间方：______________________

委托买入方（简称乙方）：______________________

**第一条 目的**

依据国家有关法律、法规和本市有关规定，三方在自愿、平等和协商一致的基础上，就居间方接受甲、乙双方的委托，促成甲、乙双方二手车交易，并完成其他委托的服务事项达成一致，订立本合同。

**第二条 当事人及车辆情况**

一、甲方基本情况：

（1）单位代码证号□□□□□□□□□□□□□□□□□□—□，经办人________，

身份证号码□□□□□□□□□□□□□□□□□□□□，

单位地址______________________，联系电话________。

（2）自然人身份证号码□□□□□□□□□□□□□□□□□□□□，

现常住地址______________________，联系电话________。

二、乙方基本情况

（1）单位代码证号□□□□□□□□□□□□□□□□□□—□，经办人________，

身份证号码□□□□□□□□□□□□□□□□□□□□，

单位地址______________________，联系电话________。

（2）自然人身份证号码□□□□□□□□□□□□□□□□□□□□，

现常住地址______________________，联系电话________。

三、出售车辆基本情况

车辆牌号________________________________，车辆类别________________，

厂牌型号________________________________，颜色____________________，

初次登记时间____________________________，登记证号________________，

发动机号码______________________________，车架号码________________，

行驶里程__________km，允许使用年限至________年________月________日。

车辆年检签证有效期至________年________月。

车辆购置费完税交纳证号__________/免税交纳（有证/无证）。

车辆保险险种：1.________ 2.________ 3.________ 4.________。

保险有效期截止日期：________年________月________日。

配置：______________________________________________________________

________________________________________________________________。

其他情况：__________________________________________________________

________________________________________________________________。

**第三条　车辆价款**

经协商一致，本车价款定为人民币________元（大写：________元），上述价款包括车辆、备胎及____________________等附件。

过户手续费为人民币__________元（大写：________元），由__________方负责。

**第四条　付款及交付、过户**

1. 乙方于合同签订后（当日/____日）内支会价款____%（人民币：______元，大写______元）作为定金支付给甲方；支付方式（现金/指定账户）。

2. 甲方于合同签订（当日/____日）内，将本车辆存放于居间方指定地点，由居间方和乙方查验认可，出具查验单后，由居间方代为保管或三方约定由甲方继续使用本车。甲方于合同签订后____日内将本车辆有关证件原件及复印件交付给乙方，并协助乙方协理过户手续。

3. 乙方于（过户/转籍）事项完成后（当日/________日）内向甲方支付剩余价款（人民币____元，大写：____元）；支付方式：（现金/指定账户）。

**第五条　佣金标准、数额、收取方式和退赔**

（一）居间方已完成本合同约定的委托人甲方委托的事项，委托人甲方按照下列第____种方式计算支付佣金（任选一种）：

1. 按照该二手车成交价____的____%，具体数额为人民币____元作为佣金支付给居间方。

2. 按双方约定，佣金为人民币____元，支付给居间方。

（二）居间方已完成本合同约定的委托人乙方委托的事项，委托人乙方按照下列第____种方式计算支付佣金（任选一种）：

1. 按照该二手车成交价____的____%，具体数额为人民币____元作为佣金支付给居间方。

2. 按双方约定，佣金为人民币____元，支付给居间方。

（三）居间方未完成本合同委托事项的，按照下列约定退还佣金：

1. 居间方未完成委托人甲方委托的事项，将本合同约定收取佣金的____%，具体数额为人民币____元退还给委托人甲方，已发生费用由居间方承担；

2. 居间方未完成委托人乙方委托的事项，将本合同约定收取佣金的____%，具体数额为人民币____元退还给委托人乙方，已发生费用由居间方承担。

**第六条　甲方的权利和义务**

甲方承诺车辆出让时不存在任何权属上的法律总是和各类尚未处理完毕的交通违章记录，所提供的证件、证明均真实、有效，无伪造情况；否则，致使出让车辆不能过户、转籍的，乙方有权单方解除本合同或终止本合同的履行，甲方应接受退回的车辆，全额退回车款，向居间方支付佣金和实际发生的费用，并承担赔偿责任。

本合同有效期内，甲方委托出让的车辆根据本合同约定将本车存放在指定的地点，并按规定支付停车费，因保管不善造成车辆毁损、灭失的，由责任方承担赔偿责任。

甲方不提供相关文件、证明，或未按本合同第四条第二款的约定将本车存放于指定地点，除非有正当理由或不可抗力，否则乙方有权终止本合同并要求双倍返还定金。

**第七条　乙方的权利和义务**

本合同签订后，乙方应向居间方预付定金(人民币____元，大写____元)。

乙方履行合同后，定金抵作乙方应当支付给居间方的佣金。如乙方违约，乙方无权要求返还定金并支付出实际发生的费用；如居间方违约，应当双倍返还定金。

乙方如未按本合同规定的时间支付定金，甲方有权单方解除本合同，并要求乙方赔偿相应的经济损失。

乙方如拒绝接受甲方提供的文件、证明，除非有正当理由或不可抗力，否则甲方可单方终止本合同，并不返还定金。

乙方如在收取有关文件、证明后____日内未办理(过户/转籍)手续或由于乙方的过失导致(过户/转籍)手续不能办理或不能在合理期限内完成(双方约定该合理期限为收取文件、证明后的____日内)，除非有正当理由或不可抗力，否则甲方可单方终止本合同，并不返还定金，已经发生的费用应由乙方承担。

**第八条　居间方的权利和义务**

居间方应向甲、乙双方出示营业执照等有效证件。

居间方的执业经纪人应向甲、乙双方出标经纪执业证书，并应亲自处理委托事务，未经甲、乙双方同意，不得转委托。

居间方应按照甲、乙双方的要求处理委托事务，报告委托事务处理情况，为甲、乙双方保守商业秘密。

居间方应按约定或依规定收取甲、乙双方支付的款项并开具收款凭证。

居间方不得采取胁迫、欺诈、贿赂和恶意串通等手段，促成交易。

居间方不得伪造、涂改、买卖交易文件、证明和凭证。

**第九条　合同在履行中的变更及处理**

本合同在履行期间，任何一方要求变更合同条款的，应及时书面通知对方，并征得对方的同意后，在约定的时限____天内，签订补充条款，注明变更事项，未书面告知对方，并征得对方同意，擅自变更造成的经济损失，由责任方承担。

本合同履行期间，三方因履行本合同而签署的补充协议及其他书面文件，均为本合同不可分割的一部分，具有同等效力。

**第十条　违约责任**

1. 三方商定，居间方有下列情况之一的，应承担违约责任：

(1)无正当理由解除合同的；

(2)与他人私下串通，损害委托人甲、乙双方利益的；

(3)其他过失影响委托人甲、乙双方交易的。

2. 三方商定，委托人甲、乙双方有下列情况之一的，应承担违约责任：

(1)无正当理由解除合同的；

(2)未能按照合同提供必要的文件、证明和配合，造成居间方无法履行合同的；

(3)相互或与他人私下串通，损害居间方利益的；

(4)其他造成居间方无法完成委托事项的行为。

3. 三方商定，发生上述违约行为的，按照合同约定佣金总数的____%，计人民币违约金支付给各守约方。违约方给各守约方造成的其他经济损失，由守约方按照法律、法规的有关规定追偿。

**第十一条　风险承担**

本车在过户、转籍手续完成前由甲方作为所有人承担一切风险责任；本车在过户、转籍手续完成后由乙方作为所有人承担一切风险责任。

**第十二条　其他规定**

本合同未约定的事项，按照《中华人民共和国合同法》以及有关法律、法规的规定执行。

**第十三条　发生争议的解决办法**

三方在履行本合同过程中发生争议，由三方协商解决；协商不成的，提请二手车交易市场和二手车交易管理办会调解。调解成功的，三方应当履行调解协议；调解不成的，按本合同约定的下列第____项进行解决：

1. 向仲裁委员会申请仲裁；

2. 向法院提起诉讼。

**第十四条　合同效力和订立数量**

本合同内，空格部分填写的文字，其效力优于印刷文字的效力。本合同所称“日”，均指工作日。

本合同经三方当事人签字、盖章后生效；本合同一式四份，由甲方、乙方、居间方、二手车交易市场各执一份，均具有同等的法律效力。

委托出售方(甲方)：________________________

法定代表人/自然人：(签章)________________________

经办人：(签章)________________________

开户银行：________________________

账号：________________

居间方(名称)：________________
营业执照注册号：________________
法定代表人：(签章)________________
执业经纪人：(签章)________________
执业经纪证书：(编号)________________
开户银行：________________
账号：________________

委托买入方(乙方)：________________
法定代表人/自然人：(签章)________________
经办人：(签章)________________
开户银行：________________
账号：________________

## 四、二手车的质量保证

二手车质量保证就是在二手车销售的同时，销售商承诺对车辆进行有条件、有范围、有限期的质量保证，并切实履行承诺的责任和义务。

二手车的质量保证是二手车销售环节中的一个不可或缺的重要一环。没有质量保证的二手车销售是不完整的销售。

### 1. 二手车质量保证的意义

(1)保护消费者权益。长期以来，二手车交易存在车辆信息不透明、买卖双方信息不对称问题，消费者时刻面临着质量欺诈、价格欺诈和购买非法车辆等风险。消费者对所购买的二手车，最难以把握的是车辆原来的使用状况和技术状况。尤其是车辆买到手后，各种故障便在短时间内连连发生，使消费者对二手车的质量可靠性心存疑虑。因此，普遍希望二手车销售商能提供质量保证。为二手车消费者提供质量担保，是销售商保护消费者权益的具体体现，同时也是一种社会责任。

(2)促进二手车行业的规范发展。以前，二手车买卖成交后，销售商的责任即告结束，对此后车辆出现的各种故障全不负责。这一方面使得消费者的权益得不到充分保障；另一方面，一些不法销售商又有恃无恐地干着坑蒙拐骗的勾当，至使在消费者的心目中形成了二手车都是技术状况差和问题多的印象。很多消费者不敢买二手车，极大地损害了二手车交易行业的发展。

实行二手车质量保证可以从根本上消除这种畏惧心理，激发中低收入者潜在的购车能量。在鼓励、扶持那些诚实守信、规范运作的经营企业的同时，行业管理部门还将规范、监督和约束那些不讲信誉、不讲服务的销售行为，逐步净化二手车的消费环境，提升行业的社会形象。在诚信体系尚不完善的情况下，承诺质量保证将更好地推动二手车行业发展。

(3)有利于经营品牌的创立。二手车交易与新车销售一样是一个与服务密切相关的经营行为。二手车销售企业实行二手车质量保证，将服务延伸到售后，切实履行保护消费者利益的责任，赢得消费者的信任，有利于创立二手车经营品牌。这方面的工作谁做得好，谁就赢得市场。

(4)有利于开辟新的交易方式。目前，在二手车交易中，通常采用到有形市场现场看车的方式来确定车辆状况。这种方式对买卖双方均耗时、费力、效率低，是一种比较原始的方式。随着社会车辆的逐渐增多，二手车交易的日趋活跃，这种低效率的交易方式对提高交易量的制约影响将日益突现。因此，致力于交易方式的拓展将是一个现实的课题。如开展网上交易形式等，将有形市场与无形市场相结合，有利于扩大二手车交易的范围，促成二手车这一社会资源得到更合理的配置。实现这种新的交易模式的重要前提是经营企业诚信体系的建立、二手车质量保证的承诺以及社会和消费者对此承诺的高度认同。

**2. 二手车质量保证的前提及质量保证期**

二手车质量保证很重要，但并不是所有销售的二手车都能得到质量保证。根据我国目前二手车发展水平，这种质量保证只能是有条件、有范围和有限期的质量保证。

(1)提供质量保证的企业。《二手车交易规范》规定，二手车质量保证只对二手车经销企业有要求，对直接交易，经纪、拍卖和鉴定评估等中介交易形式无要求。

(2)二手车质量保证的前提。《二手车交易规范》规定，二手车经销企业向最终用户销售二手车应提供质量保证的前提是：使用年限在 3 年以内或行驶里程在 6 万 km 以内的车辆(以先到者为准，营运车除外)。

(3)二手车质量保证期限。《二手车交易规范》规定，二手车经销企业向最终用户销售二手车时，应向用户提供不少于 3 个月或 5000km(以先到者为准)的质量保证。

(4)二手车质量保证的范围。《二手车交易规范》规定，二手车质量保证范围为发动机系统、转向系统、传动系统、制动系统和悬架系统等。

**3. 二手车的售后服务**

如果说二手车经销企业在向最终用户销售二手车时提供质量保证是让

买主买得放心，那么，向用户提供售后服务，则是让买主使用无忧，消除买主对二手车使用的担心。

(1)二手车售后服务的规定。《二手车交易规范》对二手车的售后服务作出了以下规定：

①二手车经销企业向最终用户提供售后服务时，应向其提供售后服务清单。

②在提供售后服务的过程中，不得擅自增加未经客户同意的服务项目。

③二手车经销企业应建立售后服务技术档案，售后服务技术档案保存时间不少于3年。

(2)售后服务技术档案内容。售后服务技术档案包括以下内容：

①车辆基本资料。它主要包括车辆品牌型号、车牌号码、发动机号、车架号、出厂日期、使用性质、最近一次转移登记日期、销售时间和地点等。

②客户基本资料。它主要包括客户名称(姓名)、地址、职业和联系方式等。

③维修保养记录。它主要包括维修保养的时间、里程和项目等。

这样，有了质量保证和售后服务的承诺，再加上交易合同的保证，车辆的真实信息将难以隐瞒，二手车交易变得更加透明，真正成为一种"阳光交易"。

## 第三节　二手车办理车辆转移登记与过户

### 一、二手车办理车辆转移登记

#### 1. 办理车辆转移登记程序

二手车交易像买房子一样属于产权交易范畴，涉及相关的证明文件和必要手续。二手车交易后必须办理这些证明文件的转移登记手续，以完成手续完备的、合法的成交。机动车产权证明主要包括：《机动车登记证书》、《机动车行驶证》和机动车号牌。根据买卖双方的住所是否在同一车辆管理所管辖区内，机动车产权转移登记手续可分为同一车辆管理所管辖区内的所有权转移登记(即同城转移登记)和不同车辆管理所管辖区的所有权转移登记(即异地转移登记)两种登记方式。

二手车同城转移登记手续应当在原车辆注册登记所在地公安交通管理部门办理。需要进行异地转移登记的，由车辆原属地公安交通管理部门办理车辆迁出手续，在接收地公安交通管理部门办理车辆迁入手续。办理二手车转移登记手续的程序如图4-6所示。

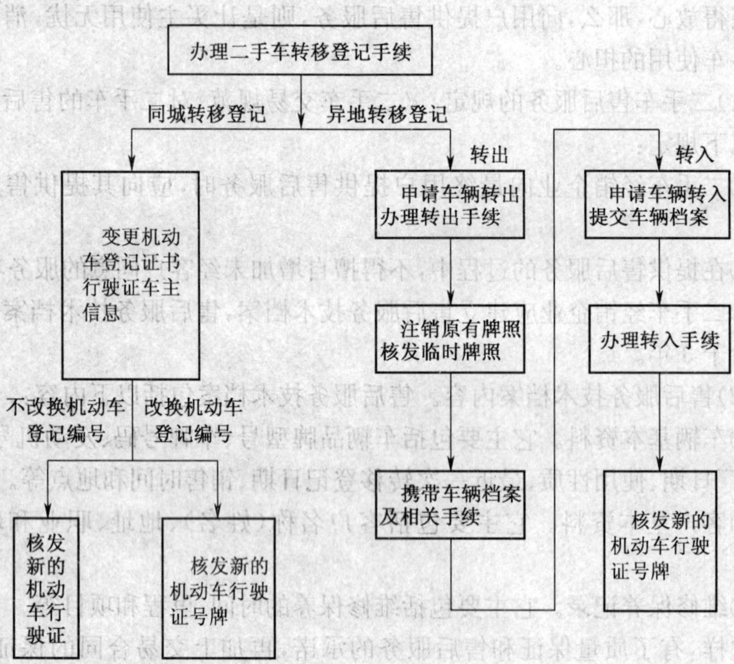


图 4-6 办理二手车转移登记手续的程序

**2. 二手车办理转移登记所需的手续及证件**

二手车在同城交易和所有权转移登记时，根据买卖双方身份不同，二手车交易类型不同，办理转移登记时所需的手续和证件也相应不同。

(1)二手车所有权由个人转移给个人。

①卖方个人身份证原件及复印件。

②买方个人身份证原件及复印件。

③车辆原始购置发票或上次交易过户发票原件及复印件。

④过户车辆的《机动车登记证书》原件及复印件。

⑤过户车辆的《机动车行驶证》原件及复印件。

⑥二手车买卖合同。

⑦外地户口需持暂住证。

⑧过户车辆到场。

(2)二手车所有权由个人转移给单位。

①卖方个人身份证原件及复印件。

②买方单位法人代码证原件及复印件(须在年检有效期之内)。

③车辆原始购置发票或上次交易过户发票原件及复印件。

④过户车辆的《机动车登记证书》原件及复印件。

⑤过户车辆的《机动车行驶证》原件及复印件。

⑥二手车买卖合同。

⑦过户车辆到场。

(3)二手车所有权由单位转移给个人。

①卖方单位法人代码证原件及复印件(须在年检有效期之内)。

②买方个人身份证原件及复印件。

③车辆原始购置发票或上次交易过户发票原件及复印件(发票丢失需本单位财务证明信)。

④卖方单位须按实际成交价格给买方个人开具成交发票(需复印)。

⑤过户车辆的《机动车登记证书》原件及复印件。

⑥过户车辆的《机动车行驶证》原件及复印件。

⑦二手车买卖合同。

⑧过户车辆到场。

(4)二手车所有权由单位转移给单位。

①卖方单位法人代码证原件及复印件(须在年检有效期之内)。

②买方单位法人代码证原件及复印件(须在年检有效期之内)。

③车辆原始购置发票或上次交易过户发票原件及复印件(发票丢失需本单位财务证明信)。

④卖方单位须按实际成交价格给买方单位开具成交发票(需复印)。

⑤过户车辆的《机动车登记证书》原件及复印件。

⑥过户车辆的《机动车行驶证》原件及复印件。

⑦二手车买卖合同。

⑧过户车辆到场。

**3. 同城车辆所有权转移登记**

办理已注册登记的机动车在同城(同一车辆管理所管辖区内)发生所有权转移时,只需要更改车主姓名(单位名称)和住所等资料,机动车登记编号和机动车号牌可以不变更。这种变更习惯上称为办理过户手续,即把机动车原车主的登记信息变更为新车主的登记信息。

(1)过户登记的程序。现车主提出申请,填写《机动车转移登记申请表》或《机动车变更过户,改装报废审批申请表》(分别见表4-2、表4-3)→机动车检测站查验车辆(同时对超过检验周期的机动车进行安全检测)→车辆管理所受理审核资料→在《机动车登记证书》上记载过户登记事项(对需要改变机动车登记编号的,确定机动车登记编号)→收回原机动车号牌和《机动车行驶证》→重新核发机动车号牌和《机动车行驶证》(对不需要改变机动车登记编号的，只需重新核发《机动车行驶证》）。

**表 4-2 机动车转移登记申请表**

<table>
<tr><td colspan="2">机动车登记证书编号</td><td colspan="2"></td><td>号牌号码</td><td></td></tr>
<tr><td>申请事项</td><td colspan="5">□机动车在车辆管理所管辖区内的转移登记 □机动车转出车辆管理所管辖区的转移登记</td></tr>
<tr><td rowspan="4">现机动车所有人</td><td>姓名/名称</td><td colspan="2"></td><td>联系电话</td><td></td></tr>
<tr><td>住所地址</td><td colspan="2"></td><td>邮政编码</td><td></td></tr>
<tr><td>身份证明名称</td><td></td><td>号码</td><td colspan="2">□常住人口 □暂住人口</td></tr>
<tr><td>居住/暂住证明名称</td><td></td><td>号码</td><td colspan="2"></td></tr>
<tr><td rowspan="5">机动车</td><td>机动车使用性质</td><td colspan="4">□公路客运 □公交客运 □出租客运 □租赁 □货运 □旅游客运<br>□非营运 □警用 □消防 □救护 □工程抢险 □营转非 □出租营转非</td></tr>
<tr><td>机动车获得方式</td><td colspan="4">□购买 □中奖 □仲裁裁决 □继承 □赠予 □协议抵偿债务<br>□资产重组 □资产整体买卖 □调拨 □法院调解、裁定、判决</td></tr>
<tr><td>机动车品牌型号</td><td colspan="4"></td></tr>
<tr><td>车辆识别代号/车架号</td><td colspan="4"></td></tr>
<tr><td>发动机号码</td><td colspan="4"></td></tr>
<tr><td rowspan="2">相关资料</td><td>来历凭证</td><td colspan="4">□销售/交易发票 □《调解书》 □《裁定书》 □《判决书》<br>□《仲裁裁决书》 □相关文书 □批准文件 □调拨证明<br>□权益转让证明书</td></tr>
<tr><td>其他</td><td colspan="3">□《中华人民共和国海关监管车辆解除监管证明书》<br>□《协助执行通知书》 □《公证书》<br>□身份证明 □行驶证</td><td rowspan="3">现机动车所有人：<br><br>（个人签字/单位盖章）<br>年 月 日</td></tr>
<tr><td>事项明细</td><td>转入地车辆管理所名称</td><td colspan="3">车辆管理所</td></tr>
<tr><td>申请方式</td><td colspan="4">□由现机动车所有人申请<br>□现机动车所有人委托________代理申请</td></tr>
<tr><td rowspan="7">代理人</td><td colspan="2">姓名/名称</td><td colspan="2"></td><td>联系电话</td></tr>
<tr><td colspan="2">住所地址</td><td colspan="3"></td></tr>
<tr><td colspan="2">身份证明名称</td><td>号码</td><td></td><td rowspan="5">代理人：<br><br>（个人签字/单位盖章）<br>年 月 日</td></tr>
<tr><td rowspan="4">经办人</td><td>姓名</td><td colspan="2"></td></tr>
<tr><td>身份证明名称</td><td>号码</td><td></td></tr>
<tr><td>住所地址</td><td colspan="2"></td></tr>
<tr><td>签字</td><td colspan="2">年 月 日</td></tr>
</table>

填表说明：

1. 填写时使用黑色、蓝色墨水笔，字体工整。

2. 标注有“□”符号的为选择项目，选择后在“□”中画“√”。

3. 现机动车所有人的住所地址栏，属于个人的，填写实际居住的地址；属于单位的，填写组织机构代码证书上签注的地址。

4. 机动车栏的“机动车品牌型号”、“车辆识别代码/车架号”、“发动机号码”项目，按照车辆的技术说明书、合格证等资料标注的内容与车辆核对后填写。

5. 申请方式栏，属于由机动车所有人委托代理单位或者代理人代为申请的，除在“□”内画“√”外，还应当在下画线处填写代理单位或者代理人的全称。

6. 机动车所有人的签字/盖章栏，属于个人的，由机动车所有人签字；属于单位的，盖单位公章。

7. 代理人栏，属于个人代理的，填写代理人的姓名、住所地址、身份证明名称、号码，在代理人栏内签名，不必填写经办人姓名等项目；属于单位代理的，应填写代理人栏的所有内容，代理单位应盖单位公章，经办人应签字。

**表 4-3　机动车变更过户，改装报废审批申请表**

| 区 | 自检组 | 号代码 |
|---|---|---|
| 居民身份证 | | |

填表说明

一、申请内容栏

1. 报废：车主填写报废理由，其单位上级主管部门须签注意见。

2. 改装：扼要填写改装理由、项目。

3. 变更、过户：填写变更、过户后新车主的情况，新车主须在此栏内签章。

二、检验结果栏

改装竣工，检验员签注检验结果。

| 车　主 | | | 公、私 | |
|---|---|---|---|---|
| 住　址 | | 电话 | | 车主签章 |
| 号牌号码 | | 车辆类型 | | |
| 出厂日期 | | 厂牌型号 | | |
| 发动机号码 | | 车架号码 | | |
| 申请内容 | | | | |
| 监管机关审核意见 | | | 检验结果 | 检验员 |
| | | | 登记号 | |

①提出申请。现车主向车辆管理所提出机动车产权转移申请，填写《机动车转移登记申请表》。

②交验车辆。现车主将机动车送到机动车检测站检测，检测内容包括：车辆识别代码/车架号码是否有凿改，和车辆识别代码/车架号码的拓印膜是否一致。如果是已经超过检验周期的机动车，还要进行安全检测。

③受理审核资料。受理转移登记申请，查验并收存相关资料，向现车主出具受理凭证。审批现车主提交的相关手续，符合规定的在计算机登记系统中确认；不符合规定的说明理由开具退办单，将资料退回车主。

④办理新旧车主信息资料的转移登记手续。如果需要改变机动车登记编号,则先进行机动车号牌选号、照相,重新确定机动车登记编号,然后,在《机动车登记证书》上记载转移登记事项。

⑤收回原《机动车行驶证》,核发新的《机动车行驶证》。

⑥需要改变机动车登记编号的,收回原机动车号牌、《机动车行驶证》,确定新的机动车登记编号,重新核发机动车号牌、《机动车行驶证》和检验合格标志。

(2)过户登记需要的材料。

①机动车转移登记申请表。

②现车主的身份证明。

a. 机关、学校、工厂、公司等行政、事业、企业单位和社会团体的身份证明,是《组织机构代码证书》。上述单位已注销、撤销或者破产,其机动车需要办理变更登记、转移登记、注销登记和补领机动车登记证书、号牌、行驶证,分别由下列机构出具证明:已注销企业单位的身份,由工商行政管理部门出具注销证明;已撤销机关、事业单位的身份,由其上级主管机关出具证明;已破产企业单位的身份,由依法成立的财产清算机构出具证明。

b. 外国驻华使馆、领馆和外国驻华办事机构、国际组织驻华代表机构的身份,由该使馆、领馆或者该办事机构、代表机构出具证明。

c. 居民的身份证明,是《居民身份证》或者《居民户口簿》;在暂住地居住的内地居民,其身份证明是《居民身份证》和公安机关核发的居住、暂住证明。

d. 军人(含武警)的身份证明,是《居民身份证》。

e. 外国人的身份证明,是其入境的身份证明和居留证明。

f. 外国驻华使(领)馆人员、国际组织驻华代表机构人员的身份证明,是外交部核发的有效身份证件。

③《机动车登记证书》(原件)。

④《机动车行驶证》(原件)。

⑤解除海关监管的机动车,应当提交监管海关出具的《中华人民共和国海关监管车辆解除监管证明书》。

⑥机动车来历凭证(二手车交易的机动车来历凭证是二手车销售统一发票)。

⑦车辆购置税完税证明。

⑧所购买的二手车。

(3)过户登记的事项。

①现车主的姓名或者单位名称、身份证明名称、身份证明号码、住所地

址、邮政编码和联系电话。住所地址是指：

a. 单位住所的地址为其《组织机构代码证书》记载的地址。

b. 居民住所的地址为其《居民户口簿》或者《居民身份证》或者《暂住证》记载的地址。

c. 军人住所的地址为其团以上单位出具的本人住所地址证明记载的地址。

②机动车获得方式。机动车获得方式是指人民法院调解、裁定、判决，仲裁机构仲裁裁决，购买、继承、赠予、中奖、协议抵偿债务、资产重组、资产整体买卖和调拨等。

③机动车来历凭证的名称、编号。

④转移登记的日期。

⑤海关解除监管的机动车，登记海关出具的《中华人民共和国海关监管车辆解除监管证明书》的名称、编号。

⑥改变机动车登记编号的，登记机动车登记编号。

(4)不能办理过户登记的情形。

有下列情形之一的，不能办理过户登记。

①车主提交的证明、凭证无效的。

②机动车来历凭证涂改的，或者机动车来历凭证记载的车主与身份证明不符的。

③车主提交的证明、凭证与机动车不符的。

④机动车未经国家机动车产品主管部门许可生产、销售或者未经国家进口机动车主管部门许可进口的。

⑤机动车的有关技术数据与国家机动车产品主管部门公告的数据不符的。

⑥机动车达到国家规定的强制报废标准的。

⑦机动车属于被盗抢的。

⑧机动车与该车档案记载的内容不一致的。

⑨机动车未被海关解除监管的。

⑩机动车在抵押期间的。

⑩机动车或者机动车档案被人民法院、人民检察院、行政执法部门依法查封、扣押的。

⑥机动车涉及未处理完毕的道路交通安全违法行为或者交通事故的。

4. 异地车辆所有权转移登记

二手车交易后，如果新车主和原车主的住所不在同一城市里，不能直接办理《机动车登记证书》和《机动车行驶证》的变更，需要到新车主住所所属的车辆管理所管辖区内办理。这就牵涉到二手车转出和转人登记问题。

(1)转出登记。车辆转出登记是指在现车辆管理所管辖区内已注册登记的车辆，办理车辆档案转出的手续。一般是由于现车主的住所或工作地址变动等原因需要将车辆转出本地。

①转出登记程序。现车主提出申请(填写《机动车转移登记申请表》)→车辆管理所受理审核资料→确认车辆→在《机动车登记证书》上记载转出登记事项→收回机动车号牌和《机动车行驶证》→核发临时行驶车号牌，密封机动车档案→交机动车所有人。

②转出登记的规定。根据《机动车登记规定》，二手车交易后且现车主的住所不在原车辆管理所管辖区的，现车主应当于机动车交付之日(以二手车销售发票上登记日期为准)起 30 日内，向原二手车管辖地车辆管理所提出转移登记申请，填写《机动车转移登记申请表》，有些地方还要求车主签订外迁保证书。图 4-7 所示是北京市东方二手车交易市场的“客户须知及保证”书格式。

**客户须知及保证**

**本人居住________省________________购买京__________车辆类型__________一辆。在北京市东方旧机动车交易市场有限公司办理过户事宜。本人特作出以下保证：**

**1. 在过户前已了解核实清楚此车的所有情况，对车辆状况认可，对交易过程无异议。**

**2. 在过户前已了解清楚此车可以在本人当地车管部门落籍。**

**3. 如该车不能办理转籍或不能在本人居住地的车管部门落籍，一切责任后果均由本人自行承担。**

**买方签字：**

**转入地：**

**年　　月　　日**

**图 4-7　二手车外迁时车主签订的保证书式例**

③转出登记需要的资料。现车主在规定的时间内，持下列资料，向原二手车管辖地车辆管理所申请转出登记，并交验车辆。

a. 机动车转移登记申请表。有的地区规定需填写《机动车定期检验表》及《机动车档案异动卡》。《机动车定期检验表》及《机动车档案异动卡》样例分别见表 4-4 和表 4-5。

**表 4-4　机动车定期检验表**

| | | | | | |
|---|---|---|---|---|---|
| 号牌号码　鄂 A | | | | | |
| 车主 | | | | 公、私 | 车主签章 |
| 住址 | | | 电话 | | |
| 车辆类型 | 厂牌型号 | 车身颜色 | 驱动 | 燃料 | |
| | | | × | 油 | |
| 发动机号码 | | | 车架号码 | | |
| 与行车执照记录有何变动 | | | | | |
| 安全联片组初检意见 | | 检验部门、结果 | | 现有效期 年　月止<br>检验员<br>登记员 | 监管机关审核意见 |

**表 4-5　机动车档案异动卡**

| | | | |
|---|---|---|---|
| 原车主 | | 原号牌号码 | |
| 车类 | | 车型 | |
| 发动机号码 | | 车架号码 | |
| 车辆报废 | 年　月　日 | | |
| 转籍去向 | 年　月　日 | | |
| 新车主 | | 新号牌号码 | |
| 其他 | | | |
| 备注 | | 经办人 | |
| | | 档案员 | |

b. 现车主的身份证明。

c.《机动车登记证书》(原件)。

d. 机动车来历凭证(二手车销售发票注册登记联原件)。

e. 如果属于解除海关监管的机动车,应当提交监管海关出具的《中华人民共和国海关监管车辆解除监管证明书》。

f. 机动车号牌和《机动车行驶证》。

④转出登记事项。车辆管理所办理转出登记时,要在《机动车登记证书》

上记载下列转出登记事项：

a. 现车主的姓名或者单位名称、身份证明名称、身份证明号码、住所地址、邮政编码和联系电话。

b. 机动车获得方式。机动车获得方式是指人民法院调解、裁定、判决，仲裁机构仲裁裁决，购买、继承、赠予、中奖、协议抵偿债务、资产重组、资产整体买卖和调拨等。

c. 机动车来历凭证的名称、编号。

d. 转移登记的日期。

e. 海关解除监管的机动车，登记海关出具的《中华人民共和国海关监管车辆解除监管证明书》的名称、编号。

f. 改变机动车登记编号的，登记机动车登记编号。

g. 登记转入地车辆管理所的名称。

完成转出登记的办理后，收回机动车号牌和《机动车行驶证》，核发临时行驶车号牌，密封机动车档案，交给车主到转入地办理转入登记手续。

(2)转入登记

①机动车转入登记的条件。

a. 现车主的住所属于本地车管所登记规定的范围。

b. 转入机动车符合国家机动车登记的规定。

②转入登记规定。根据《机动车登记规定》，机动车档案转出原车辆管理所后，机动车所有人必须在 90 日内携带车辆及档案资料到住所地车辆管理所申请机动车转入登记。

③转入登记程序。车主提出申请→交验车辆→车辆管理所受理申请→审核资料→在《机动车登记证书》上记载转入登记事项→核发机动车号牌、《机动车行驶证》和检验合格标志。

a. 提出申请。车主向转入地车辆管理所提出转入申请，填写《机动车注册登记/转入申请表》，见表 4-6。

b. 交验车辆。车主将机动车送到机动车检测站检测，车管所民警确认机动车的唯一性，查验车辆识别代号(车架号码)有无凿改嫌疑。

c. 车辆管理所受理申请。受理转入登记申请，查验并收存机动车档案，向车主出具受理凭证。

d. 审核资料。审批相关手续，符合规定的在计算机登记系统中确认，不符合规定的说明理由开具退办单，将资料退回车主。

e. 办理转入登记手续。审验合格后，进行机动车号牌选号、照相，确定机动车登记编号，并在《机动车登记证书》上记载转入登记事项。

**表 4-6　机动车注册登记，转入申请表**

| | | | | |
|---|---|---|---|---|
| 申请事项 | | □注册登记　　□转入 | | |
| 现机动车所有人 | 姓名/名称 | | 联系电话 | |
| | 住所地址 | | 邮政编码 | |
| | 身份证明名称 | 号码 | □常住人口　□暂住人口 | |
| | 居住/暂住证明名称 | | 号码 | |
| 机动车 | 机动车使用性质 | □公路客运　□公交客运　□出租客运　□租赁　□货运　□旅游客运<br>□非营运　□警用　□消防　□救护　□工程抢险　□营转非　□出租营转非 | | |
| | 机动车获得方式 | □购买　□仲裁裁决　□继承　□赠予　□协议抵偿债务　□中奖<br>□资产重组　□资产整体买卖　□调拨　□境外自带<br>□法院调解、裁定、判决 | | |
| | 机动车品牌型号 | | | |
| | 车辆识别代号/车架号 | | | |
| | 发动机号码 | | | |
| 相关资料 | 来历凭证 | □销售/交易发票　□《调解书》　□《裁定书》　□《判决书》<br>□相关文书　□批准文件　□调拨证明<br>□《仲裁裁决书》 | | |
| | 进口凭证 | □《货物进口证明》<br>□《没收走私汽车、摩托车证明书》<br>□《中华人民共和国海关监管车辆进(出)境领(销)牌证通知书》 | 机动车所有人： | |
| | 其他 | □国产机动车的整车出厂合格证<br>□机动车档案　　□身份证明<br>□《协助执行通知书》　□《公证书》 | | |
| 申请方式 | | □由现机动车所有人申请<br>□机动车所有人委托　　　代理申请 | (个人签字/单位盖章)<br>年　月　日 | |
| 代理人 | 姓名/名称 | | 联系电话 | |
| | 住所地址 | | | |
| | 身份证明名称 | 号码 | 代理人： | |
| | 经办人 姓名 | | | |
| | 经办人 身份证明名称 | 号码 | | |
| | 经办人 住所地址 | | (个人签字/单位盖章) | |
| | 经办人 签字 | 年　月　日 | 年　月　日 | |

填表说明：

1. 填写时使用黑色、蓝色墨水笔，字体工整。

2. 标注有“□”符号的为选择项目，选择后在“□”中画“√”。

3. 机动车所有人的住所地址栏，属于个人的，填写实际居住的地址；属于单位的，填写组织机构代码证书上签注的地址。

4. 机动车栏的“机动车品牌型号”、“车辆识别代码/车架号”、“发动机号码”项目，按照车辆的技术说明书、合格证等资料标注的内容与车辆核对后填写。

5. 申请方式栏，属于由机动车所有人委托代理单位或者代理人代为申请的，除在“□”内画“√”外，还应当在下划线处填写代理单位或者代理人的全称。

6. 机动车所有人的签字/盖章栏，属于个人的，由机动车所有人签字；属于单位的，盖单位公章。

7. 代理人栏，属于个人代理的，填写代理人的姓名、住所地址、身份证明名称、号码，在代理人栏内签名，不必填写经办人姓名等项目；属于单位代理的，应填写代理ˆ栏的所有内容，代理单位应盖单位公章，经办人应签字。

f. 核发新的机动车号牌和《机动车行驶证》。

④转入登记需要的资料。

a. 机动车注册登记/转入申请表。

b. 车主的身份证明。

c.《机动车登记证书》。

d. 机动车密封档案(原封条无断裂、破损)。

e. 申请办理转入登记的机动车的标准照片。

f. 海关监管的机动车，还应当提交监管海关出具的《中华人民共和国海关监管车辆进(出)境领(销)牌照通知书》。

由于各地区对车辆环保要求执行不同的标准，所以，车主在将车辆转入“转入地”前，应向转入地的车辆管理部门征询该车辆是否符合转入条件。例如北京市执行“国Ⅲ”标准，并要求所有机动车在办理注册登记，以及申请转入本市的车辆，须加装OBD车辆诊断系统。满足上述条件的，允许机动车注册登记，并接受转入登记的申请。

⑤转入登记事项。车辆管理所办理转入登记时，要在《机动车登记证书》上记载下列登记事项：

a. 车主的姓名或者单位名称、身份证明号码或者单位代码、住所的地址、邮政编码和联系电话。

b. 机动车的使用性质。

c. 转入登记的日期。

d. 属于机动车所有权发生转移的，还应当登记下列事项：

· 机动车获得方式。

· 机动车来历凭证的名称、编号和进口机动车的进口凭证的名称、编号。

· 机动车办理保险的种类、保险的日期和保险公司的名称。

·机动车销售单位或者交易市场的名称和机动车销售价格。

⑥不能办理转入登记的情形。有下列情形之一的，不予办理转入登记：

a. 机动车所有人擅自改动、更换机动车或者机动车档案的。

b. 符合本节中“不能办理过户登记的情形”的。

## 二、相关税、证变更业务

二手车交易中，买方在变更车辆产权之后还需要进行车辆购置税、养路费、保险合同等文件的变更。由于各地在变更时对文件的要求不同，所以变更前应先到规定办理的单位进行咨询。

**1. 车辆购置税的变更**

车辆购置税的征收部门是车辆登记注册地的主管税务机关，办理变更时，需填写《车辆变动情况登记表》，并携带以下资料办理：

(1)车辆购置税同城过户业务办理。

①办理车辆购置税同城过户业务提供的资料。

a. 新车主的身份证明。

b. 二手车交易发票。

c.《机动车行驶证》。

d. 车辆购置税完税证明(正本)。

上述资料均需提供原件及复印件。

②办理车辆购置税同城过户业务流程。填写《车辆变动情况登记表》→报送资料→办理过户→换领车辆购置税完税证明。

(2)车辆购置税转籍(转出)业务办理。

①办理转籍(转出)业务提供的资料。

a. 车主身份证明。

b. 车辆交易有效凭证原件(二手车交易发票)。

c. 车辆购置税完税证明(正本)。

d. 公安车管部门出具的车辆转出证明材料。

上述资料均需提供原件及复印件。

②办理转籍(转出)业务流程。填写《车辆变动隋况登记表》→报送资料→领取签封的档案资料袋。

(3)车辆购置税转籍(转入)业务办理。

①办理转籍(转入)业务提供资料。

a. 车主身份证明。

b. 本地公安车管部门核发的机动车行驶证。

c. 车辆交易有效凭证原件(二手车交易发票)。

d. 车辆购置税完税证明。

e. 档案转移通知书。

f. 转出地车辆购置税办封签的档案资料袋。

②办理转籍(转入)业务流程。填写《车辆变动情况登记表》→报送资料→换领车辆购置税完税证明(正本)。

**2. 车辆保险合同的变更**

(1)办理车辆保险过户的方式。办理车辆保险过户有以下两种方式:

第一种是对保单要素进行更改,如更换被保险人与车主。

第二种就是申请退保,即把原来那份车险退掉,终止以前的合同。这时保险公司会退还剩余的保费。之后,新车主就可以到任何一家保险公司去重新办理一份车险。

(2)车辆保险合同变更的程序。

①填写一份汽车保险过户申请书,向原投保的保险公司申请办理批改被保险人称谓的手续。申请书上注明保险单号码、车牌号、新旧车主的姓名及过户原因,并签字或盖章,以便保险公司重新核保。

②携带保险单和已过户的机动车行驶证,到保险公司的业务部门办理。一般情况下,保险公司都会受理并出具一张变更被保险人的批单,批单上面写明了被保险人的变化情况。

# 第五章 二手车的收购、销售及置换

## 第一节 二手车的收购

### 一、二手车收购定价影响因素

**1. 车辆的总体价值**

二手车收购要充分考虑车辆的总体价值，它包括车辆实体的产品价值和各项手续的价值。

(1)车辆实体的产品价值。除了用鉴定估价的方法评估车辆实体的产品价值外，还应根据经验结合目前市场行情综合评定。主要评定的项目包括：车身外观整齐程度、漆面质量如何等静态检查项目和发动机怠速声音、尾气排放情况等动态检查项目。另外，配置、装饰、改装等项目也很重要。配置主要包括有无 ABS、助力装置、电动门窗、中控防盗锁、CD 音响等；装饰主要指是否为真皮座椅；有效的改装包括动力改装、悬架系统改装、音响改装、座椅及车内装饰改装等。

(2)各项手续的价值。主要包括：登记证、原始购车发票或交易过户票、行驶证、购置税本、车船使用费证明、车辆保险合同等。如果收购车辆的证件和税费凭证不全，就会影响收购价格，因为代办手续不但要耗费人工成本，而且可能造成转籍过户中意想不到的麻烦和带来许多难以解决的后续问题。

**2. 二手车收购后应支出的费用**

二手车收购除了支付车辆产品的货币以外，从收购到售出时限内，还要支出的费用有：保险费、日常维护费、停车费、收购支出的货币利息和其他管理费等。

**3. 市场宏观环境的变化**

二手车收购要注意国家宏观政策、国家和地方法规的变化对车辆价值的影响。如某车辆燃油消耗量较高，在实行公路养路费的环境中对该车辆的价值不会产生较大影响。如果该车刚刚收购后，国家实施以公路养路费改征燃油附加税，则这辆车因为油耗量高、附加费用高而难以销售出手。很明显，收购这辆车不仅不能带来经济效益，反而可能带来损失。

**4. 市场微观环境的变化**

这里所说的市场微观环境，主要指新车价格的变动以及新车型的上市对收购价格的影响。例如，一汽“马自达”轿车降价后，旧车的保值率就降低了，贬值后旧车的收购价格自然也会降低。另外，新款车型问世挤压旧车型，“老面孔”的身价自然受影响。

**5. 经营的需要**

二手车经营者应根据库存车辆的多少提高或降低收购价格。例如，本期库存车辆减少、货源紧张时，应适当提高车辆收购价格，以补充货源保证库存的稳定。反之，库存车辆多时，则应降低收购价格。另外一种情况是，某一车型出现断档情况，该车型的收购价格会提高。如某公司本期二手桑塔纳轿车销售一空，该公司会马上提高桑塔纳车型的收购价格。反之，如果某公司本期二手桑塔纳轿车销路不畅，库存积压显著，那么应降低桑塔纳轿车的收购价格，同时库存桑塔纳轿车的销售价格也会降低。

**6. 品牌知名度和维修服务条件**

对不同品牌的二手车，由于其品牌知名度和售后服务的质量不同，也会影响到收购价格的制订。像一汽、上汽、东风、广本等，都是国内颇具实力的企业，其产品具有很高的品牌知名度，维修服务体系也很健全，二手车收购定价可以适当提高。

## 二、二手车收购中的风险分析与防范

二手车收购中的风险是指由于二手车收购环境的变化，给二手车的销售带来的各种损失。

**1. 风险分析的总体原则**

收购环境的变化是绝对的、客观的，并经常会发生。环境的变化有可能产生机会，也有可能带来风险。因而在二手车收购过程当中，既充满了机会，同时又会出现许多风险。二手车流通企业要生存与发展，就必须加强收购活动中的风险管理。其能否获取期望利润，关键在于能否有效地控制和降低风险损失。由于二手车价格的某些不可预见的因素，收购过程具有比销售过程更大的风险，对企业造成的潜在损失也更大。因此，善于分析研究环境变化可能带来的风险，有效地将收购风险控制在一定的范围内，对于降低收购成本、增加企业的利润、最大限度地减小自己可能遭受的损失具有重大作用。掌握战胜风险的策略和技巧，把风险变为机会，实现成功转化的总体原则如下：

①要提高识别二手车收购风险的能力。应随时收集、分析市场环境因素变化的资料和信息，判断收购风险发生的可能性，积累经验，培养并增强对二

手车收购风险的敏感性，及时发现或预测收购风险。

②要提高对风险的防范能力。在二手车收购工作中要谨慎，针对预测风险，尽早采取防范措施，最大限度地杜绝二手车收购风险发生的隐患。

③在无法避免的情况下，要提高处理二手车收购风险的能力，尽可能降低损失，并防止引发其他负面效应和有可能派生出来的消极影响。

**2. 二手车收购中的风险因素及其相应的防范措施**

在二手车收购中，可从以下几个方面考虑二手车收购中的风险因素并制定相应的防范措施：

(1)新车型的影响。新车型大量应用了新技术，技术含量的提高使老车型贬值甚至被淘汰。从国内市场看，新车型投放明显加快，技术含量和配置也越来越高。如转向助力、安全气囊、ABS＋EBD、电子防盗、CD音响都已成了标准装备。以一汽捷达为例，自国内生产以来经历了多次改款，虽然该车的生产平台未变，但是早期的捷达与现在的04款捷达在外观和装备上已不可同日而语。因此，二手车市场在收购旧车时应以最新款车的技术装备和价格来做参照。否则，会给二手车收购带来一定的风险。

(2)车市频繁降价的影响。在新车市场频繁降价、优惠促销的环境下，二手车经纪公司面临着很大的风险。因此，在二手车收购中都是以某一款车目前新车市场的开票价格做参考，而不会去考虑消费者买车时的价格。如果某一款车最近有降价的可能，二手车公司要考虑新车降价的风险，开价往往比正常的收购价还要低一些。如果某一款车刚降完价，那么收购价就会稳定一段时期。另外，可以采取代卖的方式，一方面可从中收取一定的交易费，另一方面可以降低风险。

(3)折旧加快的影响。从实际行情看，使用期限在3年以内的车辆折旧最高。使用3年的车辆往往要折旧到40%～50%。其后的几年进入了一个相对稳定的低折旧期，接近10年折旧又开始加快。因此，3年以内的车要收购的话，收购定价要考虑车辆大幅折旧因素的影响。

(4)排放标准提高的影响。越来越严格的排放标准将使老旧车型加速淘汰。因此，在确定二手车收购价格时应考虑车辆排放标准提高的影响。

(5)车况优劣的影响。有的车虽然只开了2～3年，但是机件的磨损已很严重了，操作起来感觉不好。而有的车已是5～6年了，发动机的状况依然良好，各机件操作顺畅。这些不同车辆的技术状况自然影响到二手车的收购价格。

(6)品牌知名度的影响。知名品牌的汽车因其市场保有量大、质量可靠而深受消费者的青睐。这些品牌的汽车在新车市场售价较为稳定，口碑好，所以在二手车市场认同率较高，贬值的程度自然要低于其他品牌。而其他一些知名度不高的品牌市场的认同率低，贬值的程度也就要高，在二手车收购价格的确定时，应予以考虑。

(7)库存的影响。若二手车销售顺畅，求大于供，二手车经纪公司的库存急剧减少，商家们为了保持正常的经营运转，维持一定的库存，可适当抬高收购价格。反之在二手车销售低迷时，商家们的库存积压，流通不畅，供大于求，商家的主要矛盾是消化库存，这个时期应压低收购价格，规避由于库存积压所带来的风险。

(8)二手车收购合法性的影响。二手车的收购要防止收购盗抢车、私自拼装车，以及伪造手续凭证、伪造车辆档案的车辆。一旦有所失误，不仅给公司造成直接经济损失，更重要的是造成社会的不良影响，损害公司的公众形象。

(9)宏观环境的影响。要密切关注国家有关政策与法规的变化，做到未雨绸缪。要能够根据已有的和即将颁布的国家有关的政策与法规，预测二手车价格的可能变动趋势，及时调整二手车的收购价格，使收购二手车的风险降到最低。

## 三、机动车的折旧计算

### 1. 机动车折旧的一般概念

二手车作为固定资产，按现行财务制度规定应计提固定资产折旧。所谓机动车的折旧，是指机动车随着时间的推移或在使用过程中，由于损耗而转移到产品中去的那部分价值。这部分价值随着车辆产生收益的回收、积累，形成机动车的折旧基金。折旧基金是为了补偿机动车的磨损而逐年提取的专用基金。其主要目的是在二手车不能使用或不再使用时，用折旧基金购置新车辆，实现机动车更新。

机动车的损耗分为有形损耗和无形损耗。有形损耗是固定资产在使用中的机械磨损和因自然力影响其物理性能而发生的实物磨损。无形损耗是由于技术进步、劳动生产率提高等原因使机动车变得陈旧或不适用而提前报废所发生的价值损失。

### 2. 机动车折旧与估价的异同

(1)实体性贬值与折旧额的区别。实体性贬值不同于折旧额，不能用账面上累计折旧额代替实体性贬值。折旧是由损耗决定的，但折旧并不就是损耗。折旧是高度政策化了的损耗。在车辆使用过程中，价值的运动依次经过价值损耗、价值转移和价值补偿。折旧作为转移价值，是在损耗的基础上确定的。

(2)使用年限与折旧年限的区别。规定使用年限不同于规定折旧年限。折旧年限是对某一类资产做出的会计处理的统一标准，是一种高度集中的理论系数和常数。折旧年限虽然对于该类资产中的每一项资产具有普通性、同一性和法定性，但不具有实际磨损意义上的个别性或特殊性。它的特征表现在以下几个方面：

①折旧年限是一个平均年限，对于同一类型中的任何一项资产均适用。

②它是在考虑损耗的同时，又考虑社会技术经济政策和生产力发展水平，有时甚至以之为经济杠杆，体现对某类资产的鼓励或限制生产政策。

③它是以同类资产中各项资产运转条件均相同的假定条件为前提的。在这种情况下，同类型的资产，无论其所在地如何，维护情况、运行状况如何，均适用同一的折旧年限。因此评估工作中，鉴定估价人员不能直接按照会计学中的折旧年限来取代使用年限。

(3)评估中成新率的确定与折旧年限确定的基础损耗本身具有差异性。确定折旧年限的损耗包括有形损耗(实体性损耗)和无形损耗；而评估中确定成新率的损耗，包括实体性损耗、功能性损耗和经济性损耗。其中，功能性损耗只是无形损耗的一种形式，而不是无形损耗的全部。

**3. 机动车的折旧算法**

固定资产折旧计算方法很多，《金融保险企业财务制度》规定，银行固定资产折旧的计算一般采用平均年限法和工作量法。对于技术进步较快或使用寿命受工作环境影响较大的固定资产，经财政部批准，可采用双倍余额递减法或年数总和法。车辆的折旧根据车辆的价值、使用年限，采用规定的折旧方法计算。一般有直线折旧法、快速折旧法等多种方法。对于允许使用的折旧方法，不同的国家有不同的规定。我国大多数采用直线折旧法。

(1)直线折旧法。直线折旧法又称使用年限法或平均折旧法。是指用车辆的原值减去残值，再除以车辆使用年限，以求得每年平均折旧额的方法。计算公式为

$$D_t=\frac{1}{N}(K_0-S_V)$$

式中　$D_t$——机动车年折旧额；

$K_0$——机动车原值；

$S_v$——机动车残值；

$N$——机动车规定的折旧年限。

在所有折旧方法中，直线折旧法是应用最广泛的方法。

(2)快速折旧法。我国部分有条件的企业采用快速折旧法。快速折旧法常用的算法有两种:年份数求和法以及余额递减法。

①年份数求和法。年份数求和法,是指每年的折旧额可用车辆原值减去残值的差额乘一个逐年变化的递减系数来确定的一种方法。递减系数也称年折旧率。递减系数的分母为车辆使用年限历年数字的累计之和,即每年递减系数的分母均相等;分子的大小等于至当年止还余有的使用年数。例如:当使用年限 $N=5$ 时,则分母为 $1+2+3+4+5=15$;当使用至第 3 年时,还余有使用年限 2 年。则分子为 2,此年的递减系数等于 2/15。一般来说,当车辆使用年限为 $N$ 时,递减系数的分母等于 $N(N+1)/2$,分子等于 $N+1-t$。年份数求和的计算公式为

$$D_t=(K_0-S_V)\cdot\frac{N+1-t}{N(N+1)/2}$$

式中　$D_t$——机动车年折旧额;

$K_0$——机动车原值;

$S_V$——机动车残值;

$\frac{N+1-t}{N(N+1)/2}$——递减系数(或年折旧率);

$t$——机动车在使用期限内某一确定年度。

②余额递减折旧法。余额递减折旧法,是指任何年的折旧额用车辆原值减去累计折旧额剩余的残值乘以在车辆整个寿命期内恒定的折旧率,直到折旧总额分摊完毕。在余额递减中所使用的折旧率,通常大于直线折旧率。当使用的折旧率为直线折旧率的 2 倍时,称为双倍余额递减折旧法。具体计算公式为

$$D_t=K_0\alpha(1-\alpha)^{t-1}$$

式中　$K_0$——机动车原值;

$\alpha$——折旧率,直线法的折旧率为 $\alpha=1/N$;

$t$——机动车在使用期内某一确定年度。

应用该公式计算时,若在使用期终仍有余额,则为了使折旧总额到使用期终分摊完毕,到一定年度后,要改用直线折旧法。通常,在连续计算各年折旧额时,如果发现使用双倍余额递减法计算的折旧额小于采用直线折旧法计算的折旧额时,就应改用直线折旧法计算折旧。

③案例。

某机动车的原值为 10 万元,规定使用年限为 10 年,残值忽略不计,试用上述两种快速折旧法分别计算其折旧额。计算过程见表 5-1 和表 5-2。

表 5-1 用年份数求和法计算折旧

| 年 数 | 基数(元) | 递减系数 | 年折旧额(元) | 累计折旧额(元) |
|---|---|---|---|---|
| 1 | 100000 | 10/55 | 18181 | 18181 |
| 2 | | 9/55 | 16363 | 34544 |
| 3 | | 8/55 | 14545 | 49089 |
| 4 | | 7/55 | 12727 | 61816 |
| 5 | | 6/55 | 10909 | 72725 |
| 6 | | 5/55 | 9090 | 81815 |
| 7 | | 4/55 | 7272 | 89087 |
| 8 | | 3/55 | 5454 | 94541 |
| 9 | | 2/55 | 3636 | 98177 |
| 10 | | 1/55 | 1818 | 99995 |

表 5-2 用双倍余额递减法计算折旧

| 年 数 | 基数(元) | 折旧率(%) | 年折旧额(元) | 累计折旧额(元) |
|---|---|---|---|---|
| 1 | 100000 | 20 | 20000 | 20000 |
| 2 | 80000 | 20 | 16000 | 36000 |
| 3 | 64000 | 20 | 12800 | 48800 |
| 4 | 51200 | 20 | 10240 | 59040 |
| 5 | 40960 | 20 | 8192 | 67232 |
| 6 | 32768 | 20 | 6553.6 | 73785.6 |
| 7 | 26214.4 | 20 | 6553.6 | 80339.2 |
| 8 | 26214.4 | 20 | 6553.6 | 86892.8 |
| 9 | 26214.4 | 20 | 6553.6 | 93446.4 |
| 10 | 26214.4 | 20 | 6553.6 | 100000 |

说明：为使累计折旧额在第 10 年期终分摊完毕，表 5-2 从第 7 年起使用了直线折旧法。

## 四、二手车收购定价方法与收购价格的计算

### 1. 二手车收购定价的方法

二手车收购价格的确定是根据其特定的目的，在二手车鉴定估价的基础上，充分考虑市场的供求关系，对评估的价格做快速变现的特殊处理。按不同的原则，一般有以下几种定价方法：

(1)以现行市价法、重置成本法的评估方法确定收购价格。即先运用现行市价法、重置成本法对二手车价格进行鉴定估算，再根据快速变现原则，估定一个折扣率并以此确定二手车收购价格。如运用重置成本法估算某机动

车辆价值为10万元，据市场销售情况调查，估定折扣率为20%可出售，则该车辆收购价格为8万元。

(2)以清算价格的评估方法确定收购价格。清算价格是企业(或个人)由于破产或其他原因，要求在一定的期限内将车辆变现，在企业清算之日预期出卖车辆可收回的快速变现价格。因此，运用清算价格确定收购价格的具体操作方法是，先运用现行市价法估算其价值，再根据处置情况和变现要求，乘以一个折扣率，最后确定评估价格。

以清算价格的方法确定收购价格，主要适用于企业破产或其他原因、要求限期将车辆变现的情况。由于顾客要求快速转卖变现，因此其收购估价大大低于二手车市场成交的同类型车辆的市价，一般来说也低于车辆现时状态客观存在的价格。

(3)以快速折旧的方法确定收购价格。即先计算车辆的累计折旧额，再用折旧后的余额来确定收购价格。年折旧额的计算建议采用以下两种方法：年份数求和法和双倍余额递减折旧法。

**2. 二手车收购价格的计算**

二手车收购价格的确定是指在被收购车辆手续齐全的前提下对车辆实体价格的确定。如果所缺失的手续能以货币支出补办，则收购价格应扣除补办手续的货币支出和时间及精力的成本支出。具体的计算如下：

(1)先运用重置成本法对二手车进行鉴定估价，然后根据快速变现的原则，估定一个折扣率，将被收购车辆的估算价格乘以折扣率，即得二手车的收购价格。用数学式表示为

收购价格=评估价格×折扣率

(2)先运用现行市价法对二手车确定评估价格，再根据快速变现原则估定一个折扣率，将被收购车辆的估算价格乘以折扣率，即得收购价格，表达式同上式。

折扣率是指车辆能够当即出售的清算价格与现行市场价格之比值。它的确定是经营者在对市场销售情况充分调查和了解的基础上凭经验而估算的。如某机动车辆运用重置成本法估算价值为3万元，根据市场销售情况调查，估定折扣率为20%可当即出售，则该车辆收购价格为2.4万元。

(3)运用快速折旧法确定收购价格。首先计算出二手车已使用年数累计折旧额，然后，将重置成本全价减去累计折旧额，再减去车辆需要维修换件的总费用，即得二手车收购价格。用数学式表达为

收购价格=重置成本全价－累计折旧额－维修费用

注意：在快速折旧计算时，一般不取机动车原值，而取机动车的重置成本

全价。

重置成本全价一律采用国内同车型或类似车型当日的市场价格。

累计折旧额的计算方法是：先用年份数求和法或余额递减折旧法计算出年折旧额，再将已使用年限内各年的折旧额汇总累加，即得累计折旧额。

维修费用是指车辆现时状态下，某功能完全丧失，需要维修和换件的费用总支出。

## 五、二手车收购实例

### 1. 实例一

某车主急于转让一辆捷达牌轿车，经与二手车交易中心洽谈，由中心收购车辆。车辆基本情况汇总于二手车鉴定估价登记表5-3中，试用快速折旧法计算收购价格。

**表5-3　二手车鉴定估价登记表**

<table>
<tr><td>车主</td><td>×××</td><td>所有权性质</td><td colspan="2">私</td><td>联系电话</td><td>××××</td></tr>
<tr><td>住址</td><td colspan="3">××××××</td><td colspan="2">经办人</td><td>×××</td></tr>
<tr><td rowspan="3">原始情况</td><td>车辆名称</td><td>一汽捷达</td><td>型号</td><td>167GOD</td><td>生产厂家</td><td>一汽大众</td></tr>
<tr><td>结构特点</td><td>普通</td><td>发动机型号</td><td>ARC01485</td><td>车架号</td><td>PU008737</td></tr>
<tr><td colspan="2">载质量\座位数\排量</td><td>1.6L</td><td colspan="2">燃料种类</td><td>汽油</td></tr>
<tr><td rowspan="7">使用情况</td><td>初次登记日期</td><td>2000年8月</td><td>牌照号</td><td>××××</td><td>车籍</td><td>×××</td></tr>
<tr><td>已使用年限</td><td>3年6个月</td><td>累计行驶里程</td><td>8.1万km</td><td>工作性质</td><td>私用生活车</td></tr>
<tr><td rowspan="2">大修次数</td><td>发动机</td><td>/(次)</td><td rowspan="2" colspan="2">工作条件</td><td rowspan="2">一般</td></tr>
<tr><td>整车</td><td>/(次)</td></tr>
<tr><td>维修情况</td><td colspan="2">好</td><td colspan="2">现时状态</td><td>在用</td></tr>
<tr><td>事故情况</td><td colspan="5">无</td></tr>
<tr><td>现时技术状况</td><td colspan="5">离合器有打滑现象，变速器挂挡有异响，转向系统低速有摆振现象，转向不灵敏</td></tr>
<tr><td rowspan="2">手续情况</td><td>证件</td><td colspan="5">养路费黄牌标识遗失</td></tr>
<tr><td>税费</td><td colspan="5">齐全、有效</td></tr>
<tr><td rowspan="2">价值反映</td><td>购置日期</td><td>2000年7月</td><td>账面原值(元)</td><td>142000</td><td>账面净值(元)</td><td></td></tr>
<tr><td>车主报价(元)</td><td>74000</td><td>重置价格(元)</td><td>120000</td><td>初估价格(元)</td><td>71000</td></tr>
</table>

收购定价过程如下：

根据登记表得知，该型号车的现行市场购置价为120000元，规定使用年限15年，残值忽略不计，现分别以年份数求和法和余额递减法计算折旧额，结果见表5-4和表5-5。这里$K_0$取机动车重置成本价120000元，机动车规定折旧年限$N=15$年，折旧率按直线折旧率$1/N$的两倍取值，即有$\alpha=2\times$

$1/N=2\times1/15=13.3\%$,$t$ 从 2000 年 8 月到 2004 年 7 月共 4 个年度。

**表 5-4 用年份数求和法计算折旧额**

| 年 数 | 递减系数 | 年折旧额/元 | 累计折旧额/元 |
|---|---|---|---|
| 2000 年 8 月～2001 年 7 月 | 15/120 | 15000 | 150000 |
| 2001 年 8 月～2002 年 7 月 | 14/120 | 14000 | 29000 |
| 2002 年 8 月～2003 年 7 月 | 13/120 | 13000 | 42000 |
| 2003 年 8 月～2004 年 7 月 | 12/120 | 12000 | 54000 |

**表 5-5 用双倍余额递减法计算折旧额**

| 年 数 | 年折旧额/元 | 累计折旧额/元 |
|---|---|---|
| 2000 年 8 月～2001 年 7 月 | 16000 | 16000 |
| 2001 年 8 月～2002 年 7 月 | 13867 | 29867 |
| 2002 年 8 月～2003 年 7 月 | 12018 | 41885 |
| 2003 年 8 月～2004 年 7 月 | 10415 | 52300 |

由于车辆已使用年限为 3 年 6 个月,用年份数求和法和双倍余额递减法计算折旧额分别为 48000 元(42000＋12000/2)和 47093 元(41885＋10415/2)。

根据技术状况鉴定:离合器有打滑现象,变速器挂挡有异响,需维修费 700 元;转向系统低速有摆振现象,转向不灵敏,需维修费 1550 元;黄牌标识遗失,登报声明补办的费用 100 元。上述费用合计为:700＋1550＋100＝2350(元)。

根据前述收购价格计算公式确定收购价格如下:

用年份数求和法计算收购价格为:120000－48000－2350＝69650(元)。

用双倍余额递减法计算收购价格为:120000－47093－2350＝70557(元)。

**2. 实例二**

2007 年 1 月,某二手车销售公司欲收购一辆南京菲亚特轿车,车辆基本情况如下:

车型:南京菲亚特西耶那 1.5EL;型号:NJ7153;注册登记日期:2004 年 2 月;行驶里程:38000km;发动机型号 178E5027,排量 1.461L,直列 4 缸 8 气门多点电喷发动机,最大功率 62.5kW;车辆基本配置:5 速手动变速器,转向助力,ABS 及 EBD,前门电动窗、防眩目后视镜,中控锁(无遥控装置),发动机防盗,手动空调系统,单碟 CD 及调频收音机 4 喇叭音响系统,后头枕,钢轮毂。

经核对，相关税费票据、证件(照)齐全有效。该车目前市场行情价为7.8万元，试确定其收购价格(残值忽略不计)。

收购定价过程如下：

(1)采用折旧法计算收购价格。从2004年2月到2007年1月，该车已使用3年，$t=3$，按国家汽车报废标准，该车规定使用年限为15年，$N=15$。重置成本价格为$K_0=78000$元，残值忽略不计，即$S_V=0$。

(2)分别以直线折旧法、年份数求和折旧法和双倍余额递减折旧法计算累计折旧额。

①采用直线折旧法计算二手车的累计折旧额。年折旧额为

$$D_t=(K_0-S_V)/N=78000/15=5200\text{ 元}$$

累计折旧额计算结果见表5-6。

**表5-6　直线折旧法计算累计折旧额**

| 年　　份 | 重置成本$K_0$(元) | 折　旧　率 | 年折旧额(元) | 累计折旧额(元) |
|---|---|---|---|---|
| 2004.2～2005.1 | 78000 | 1/15 | 5200 | 5200 |
| 2005.2～2006.1 | | 1/15 | 5200 | 10400 |
| 2006.2～2007.1 | | 1/15 | 5200 | 15600 |

②采用年份数求和法计算二手车的累计折旧额。

递减系数为$\dfrac{N+1-t}{N(N+1)/2}=\dfrac{16-3}{120}$，年折旧额计算公式为

$$D_t=(K_0-S_V)\cdot\frac{N+1-t}{N(N+1)/2}$$

累计折旧额计算结果见表5-7。

**表5-7　年份数求和法计算累计折旧额**

| 年　　份 | 重置成本$K_0$(元) | 递减系数 | 年折旧额(元) | 累计折旧额(元) |
|---|---|---|---|---|
| 2004.2～2005.1 | 78000 | 15/120 | 9750 | 9750 |
| 2005.2～2006.1 | | 14/120 | 9100 | 18850 |
| 2006.2～2007.1 | | 13/120 | 8450 | 27300 |

③双倍余额递减法计算二手车的累计折旧额。

年折旧率＝2/预计使用年限＝2/15，年折旧额计算公式为

$$D_t=K_0\alpha(1-\alpha)^{t-1}$$

累计折旧率额计算结果见表5-8。

表 5-8 双倍余额递减法计算累计折旧额

| 年 份 | 重置成本 $K_0$(元) | 年折旧率 | 年折旧额(元) | 累计折旧额(元) |
|---|---|---|---|---|
| 2004.2～2005.1 | 78000 | 2/15 | 10400 | 10400 |
| 2005.2～2006.1 | 67600 | 2/15 | 9013 | 19413 |
| 2006.2～2007.1 | 58587 | 2/15 | 7812 | 27225 |

(3)计算二手车收购价格。二手车收购价格计算公式为

$$P=B-\sum D_t-F_S$$

式中 $P$——二手车的评估价,元;

$B$——二手车重置成本全价,元;

$\sum D_t$——二手车已使用年限 $t$ 内的累计折旧额,元;

$F_S$——二手车需要的维修费用,元。

题目没有给出需要修理的项目及费用,因此,本例中 $F_S=0$。二手车收购价格按剩余价值最小(或按累计折旧额最大)的收购。从表 5-6～表 5-8 可见,直线折旧法、年份数求和折旧法和双倍余额递减折旧法三种折旧方法计算的累计折旧额中,年份数求和折旧法计算的累计折旧额最大,因此,该二手车的收购价格为

$$78000-27300=50700(元)$$

**3. 实例三**

(1)某被收购车辆的资料如下:

1)整车资料。车辆类型:中级轿车;车辆型号:桑塔纳 2000/时代骄子;重置成本价:16.300 万元;出厂日期:1999 年 3 月;注册登记日期:1999 年 8 月;收购日期:2003 年 2 月;累计行驶里程:25 万 km。

2)鉴定检查。车辆各种手续齐全、有效。

鉴定故障明细见表 5-9,修理费用估价 0.410 万元。

表 5-9 故障明细表

| 编 号 | 故障现象 | 原 因 | 修理方法 | 估计费用(元) |
|---|---|---|---|---|
| 1 | 活塞环响 | 活塞环折断 | 更换活塞环套件 | 250 |
| 2 | 气缸裂纹 | 发动机急速冷却造成 | 更换气缸体 | 900 |
| 3 | 水泵漏水 | 水封故障、水泵严重破损 | 更换水泵 | 350 |
| 4 | 电喷故障 | 电子喷射燃油泵严重损坏 | 更换燃油泵 | 1500 |
| 5 | 转向传动装置周期性异响 | 传动轴严重弯曲 | 更换 | 650 |
| 6 | 快转转向盘感到沉重 | 油泵驱动皮带打滑 | 更换皮带 | 40 |

续表 5-9

| 编　号 | 故障现象 | 原　因 | 修理方法 | 估计费用(元) |
|---|---|---|---|---|
| 7 | 后减振器故障 | 失效 | 更换 | 210 |
| 8 | 空调故障 | 制冷不足 | 需加氟 | 200 |
| 总计 | — | — | — | 4100 |

耗油量和排污量均超过国家标准 6%。

总折旧率见表 5-10。

表 5-10　折旧率明细表

| 折旧率内容 | 符　号 | 加权系数 | 折旧比例(%) | 扣除价格(万元) |
|---|---|---|---|---|
| 年限折旧率 | $n_1$ | 1.0 | 23.3 | 3.800 |
| 里程折旧率 | $n_2$ | 0.3 | 8.0 | 1.304 |
| 故障折旧率 | $n_3$ | 1.0 | 2.5 | 0.410 |
| 车型折旧率 | $n_4$ | 1.0 | 0 | 0 |
| 耗油量和排污量折旧率 | $n_5$ | 0.1 | 4.0 | 0.652 |
| 总计 | $\sum_{i=1}^{5} n_i$ | — | 37.8 | 6.166 |

(2)用折旧法计算该车的收购价格。收购定价过程如下：

1)用重置成本法加快速变现来估价。

①计算各折旧率及折旧价格。

a. 年限折旧率 $n_1$。该车已使用 3.5 年(1999.8～2003.2)，报废年限为 15 年，折旧年限也定为 15 年，则年限折旧率 $n_1$ 为

$$n_1 = 3.5/15 \times 1.0 \times 100\% = 23.3\%$$

折旧价格为

$$16.300 \times 23.3\% = 3.800(\text{万元})$$

b. 里程折旧率 $n_2$。该车已行驶 25 万 km，:报废里程为 50 万 km，则里程折旧率 $n_2$ 为

$$n_2 = \frac{20 - 50 \times \frac{3.5}{15}}{50} \times 0.3 \times 100\% = 8.0\%$$

折旧价格为

$$16.300 \times 8.0\% = 1.304(\text{万元})$$

c. 故障折旧率 $n_3$。各项故障排除费用折价为 0.410 万元，所占比例为

$$n_3 = \frac{0.410}{16.300} \times 1.0 \times 100\% = 2.5\%$$

d. 车型折旧率 $n_4$：

$$n_4=0(\text{型号未过时})$$

e. 耗油量及排污量超标折旧率 $n_5$。该车超过标准 6%，报废极限为 15%，则

$$n_5=\frac{6\%}{15\%}\times 0.1\times 100\%=4.0\%$$

折旧价格为

$$16.300\times 4.0\%=0.652(\text{万元})$$

②计算该轿车评估价。由于成新率 $C=1-$总折旧率 $\sum_{i=1}^{5} n_i$，由表 5-10 可知，总折旧率 $\sum_{i=1}^{5} n_i=37.8\%$，则成新率为

$$C=1-37.8\%=62.2\%$$

于是得

评估价＝重置成本价×成新率＝16.300×62.2%＝10.139(万元)

③确定该车收购价。

收购价＝评估价×变现率＝10.139×70%＝7.097(万元)

2)用加速折旧法计算该车的收购价格。由前述可知，该型号车的现行市场购置价为 16.300 万元，规定使用年限为 15 年，残值忽略不计。现分别以年份数求和法和双倍余额递减法计算折旧额。二手车重置成本价 $K_0$ 取 16.300 万元，二手车规定折旧年限 $N=15$ 年，折旧率 $\alpha$ 按直线折旧率 $1/N$ 的两倍取值，即有 $\alpha=2/N=2/15$，$t$ 从 1999 年 8 月至 2003 年 8 月共 4 个年度，收购日期为 2003 年 2 月。

①年份数求和法计算二手车的累计折旧额。

递减系数为 $\frac{N+1-t}{N(N+1)/2}=\frac{16-4}{120}$，年折旧额计算公式为

$$D_t=(K_0-S_V)\cdot\frac{N+1-t}{N(N+1)/2}$$

累计折旧额计算结果见表 5-11。

**表 5-11　年份数求和法计算累计折旧额**

| 年　份 | 重置成本 $K_0$(万元) | 递减系数 | 年折旧额(万元) | 累计折旧额(万元) |
|---|---|---|---|---|
| 1999.9～2000.8 | 16.300 | 15/120 | 2.0375 | 2.0375 |
| 2000.9～2001.8 | | 14/120 | 1.9017 | 3.9392 |
| 2001.9～2002.8 | | 13/120 | 1.7658 | 5.7050 |
| 2002.9～2003.8 | | 12/120 | 1.6300 | 7.3350 |

②双倍余额递减法计算二手车的累计折旧额。

年折旧率 $\alpha=2/N=2/15$，年折旧额计算公式为

$$D_t=K_0\alpha(1-\alpha)^{t-1}$$

累计折旧额计算结果见表 5-12。

**表 5-12　双倍余额递减法计算累计折旧额**

| 年　份 | 重置成本 $K_0$(万元) | 年折旧率 | 年折旧额(万元) | 累计折旧额(万元) |
|---|---|---|---|---|
| 1999.9～2000.8 | 16.3000 | 2/15 | 2.1733 | 2.1733 |
| 2000.9～2001.8 | 14.1267 | 2/15 | 1.8836 | 4.0569 |
| 2001.9～2002.8 | 12.2430 | 2/15 | 1.6324 | 5.6893 |
| 2002.9～2003.8 | 10.6106 | 2/15 | 1.4147 | 7.1040 |

表 5-11 和表 5-12 是按 4 年计算累计折旧额的，但车辆实际使用年限只有 3 年 6 个月，因此，两种方法计算得到的累计折旧额应减去第 4 年份的半年折旧额，即

年份数求和折旧法计算实际累计折旧额＝7.3350－1.6300/2
＝6.5200(万元)

双倍余额递减折旧法计算实际累计折旧额＝7.1040－1.4147/2
＝6.3967(万元)

③计算二手车收购价格。二手车收购价格计算公式为

$$P=B-\sum D_t-F_S$$

上式中：$B=16.300$ 万元；累计折旧额 $\sum D_t$ 取两种方法计算结果的最大值，即 $\sum D_t=6.520$ 万元；修理费用 $F_S=0.410$ 万元。考虑该车的实际行驶里程超过平均值 50×3.5/15＝12 万 km，应折扣价格 1.304 万元；油耗污染超过标准 6%，应扣除价格 0.652 万元。因此，该二手车的收购价格为

$$P=16.300-6.520-(0.410+1.304+0.652)=7.414(\text{万元})$$

从以上两种方法的计算结果可知，先按重置成本法对二手车进行鉴定估价，然后按照快速变现的原则计算收购价，与运用加速折旧法并考虑实际使用情况计算的收购价格接近(相差 4.4%)，说明以上几种方法均可用于二手车收购价格的估算，再根据市场供求关系，考虑经营的因素、品牌的因素以及宏观经济环境变化的因素等就可以估算出一个能抵御各种市场风险的收购价格。

**4. 二手车经销企业收购二手车的简单方法**

目前，二手车经销企业大多并不严格按照上述程序来详细地计算二手车的收购价格，而采用定性的方法，综合评估二手车市场的多种因素，确定二手

车的收购价格。通常需考虑以下因素：

①车辆年份的远近。

②车辆的行驶里程。

③车辆机械状态的好坏。

④车辆的外观有无修理过的痕迹。

⑤车辆配置的高低。

⑥车辆排量的大小。

⑦车辆颜色是否符合该品牌客户的普遍喜好。

⑧车辆手续是否齐全。

⑨车辆是否属于知名品牌。

⑩车辆是否符合当地的环保政策。

⑪同类车辆在二手车市场库存多少。

⑫同品牌新车价格波动幅度大小。

以下为某4S店2009年2月3日收购一台2007年10月20日注册登记的福美来二代手动舒适版私用二手车时的价格确定实例。

根据二手车价格变化特点，一般在3年内的二手车折价幅度是最大的，大约占新车价格的20%～30%，而该车收购时新车价格为7.98万元，故可初步确定该车能够交易的价格在5.5万元左右，经过对标的车辆的现场鉴定结果，再考虑到上述影响价格的因素，得出主要和次要影响因素折旧率，见表5-13和表5-14。

**表5-13 影响价格的主要因素**

| 序号 | 因素 | 实际状况 | 折旧比例/% |
|---|---|---|---|
| 1 | 年份 | 2007年 | 4 |
| 2 | 车辆状况 | 发动机、变速器性能优良 | 4 |
| 3 | 车辆外观 | 无肇事、无刮碰，外观内饰均较新，无修理的痕迹 | 7 |
| 4 | 车辆颜色 | 灰色 | 2 |
| 总计 | | | 17% |

**表5-14 影响价格的次要因素**

| 序号 | 因素 | 折旧比例/% |
|---|---|---|
| 1 | 车辆属于知名品牌 | 2 |
| 2 | 车辆配置：在同系列中属于标配 | 1 |
| 3 | 维护情况：在4S店维修保养有记录，其各项年缴税费、保险均未过期 | 1 |
| 4 | 车辆排量：该车属于经济型轿车，1.6L黄金排量。目前二手车交易仍以中低档车为主，小排量是消费者的最爱，此排量占优势 | 1 |

续表 5-14

| 序号 | 因素 | 折旧比例/% |
| --- | --- | --- |
| 5 | 行驶里程:该车行驶里程为 3.6 万 km,符合私有车行驶里程与使用年限的统计规律 | 1 |
| 6 | 该车符合当地的环保政策 | 1 |
| 7 | 该车同品牌新车价格没有变化 | 1 |
| 8 | 该车在本市二手车市场中保有量较大,目前在二手车市场库存较少 | 1 |
| 总计 | | 9% |

二手车收购价格公式为

二手车收购价格＝车辆现价×(1－折旧系数)×

购车年限折旧(一年车 80%,二年 70%,三年……)

上面公式中的“折旧系数”在当时行业中普遍取 5%,相当于当时的行业风险报酬率。“购车年限折旧”由上述表 5-13 和表 5-14 中的“折旧比例”累加后求得,即

购车年限折旧＝(1－17%－9%)＝74%

二手车收购价格＝7.98×(1－5%)×74%＝5.61

## 第二节 二手车的销售

二手车的销售价格是决定二手车流通企业收入和利润的唯一因素。因此,企业必须根据成本、需求、竞争及国家方针、政策、法规并运用一定的定价方法和技巧来对其产品制定切实可行的价格政策。

### 一、二手车销售定价的分析

(一)二手车销售定价影响因素

**1. 成本因素**

产品成本是定价的基础和最低界限,二手车的销售价格如果不能保证收回成本,企业的经营活动就难以维持。二手车流通企业销售定价应在收购价格的基础上,认真分析价格、需求量、成本、销量、利润之间的关系,正确地估算出收购车辆的总成本费用,并以此作为二手车销售定价的依据。收购车辆的总成本费用由固定成本费用和变动成本费用构成。

①固定成本费用。固定成本费用是指在既定的经营目标内,不随收购车辆的数量和其他费用的变化而变动的成本费用。如分摊在这一经营项目的固定资产的折旧、管理费等项支出。

②固定成本费用摊销率。固定成本费用摊销率是指单位收购价值所包

含的固定成本费用，即固定成本费用与收购车辆总价值之比。如某企业根据经营目标，预计某年度收购100万元的车辆价值，分摊固定成本费用1万元，则单位固定成本费用摊销率为1%。如花费4万元收购一辆旧桑塔纳轿车，则应该将400元计入固定成本费用。

③变动成本费用。变动成本费用指收购车辆随收购价格和其他费用而相应变动的费用。主要包括车辆实体的价格、运输费、公路养路费、保险费、日常维护费、维修翻新费、资金占用的利息等。

由上面成本分析可知，一辆二手车收购的总成本费用是这辆车应分摊的固定成本费用与变动成本费用之和，用数学式表达为

一辆二手车的总成本费用＝收购价格×固定成本费用摊销率＋变动成本费用

**2. 供求关系**

在市场经济中，产品的价格以市场供求为前提。若供大于求，价格会下降；若供小于求，价格则会上升，这就是市场供求规律。但是也应看到，在价格受供求影响而有规律性的变动过程中，不同商品的变动幅度是不一样的。因此在销售定价时还要考虑需求价格弹性。所谓需求价格弹性，是指因价格变动而引起的需求相应的变动率。它反映需求变动对价格变动的敏感程度。按照西方经济学理论，当某种产品需求弹性较小时，提高价格可以增加企业利润；反之，当产品需求富有弹性时，降低价格也可以增加企业利润。同时，还能起到打击竞争对手、提高自己产品市场占有率的作用。

对于二手车来说，其需求弹性较强，即二手车价格的上升（或下降）会引起需求量较大幅度的减少（增加）。因此，在二手车销售定价时，应该把销售价格定得低一些，以薄利多销达到增加赢利、服务顾客的目的。

**3. 竞争状况**

在产品供不应求时，企业可以自由地选择定价方式；而在供大于求时，竞争必然加剧，定价方式的选择只能被动地根据市场竞争的需要来进行。为了稳定自己的市场份额，二手车的销售定价要考虑本地区同行业竞争对手的价格状况，根据自己的市场地位和定价的目标，选择与竞争对手相同的价格，甚至低于竞争对手的价格进行定价。

**4. 国家政策法令**

任何国家对物价都有适度的管理，所不同的是，各个国家和地区对价格的控制程度、范围、方式等存在着一定的差异，完全放开和完全控制的情况是没有的。一般而言，国家可以通过物价部门直接对企业定价进行干预，也可以用一些财政、税收手段对企业定价实施间接影响。

（二）二手车销售定价的目标分析

二手车销售定价的目标，是指二手车流通企业通过制订价格水平，凭借价格产生的效用来达到预期目的。企业在定价以前，必须根据内部条件和外部环境，制订出既不违背国家的方针政策，又能协调企业其他经营目标的定价目标。企业定价目标主要有两大类，即获取利润目标和占领市场目标。

**1. 获取利润目标**

利润是二手车流通企业最主要的资金来源。利润目标是考核和分析二手车流通企业营销工作好坏的一项综合性指标。以利润为定价目标有 3 种具体指标：预期收益、最大利润和合理利润。

（1）获取预期收益目标。预期收益目标是指二手车流通企业以预期收益（包括预交税金）为定价基点，并以利润加上商品的完全成本构成价格出售商品，从而获取预期收益的一种定价目标。预期收益目标有长期和短期之分，大多数企业都将这一目标作为长期目标。预期收益高低的确定，应当考虑商品的质量与功能、同期的银行利率、消费者对价格的反应以及企业在同类企业中的地位和在市场竞争中的实力等因素。预期收益定得过高，企业会处于市场竞争的不利地位，定得过低，又会影响企业投资的回收。一般情况下，预期收益适中，可能获得长期稳定的收益。

（2）获取最大利润目标。最大利润目标是指二手车流通企业在一定时期内综合考虑各种因素后，以总收入减去总成本的最大差额为基点，确定单位商品的价格，以取得最大利润的一种定价目标。最大利润是企业在一定时期内可能并准备实现的最大利润总额，而不是单位商品的最高收入，最高收入不一定能获取最大利润。当企业的产品在市场上处于绝对有利地位时，往往采取这种定价目标。它能够使企业在短期内获得高额利润。最大利润目标一般应是长期的利润目标，而不是一个在短期内竭泽而渔的目标。在个别时期，甚至允许以低于成本的价格出售，以便招徕顾客。

（3）获取合理利润目标。合理利润目标，是指二手车流通企业在补偿社会平均成本基础上，适当地加上一定量的利润作为商品价格，以获取正常情况下合理利润的一种定价目标。企业在自身力量不足，不能实行最大利润目标或预期收益目标时，往往采取这一定价目标。这种定价目标以稳定市场价格、避免不必要的竞争、获取长期利润为前提，因而商品价格适中，顾客乐于接受，政府积极鼓励。

**2. 占领市场目标**

以市场占有率为定价目标是一种志存高远的选择方式。市场占有率是指一定时期内某二手车流通企业的销售量占当地细分市场销售总量的份额。

市场占有率高意味着企业的竞争能力较强，说明企业对消费信息把握得较准确、充分。资料表明，企业利润与市场占有率正向相关。提高市场占有率是增加企业利润的有效途径。

由于企业所处的市场营销环境不同，自身条件与营销目标不同，企业定价目标也大相径庭。因此，二手车流通企业应在综合考虑市场环境、自身实力及经营目标的基础上，将获取利润目标和占领市场目标结合起来，兼顾企业的眼前利益与长远利益，来确定适当的定价目标。

（三）二手车销售定价的方法及适用范围

定价方法是二手车流通企业为了在目标市场实现定价目标，给产品制定基本价格和浮动范围的技术思路。成本、需求和竞争是影响企业定价的最基本因素，其中：产品成本决定了价格的最低限；产品本身的特点，决定了需求状况，从而确定了价格的最高限；竞争对手的产品与价格为定价提供了参考的基点。因此，二手车销售定价形成了以成本、需求、竞争为导向的三大基本思路。

**1. 成本导向定价法**

（1）成本加成定价法。成本加成定价法也称为加额定价法、标高定价法或成本基数法，是一种比较普遍应用的定价方法。它首先确定单位产品总成本（包括单位变动成本和平均分摊的固定成本），然后在单位产品总成本基础上加上一定比例的利润——成本加成率，从而形成产品的单位销售价格。该方法的计算公式为

单位产品价格＝单位产品总成本×（1＋成本加成率）

成本加成定价法的关键是成本加成率的确定。一般地说，加成率应与单位产品成本成反比，和资金周转率成反比，与需求价格弹性成反比。当需求价格弹性不变时，加成率也应保持相对稳定。

（2）目标收益定价法。目标收益定价法又称投资收益率定价法。它是根据企业的投资总额、预期销量和投资回收期等因素来确定销售价格。在产品供不应求的条件下，或在产品需求价格弹性很小的细分市场中，目标收益法具有一定的应用价值。

（3）边际成本定价法。边际成本是指每增加或减少单位产品所引起的总成本的增加或减少。采用边际成本定价法时，是将单位产品的边际成本作为定价依据和可接受价格的最低界限。在价格高于边际成本的情况下，企业出售产品的收入除完全补偿变动成本外，尚可用来补偿一部分固定成本，甚至可能提供利润。在竞争激烈的市场条件下，采用边际成本定价法可以使产品的销售定价具有较大的灵活性，对于有效地应对竞争、开拓新市场、调节需求

的季节差异、形成最优产品组合可以发挥一定的作用。

**2. 需求导向定价法**

需求导向定价法是以消费者的认知价值、需求强度及对价格的承受能力为依据，以市场占有率、品牌形象和最终利润为目标来策划价格。需求导向定价法又称顾客导向定价法。其特点是：平均成本相同的同一产品价格随需求变化而变化。这种定价方法一般是以该产品的历史价格为基础，根据市场需求变化情况，在一定的幅度内变动价格，以致同一商品可以按两种或两种以上价格销售。这种差价可以因顾客的购买能力、对产品的需求情况、产品的型号和式样以及时间、地点等因素的不同而不同。

**3. 竞争导向定价法**

竞争导向定价是以企业所处的行业地位和竞争定位而制定价格的一种方法。其特点是：价格与成本和需求不发生直接关系。它主要以竞争对手的价格为基础，并与竞争品价格保持一定的比例。即竞争品价格未变，即使产品成本或市场需求变动了，也应维持原价；竞争品价格变动，即使产品成本和市场需求未变，也要相应调整价格。

（四）二手车销售定价方法分析

在上述定价方法中，企业要考虑产品成本、市场需求和竞争形势，研究价格怎样适应这些因素。但在实际定价中，企业往往只能侧重于考虑某一类因素，选择某种定价方法，并通过一定的定价政策对计算结果进行修订。而成本加成定价法之所以被二手车流通企业广泛采用，主要是由于其有如下三个优势：

(1)定价工作简化。成本的不确定性一般比需求的不确定性小得多，定价着眼于成本，可以使基础定价不必随时依需求情况的变化而频繁地调整，因而大大地简化了企业的定价工作。

(2)可降低价格竞争程度。只要同行业企业都采用这种定价方法，那么在成本与加成率相似的情况下价格也大致相同，这样可以使价格竞争减至最低限度。

(3)对买卖双方都较为公平。用成本加成法确定销售价格，卖方不利用需求量增大的优势趁机哄抬物价，因而有利于买方；而卖方在流通环节所付出的劳动和投入的资金，通过固定的加成率也得到承认并获得相当稳定的投资收益。

（五）二手车销售定价的策略

在二手车的市场营销中，尽管非价格竞争作用在增长，但价格仍然是影响销售的重要因素，是营销组合中的关键因素。定价是否恰当，不仅直接关系到二手车的销量和企业的利润，而且还关系到企业其他营销策略的制定。营销中定价策略的意义在于，有利于挖掘新的市场机会，实现企业的整体目标。在市场经济条件下，采取什么样的价格策略，已成为企业经营者面临的重大决策课题。

二手车销售定价策略，是指二手车流通企业根据市场中不同变化因素对二手车价格的影响程度采用不同的定价方法，制定出适合市场变化的二手车销售价格，进而实现定价目标的企业营销对策。

**1. 阶段定价策略**

阶段定价策略就是根据产品寿命周期各阶段不同的市场特征而采用不同的定价目标和对策。在产品的投入期以打开市场为主，成长期以获取目标利润为主，成熟期以保持市场份额、利润总量最大为主，衰退期以回笼资金为主。另外还要兼顾不同时期的市场行情，相应修改销售价格。

**2. 心理定价策略**

不同的消费者有不同的消费心理：有的注重经济实惠、物美价廉；有的注重名牌产品；有的注重产品的文化情感含量；有的追赶消费潮流。心理定价策略就是在补偿成本的基础上，按不同的需求心理确定价格水平和变价幅度。如尾数定价策略就是企业针对消费者的求廉心理，在二手车定价时有意定一个与整数有一定差额的价格。这是一种具有强烈刺激作用的心理定价策略。价格尾数的微小差别，能够明显影响消费者的购买行为，会给消费者一种经过精确计算的、最低价格的心理感觉，如某品牌的二手车标价 69998 元，会给人以不到 7 万元就能买一台质量不错的品牌二手车的感觉。

**3. 折扣定价策略**

二手车流通企业在市场营销活动中，一般按照确定的目录价格或标价出售商品。但随着企业内外部环境的变化，为了促进销售者、顾客更多地销售和购买本企业的产品，往往根据交易数量、付款方式等条件的不同，在价格上给销售者和顾客一定的减让，这种生产者给销售者或消费者的一定程度的价格减让就是折扣。灵活运用价格折扣策略，可以鼓励需求、刺激购买，有利于企业搞活经营，提高经济效益。

（六）二手车销售最终价格的确定

二手车流通企业通过以上程序制定的价格只是基本价格，只确定了价格的范围和变化的途径。为了实现定价目标，二手车流通企业还需要考虑国家的价格政策、用户的要求、产品的性价比、品牌价值及服务水平，应用各种灵活的定价策略对基本价格进行调整。同时将价格策略和其他营销策略结合起来，以确定最终价格。

## 二、二手车销售实例

某二手车的基本情况如下：

型号：一汽大众捷达 CIF；车牌号码：辽 A×××××；发动机号码：EK5647；车辆识别代号/车架号：LHK35425895154×××；注册登记日期：2005 年 12 月 20 日；年审检验合格至 2010 年 4 月；车辆购置税完税证明有。

某 4S 店于 2010 年 4 月收购，收购价格为 4.40 万元。

该车欲于 2010 年 10 月销售，其销售价格确定方法如下：

**1. 固定成本费用摊销率的确定**

按该 4S 店的固定成本构成情况分析，分摊在二手车销售的固定成本摊销率为 1%。

**2. 变动成本的确定**

①该车实体价格即为收购价格，4.40 万元。

②收购车辆时的运输费用合计为 65 元。

③从收购日起到预计的销售日，分摊在该车的日常维护费用约 400 元。

④该车收购后，维修翻新费用合计 3200 元。

⑤车辆存放期间，银行的活期存款年利率为 0.36%。

$$
\begin{aligned}
\text{该二手车的变动成本} &= (\text{收购价格}+\text{运输费用}+\text{维护费用}\\
&\quad +\text{维修翻新费用})\times(1+\text{利率})\\
&= (44000+65+400+3200)\times\left(1+\frac{10-4}{12}\times 0.36\%\right)\\
&= 47751(\text{元})
\end{aligned}
$$

$$
\begin{aligned}
\text{该二手车的总成本费用} &= \text{收购价格}\times\text{固定成本费用摊销率}+\text{变动成本}\\
&= 44000\times 1\%+47751=48191(\text{元})
\end{aligned}
$$

**3. 确定销售价格**

该 4S 店目前处于比较稳定的经营时期，二手车经销状况也比较稳定，应以获取合理利润为目标。故采用成本加成定价法。本车型属于大众车型，市场保有量较大，且销售情况平稳。根据销售时日的市场行情，一般成本加成率在 6%左右。因此该车的销售价格为

$$
\begin{aligned}
\text{二手车销售价格} &= \text{该车总成本}\times(1+\text{成本加成率})\\
&= 48191\times(1+6\%)=51082.46(\text{元})
\end{aligned}
$$

该车不准备采用折扣定价策略，而上述计算结果中有精确的尾数，即采用尾数定价策略，也不再做调整。故该二手车的最终销售价格确定为 51082 元。

## 第三节 二手车置换

随着我国汽车市场的发育成熟，汽车的交易方式也越来越多样化，二手车置换作为汽车交易的一种方式逐渐被人们接受并在汽车流通中发挥重要作用。

### 一、二手车置换的定义

从国内正在操作的二手车置换业务来看，对二手车置换的定义有狭义和广义之分。从狭义上来说，二手车置换就是以旧换新业务。经销商通过二手商品的收购与新商品的销售获取利益。目前，狭义的置换业务在世界各国都已成为流行的销售方式。而广义的二手车置换概念则是指在以旧换新业务的基础上，还同时兼容二手商品整新、跟踪服务及在新商品销售中用二手商品折抵分期付款等一系列业务的组合。国内的二手车市场虽然起步较晚，但目前的交易规模已经相当可观，经过近几年的培育，狭义置换业务得到长足的发展，广义的置换业务在国内尚处于萌芽状态，亟待各方面的关心和扶持。

### 二、国内主要二手车置换商简介

过去，由于用户对车辆残值和二手车交易行情缺少了解，且缺乏规范、有公信力的专业技术评估手段，导致二手车交易障碍重重，市场发展不够规范。2004年品牌二手车的兴起，成为了二手车市场的一个亮点。具有原厂质量保证的二手车认证和置换服务，为消费者提供了车辆更新和购置的新选择。继上海通用汽车公司率先进入二手车领域后，上海大众、一汽大众、东风日产等汽车生产厂家也纷纷进军二手车市场。

①上海通用"诚新二手车"。上海通用汽车公司是国内较早涉足品牌二手车领域的汽车制造商，在服务经验、规范化程度，以及开展的业务等方面比较领先。其麾下的"诚新二手车"品牌已逐渐成为二手车市场的一面标杆。目前开展的业务主要还是新车置换，但是业务开展深度较强，认证二手车数量较多，可以在全国范围内开展整备后二手车的销售。在这个过程当中，积极引入灵活多变的销售策略。2004年，上海通用汽车公司开始将中国第一个二手车品牌全面升级，由原来的"别克诚新二手车"升级为"上海通用汽车诚新二手车"。并宣布，从2004年8月26日至9月30日，覆盖全国26个省、46个城市的"诚新二手车"置换别克新车活动向用户隆重推出旧车免费估价、置换价格优惠、延长质量担保等优惠活动。

随着"诚新二手车"品牌的建立，二手车价值也得到了提升。据北京二手车市场的统计，赛欧 SRV 二手车的市场价值比过去提升了 3%～5%。2004 年上海通用汽车“诚新二手车”在北京、上海、杭州、广州、深圳 5 城市进行的“品牌二手车第一拍”中，成交率高达 89%。

②一汽大众认证二手车。相比上海通用汽车公司，一汽大众汽车公司进入二手车领域较晚。2004 年 8 月 28 日，一汽大众认证二手车首批样板店开业典礼，宣布进军二手车市场，逐渐开展拍卖等销售业务。相比前者来说，在经验和方式多样性等方面还不够理想。

③上海大众特选二手车。上海大众集团早在 2003 年 11 月就推出了自己的二手车交易品——上海大众特选二手车。其在发展的形势方面和一汽大众认证二手车基本相同。

## 三、国内二手车置换主要运作模式

从国内的交易情况来看，目前进行二手车置换有三种模式。

①用本厂旧车置换新车(即以旧换新)。如二手车的生产厂家为“一汽大众”，车主可将旧捷达车折价卖给一汽大众的零售店，再买一辆新宝来。

②用本品牌旧车置换新车。如品牌为“大众”，假设拥有一辆旧捷达的车主看上了帕萨特，那么他可以在任何一家“大众”的零售店里置换到一辆他喜欢的帕萨特。

③只要购买本厂或本厂家的新车，置换的旧车不限品牌。上海通用汽车“诚新二手车”开展的就是这种二手车置换模式，消费者可以用各种品牌的二手车置换别克品牌的新车。

如果考虑买车人的选择余地和便利程度，当然是第三种方式最佳。不过，这种方式对厂商和经销商而言非常具有挑战性。这是因为，首先，中国的车主一般既不从一而终地在指定维修点维护修理，也不保留车辆的维修档案，车况极不透明；再者，不同品牌、不同型号的车在技术和零部件上千差万别；第三，对于个别已经停产车型更换零部件将越来越麻烦。

此外，我国也出现了委托寄卖等置换新模式。我国的委托寄卖主要分为三种类型：一是自行定价型，即由消费者自行定价，委托商家代卖，成交后支付佣金；二是二次付款型，它由商家先行支付部分费用，等到成交后再付余款，佣金以利润比例来定；三是周期寄卖型，其方式是由商家向车主承诺交易周期，车价由双方共同确定，而佣金则以成交时间和成交金额双重标准来定。

## 四、二手车置换授权经销商

车辆更新对于车主来说，是一个烦琐的过程，首先要到二手车市场把车卖掉，这其中要经历了解市场行情、咨询二手车价格、与二手车经纪公司讨价还价直至成交、办理各种手续和等待回款，至少要好几天，等拿到钱后再到新车市场买新车，又是一番周折。对于车主来说更新一部车比买新车麻烦得多。在生活节奏日益加快的今天，人们期盼能否有一种便捷的以旧换新业务，使他们在自由选择新车的同时，很方便地处理要更新的旧车。因此，具有二手车置换资质的经销商作为中介的重要作用就显现出来。

二手车置换授权经销商是我国二手车置换运作的中介主体。二手车置换授权经销商的车辆置换服务，将消费者淘汰旧车和购买新车的过程结合在一起，一次完成甚至一站完成，为用户解决了先要卖掉旧车再去购买新车的麻烦。我国二手车置换授权经销商的二手车置换服务一般具有以下特点：

①打破车型限制。与以往开展二手车置换的厂家或品牌专卖店不同，二手车置换授权经销商对所要置换的旧车以及选择购买的新车，都没有品牌及车型的限制，可以任意置换。二手车置换授权经销商采用汽车连锁超市的模式经营新车的销售，连锁超市中经营的汽车品牌众多，可以满足消费者的不同需求。也可根据顾客的要求，到指定的经销商处，为顾客购进指定的车辆，真正做到了无品牌限制的置换。

②让利置换，旧车增值。二手车置换授权经销商将车辆置换作为顾客购买新车的一项增值服务。与顾客将旧车出售给二手车经纪公司不同，二手车置换授权经销商通常是以二手车交易市场收购的最高价格甚至更高的价格，确定二手车价格，经双方认可后，置换二手车的钱款直接冲抵新车的价格。

二手车置换授权经销商有自己的二手车经纪公司，同时与二手车交易市场中的众多经纪公司保持联系，保证市场信息渠道的畅通，以及所置换的旧车能够有快速的通路。车况较好的旧车，二手车置换授权经销商经过整修后，补充到租赁车队中投放低端租车市场，用租赁收入弥补旧车的增值部分后，到二手车市场处置；或者发挥二手车置换授权经销商租车网络优势，在中小城市租赁运营。

③"全程一对一"的置换服务。二手车置换授权经销商汽车连锁销售提供的车辆置换服务，是一种"全程一对一"的服务模式。由于二手车置换授权经销商的业务涉及汽车租赁、销售、汽车金融以及二手车经纪，因此顾客在二手车置换授权经销商选择置换的购车方式后，从旧车定价、过户手续，到新车的贷款、购买、保险、牌照等过程都由二手车置换授权经销商公司内部的专业部门完成，保证了效率和服务水准。

④完善的售后服务。在二手车置换授权经销商通过置换购买的新车，二手车置换授权经销商将提供包括保险、救援、替换车、异地租车等服务在内的完善的售后服务。对于符合条件的顾客，二手车置换授权经销商还提供更加个性化的车辆保值回购计划，使顾客可以无须考虑再次更新时的车辆残值，

安心使用车辆。

## 五、二手车置换质量认证

二手车置换中一个最重要、最容易引起争议的问题就是置换旧车的质量问题。和新车交易相比,二手车市场存在很多不透明的地方。二手车评估本身就比较复杂,加上二手机动车交易又是"一旦售出,后果自理",因此在购买二手车的时候,大部分的消费者并不信任卖家。为了保障交易双方权益、减少纠纷,国外汽车厂商从20世纪90年代就开始对汽车进行质量认证,我国的汽车厂商也从这两年开始开展这一业务。汽车厂家利用自己的技术、设备、人员以及信誉优势,对回购的二手车进行检测、修复,给当前庞大的二手车消费群体提供"放心车"、"明白车",即使价格高于其他市场上的二手车,消费者也认为值得。同时汽车厂家介入二手车市场也为规范二手车市场、降低交通安全隐患带来积极影响。

**1. 认证的基本概念**

经汽车厂商授权的汽车经销商将收上来的该品牌二手车进行一系列检测、维修之后,使该车成为经品牌认证的车辆,销售出去之后可以给予一定的质量担保和品质保证,这一过程通称为认证。

二手车认证方案中所包含的质量保证条款和购车优惠措施,是市场对二手车刮目相看的重要原因。目前,认证方案项目一般包括:合格的质量要求、严格的检测标准、质量改进保证、过户保证以及比照新车销售推出的送货方案,一些大公司开展的认证还包括提供与新车一样利率的购车贷款。通过认证,顾客和经销商双方都从中得到了实惠。首先顾客对自己购买二手车的心态更加趋于平和,相应地,经销商也实现了认证车辆的溢价销售;其次,顾客不会有车刚到手就发生故障的经历,经销商也不必面对恼怒顾客的指责。

**2. 我国的二手车认证**

我国的二手车认证主要是在一些合资企业中开展,这其中以上汽通用公司和一汽大众公司为代表,我国一般的二手车认证流程如图5-1所示。

(1)上汽通用公司的二手车认证。上海通用汽车公司认证的二手车要经过多道程序的严格筛选。首先,认证的二手车有自己统一的品牌,是和诚信谐音的"诚新"。能通过认证,并打上"诚新"牌子的二手车要达到以下条件:首先是无法律纠纷,非事故车,无泡水经历;其次,使用不超过5年,行驶10万km以内;再次,原来用途不是用于营运和租赁。

上汽通用的二手车认证有106项检验项目。这106项检验要进行两次:进场第一次,整修后还要进行一次。106项检验主要包括车身、电气、底盘、

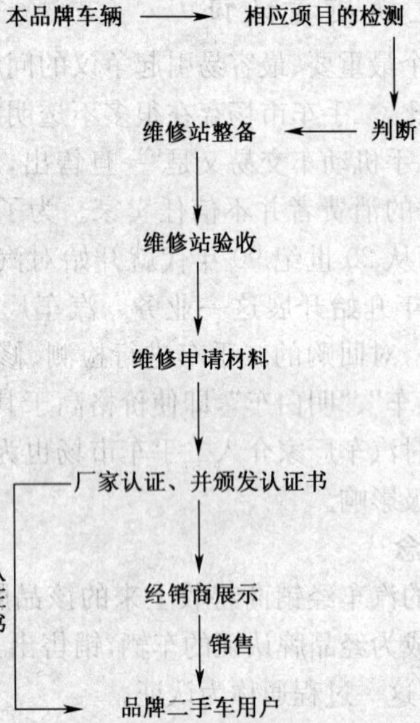


**图 5-1 二手车认证流程图**

制动等 6 大类，基本囊括了整个汽车的零配件。通过筛选的二手车，经过整修，再进行 106 项检测，全部合格后才能获得上海通用公司的认证书。经认证过的二手车出售后能获得半年 1 万 km 的质量保证。在质保期间，如果车辆出现质量问题，客户可以在全国联网的品牌专业维修店获得免费修理和零配件更换。

(2)一汽大众的二手车认证。一汽大众的二手车认证有 141 项检测标准，包括发动机(检查压缩比、排放、点火正时等 11 项)；离合器(离合器线束调整、噪声检测等 5 项)；变速器(变速器各挡位操控性、变速器油油位等 8 项)；悬架(减振器泄漏等 5 项)；传动系统(差速器泄漏和噪声等 4 项)；转向系统(转向齿条等 7 项)；制动(制动蹄片磨损情况等 8 项)；制冷系统(管道泄漏等 4 项)；轮胎轮辋(前轮定位等 5 项)；仪表(仪表灯亮度等 15 项)；灯光系统(车内外灯光光线、报警灯等 10 项)；电子电器(蓄电池、各种熔断器等 8 项)；车辆外部(刮水器胶皮磨损等 7 项)；车辆内部(座椅、杯架、后视镜等 9 项)；空调(气流、风向等 6 项)；收音机及 CD(播放器、扬声器等 3 项)；内饰外观(各种塑料件、装饰件等 3 项)；车身及漆面(破裂、剐蹭等 5 项)；完备性(备胎、说明书等 7 项)；最终路试(操控性、循迹性等 11 项)。

## 六、二手车置换的服务程序

二手车置换包括旧车出售和新车购买两个环节。不同的二手车置换授权经销商对二手车置换流程的规定不完全一样，一汽大众二手车置换流程如图 5-2 所示。

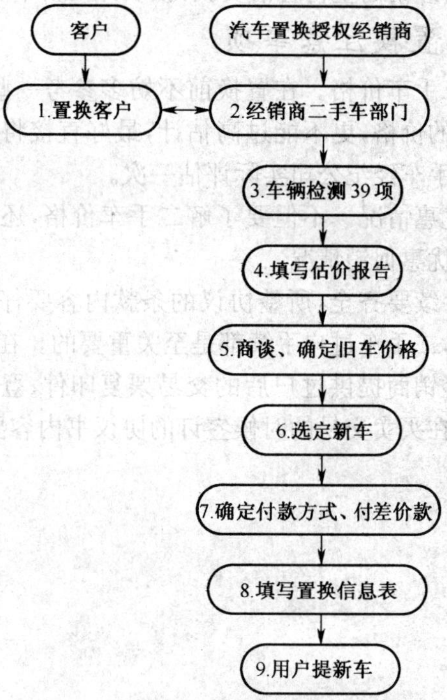


图 5-2　一汽大众二手车置换流程图

国内一般二手车置换程序如下。

①顾客通过电话或直接到二手车置换授权经销商处进行咨询，也可以登陆二手车置换授权经销商的网站进行置换登记。

②汽车评估定价。

③二手车置换授权经销商销售顾问陪同选订新车。

④签订旧车购销协议以及置换协议。

⑤置换旧车的钱款直接冲抵新车的车款，顾客补足新车差价后，办理提车手续，或由二手车置换授权经销商的销售顾问协助在指定的经销商处提取所订车辆，二手车置换授权经销商提供一条龙服务。

⑥顾客如需贷款购新车，则置换旧车的钱款作为新车的首付款，二手车置换授权经销商为顾客办理购车贷款手续，建立提供因汽车消费信贷所产生的资信管理服务，并建立个人资信数据库。

⑦二手车置换授权经销商办理旧车过户手续，顾客提供必要的协助和材料。

⑧二手车置换授权经销商为顾客提供全程后续服务。

在二手车置换中，新车可选择仍使用原车牌照，或上新牌照。如果旧车贷款尚未还清，可由经销商垫付还清贷款，款项计入新车需交钱款。

## 七、二手车置换注意事项

(1)充分了解二手车价格。在置换前不妨多参考一些评估价格，既不能过低估计自己车辆的价格，更不能过高估计，最好直接将车开到有一定品牌知名度和实力的二手车经纪公司实际评估一次。

(2)掌握新车优惠情况。不但要了解二手车价格，还要了解准备置换的新车价格以及近期优惠促销情况。

(3)注意过户手续要齐全，所签协议的条款内容要仔细看。不管是直接卖车还是置换新车，二手车过户手续都是至关重要的。在正式成交后的过户阶段，车主可要求经销商提供过户后的交易票复印件、登记证书复印件和保险过户的复印件。在买卖交易的时候签订的协议书内容要仔细看，检查是否有遗漏的内容。

# 第六章　事故车鉴定与评估

目前进行交易的二手车,很多为事故车辆。有的车辆是轻微刮碰过,有的车辆是较重碰撞过。这些事故车一般都经过维修或更换零部件之后,车主才决定将车卖掉,还有的直接将事故车辆直接转让。虽然事故车经过了维修,但车辆技术性能有好有坏。为准确地鉴定评估事故车辆的技术状况,使车辆潜在的故障能被检测出来,为以后再次维修所需价格做出正确估算,使买卖双方都满意,要求鉴定评估师熟练掌握事故车维修方法及正确估价。

## 第一节　事故车损伤的种类与原因

### 一、汽车损伤的种类

**1. 按碰撞损伤行为不同分类**

汽车碰撞损伤按碰撞损伤行为不同可分为直接损伤和间接损伤两种。直接损伤也称一次损伤,间接损伤也称二次损伤。

(1)直接损伤。是指汽车碰撞直接接触点的车身一次损伤称直接损伤。由于车辆结构、碰撞力和角度以及其他因素的差异,损伤区域是多种多样的。像造成翼子板变形和开裂以及零件破碎等可见的,不需要测量损伤。直接损伤修理,一般是在完成所有间接损伤的修理后,采用对车身填料的方法对直接损伤进行修理。由于钣金件非常薄,故对其修理是非常有限的。

(2)间接损伤。是指发生在直接损伤区域之外,并离碰撞点有一段距离的损伤。间接损伤是在碰撞力向后传递过程中形成的,即碰撞力从冲击区域延伸到车身连接区,并且碰撞能量在向毗邻板件移动的过程中被吸收,如图6-1 中的车门变形等。

间接损伤程度取决于碰撞力的大小和作用方向以及吸收碰撞能的各个结构件的强度。很多承载式汽车车身被设计成能压溃并能吸收碰撞能量的结构,以便于保护车内乘员。间接损伤也可由动力传动系统和后桥的惯性力造成。由于车辆因碰撞突然停止,机械零部件的惯性力全部作用到固定点和支撑构件上,使毗邻金属件发生皱曲、撕裂或开焊等现象,因此,事故车检查时必须注意检查悬架、车桥、发动机和变速器固定点是否损伤。

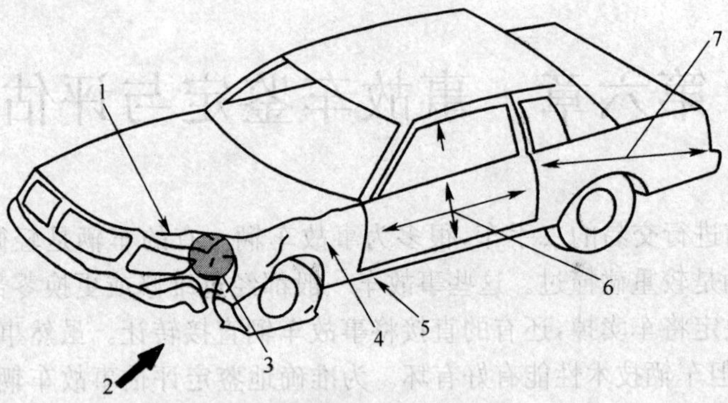


**图 6-1　一、二次损伤标志**

1. 漆面裂痕和皱曲迹象　2. 碰撞力作用方向角　3. 碰撞位置　4. 构件吸能变形　5. 开焊　6. 车门、车窗校准　7. 后部变形

间接损伤有时不容易发觉，常见的有钣金件皱曲、漆面开裂和伸展、钣金件缝隙错位、接口撕裂、开焊等。这些损伤要仔细查找相关线索。

**2. 按车身损伤结果不同分类**

按车身损伤结果不同可分为侧弯、凹陷、折皱或压溃、菱形损伤和扭曲等几种。

(1)侧弯。是指汽车前部、汽车中部或汽车后部在冲击力的作用下，偏离原来的行驶方向发生的碰撞损伤。如图 6-2 中 1 所示为汽车的前部侧弯，冲击力造成汽车的一边伸长，一边缩短的损伤情况。

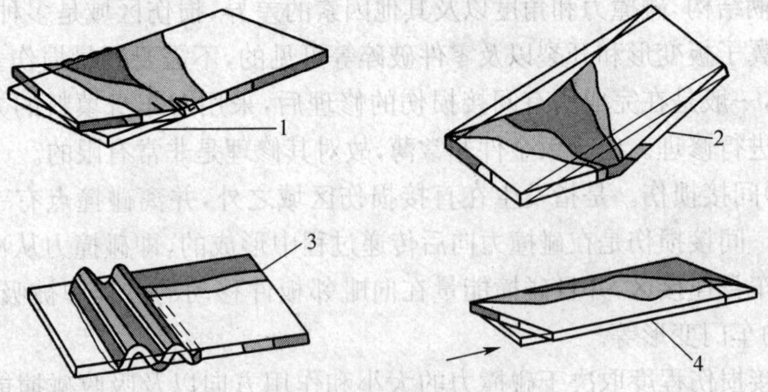

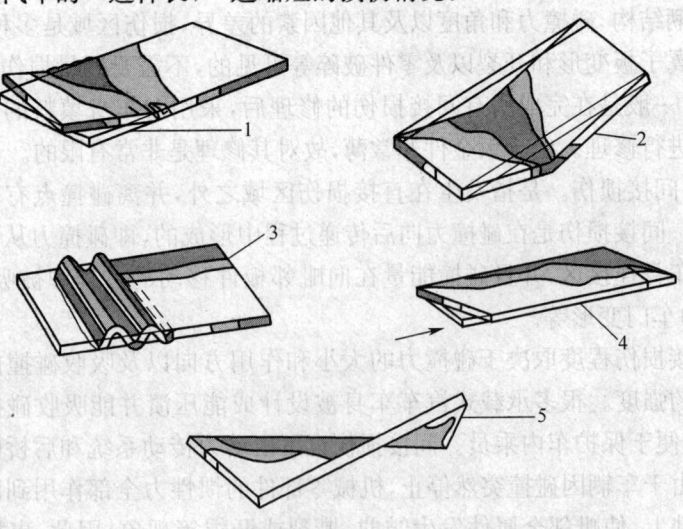


**图 6-2　汽车车架和车身的碰撞损伤类型**

1. 侧弯　2. 凹陷　3. 折皱或压溃　4. 菱形损伤　5. 扭曲

(2)凹陷。是指由于正面碰撞或追尾碰撞引起的零件表面呈现的凹陷形状,可能发生在汽车的一侧或两侧,如图 6-2 中 2 所示。是交通事故中常见的碰撞损伤类型。

(3)折皱或压溃。折皱就是微小的弯曲。是指汽车发生正面碰撞或追尾碰撞,非承载式汽车车架或承载式车身纵梁上会引起类似损伤,如图 6-2 中 3 所示。在决定折皱件修理方法时,定损员必须合理地考虑零件是修理还是换新件。当损伤件弯曲超过 90°时应换新件。当损伤件弯曲小于 90°时可以修理,但必须满足设计强度。

(4)菱形损伤。是指一辆汽车的一侧向前或向后发生位移,使车架或车身不再是方形的损伤情况。如图 6-2 中 4 所示,是由于汽车碰撞发生在前部或尾部的一角或偏离质心方向,造成发动机罩和车尾行李舱盖发生了位移的损伤。

(5)扭曲。是指汽车的一角比正常要高,而另一角比正常低的损伤情况,如图 6-2 中 5 所示。非承载式车身发生的扭曲,是指车架的一端垂直向上变形,而另一端垂直向下的变形。承载式车身发生的扭曲,是指前部和后部车身发生相反的凹陷。扭曲一般分车架扭曲和车身扭曲两类。它们的修理方法和修理工时不同。车身扭曲的维修相对困难,费用较高。

## 二、汽车损伤的原因及损伤程度分析

汽车碰撞后的损伤非常复杂,损伤程度与受力大小、方向、障碍物的类型、接触面积等很多因素有关。只有对车辆在发生碰撞时的受力情况进行科学的分析,才能准确地把握车辆的损伤形式、部位,确定出具体损伤程度。这一点不但对车辆损伤的判定具有重要的意义,对今后的修复工作及费用报价同样具有指导性的意义。

**1. 以碰撞点形成的损伤**

在同一部位汽车碰撞过程中,碰撞冲击力的方向不同造成的损伤也不同。例如,在一次汽车碰撞过程中,A 车以垂直角度撞击 B 车的右前翼子板,冲击合力可以分解成为两个分力:水平分力和侧向分力,如图 6-3 所示。这两个分力都被汽车零部件所吸收。水平分力使汽车右前翼子板变形方向指向发动机罩中心。侧向分力使汽车的右前翼子板向后变形。这些分力的大小及对汽车造成的损伤与碰撞角度有关。水平分力通过水箱框架传递给左侧翼子板及纵梁,间接造成左侧翼子板、纵梁变形。由此可见,正确的受力分析对搞好车损评估、减少遗漏至关重要。

冲击力造成的损伤程度也同样取决于冲击力与汽车质心相对应的方向。如果冲击力的方向并不是沿着汽车的质心方向(如图 6-4a 所示),则一部分

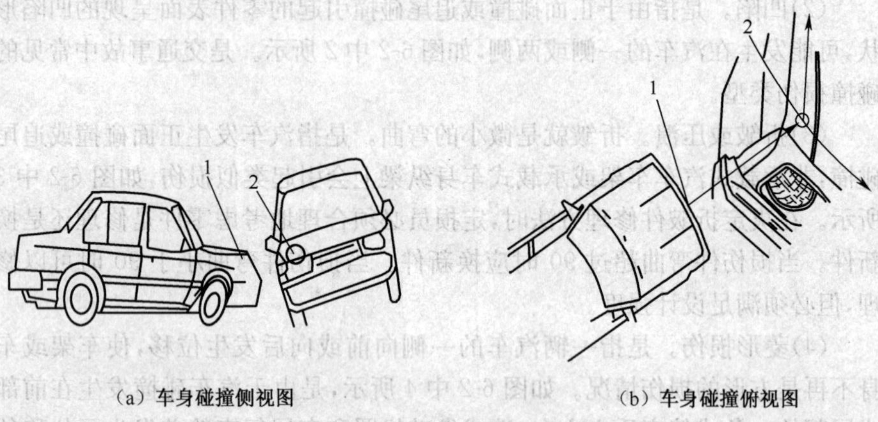


**图 6-3 车身碰撞受力分析**

1. A 车碰撞点 2. B 车碰撞点

冲击力将形成使汽车绕着质心旋转的力矩,该力矩使汽车旋转,地面与轮胎的摩擦消耗了大量能量,从而减少冲击力对汽车零部件的损伤,损伤程度较轻。如果冲击力指向汽车的质心,如图 6-4b 所示,则汽车不会旋转,大部分能量将被汽车零件所吸收,造成的损伤非常严重。

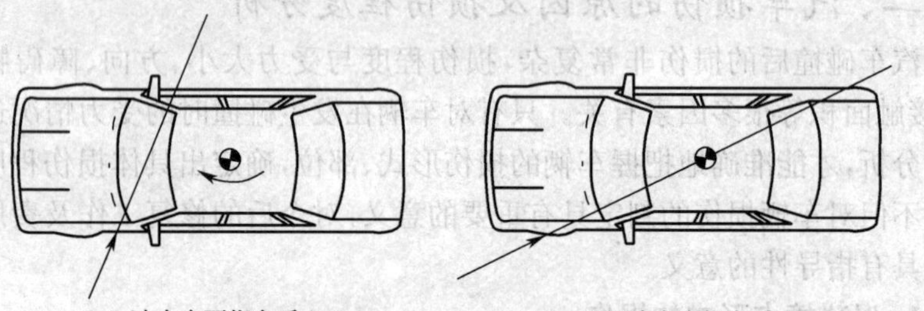


**图 6-4 损伤程度与冲击力方向**

**2. 以碰撞接触面积形成的损伤**

汽车以相同的速度碰撞不同类型的障碍物,损伤的程度也就不同。如果撞击到一面墙(如图 6-5a 所示),撞击的面积较大,损伤程度就较小;如果撞击到电线杆等(如图 6-5b 所示),撞击的接触面积小,碰撞损伤的程度会严重,保险杠、发动机罩、散热器等都会发生严重变形,使发动机向后移动,甚至扩展到后悬架等。

**3. 冲击力的传递性损伤**

现代汽车车身上有许多焊接缝。这些焊接缝可以作为汽车结构的刚性

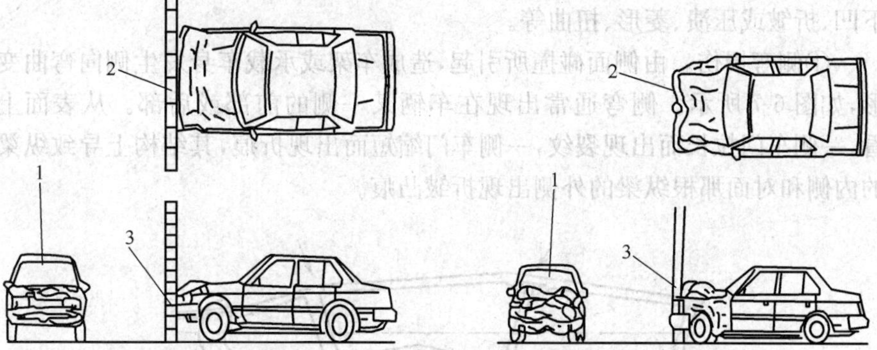


（a）碰撞接触面积大　（b）碰撞接触面积小

**图 6-5　损伤程度与碰撞接触面积**

1. 事故车　2. 俯视图　3. 侧视图

连接点。当汽车受到冲击时，这些刚性连接点将冲击力传递给整个汽车上与之连接的钣金件和汽车零部件，这样就降低了汽车的结构变形。

冲击力的传递及结构变形情况分析如图 6-6 所示。当汽车前角受到一个力 $F_0$ 作用给 B 区域时，B 区域将会变形而吸收能量，冲击力减到 $F_1$ 并传递到 C 点，金属将发生变形，能量继续减小到 $F_2$，传递到 D 点，并分解成两个方向，其中 $F_3$ 继续减弱传递给 E，$F_4$ 继续减小，汽车车顶盖金属轻微变形，在 F 点几乎不再有冲击力，也不再发生变形。碰撞能量大部分都被变形汽车零部件所吸收。因此，刚性连接点、结构件、钣金件都可以吸收能量。

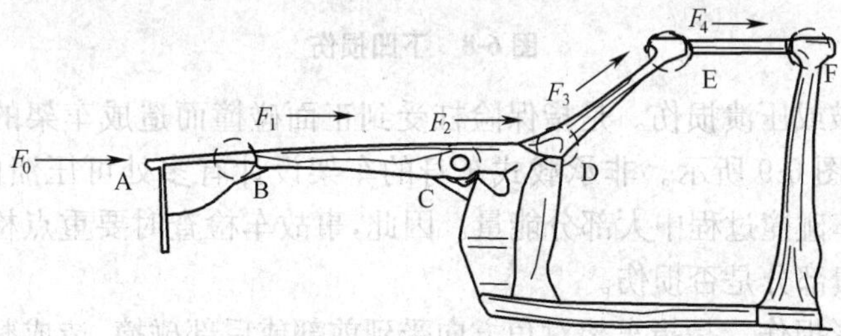


**图 6-6　碰撞力在承载式车身结构上的分布和传递**

## 4. 冲击力对车身的损伤

非承载式车身用橡胶垫支撑固定到车架上，当受到严重的碰撞时可以导致车身与车架的连接螺栓和橡胶支架弯曲或断裂，在车身与车架之间形成一条缝隙。因此，对于非承载式车身的碰撞勘察要注意橡胶连接处的勘察。

(1)非承载式车架碰撞损伤类型。非承载式车架碰撞损伤类型有侧弯、下凹、折皱或压溃、菱形、扭曲等。

①侧弯损伤。由侧面碰撞所引起,造成车架或承载车身发生侧向弯曲变形,如图 6-7 所示。侧弯通常出现在车辆某一侧的前部或后部。从表面上看,一侧车门拉长而出现裂纹,一侧车门缩短而出现折痕,其结构上导致纵梁的内侧和对面那根纵梁的外侧出现折皱凸痕。

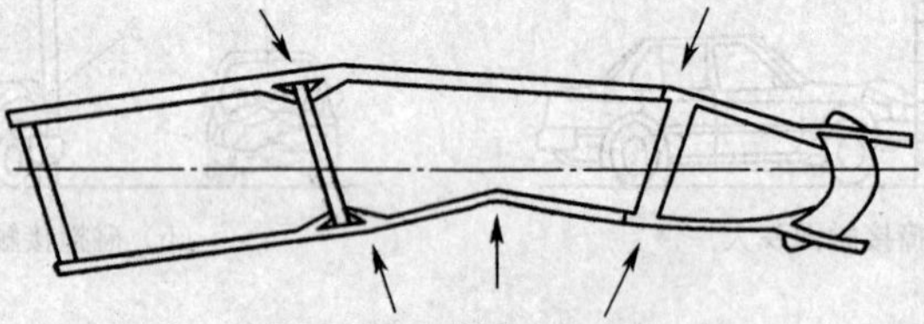

**图 6-7 侧弯损伤(箭头表示冲击力方向)**

②下凹损伤。是指车架前部或后部由于正面碰撞,使车架或承载车身上某一段比正常位置低。下凹损伤可能发生在某一侧,也可能在两侧同时发生,如图 6-8 所示。

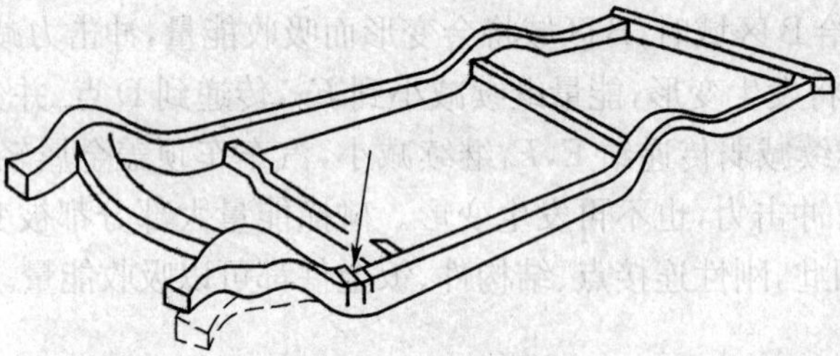

**图 6-8 下凹损伤**

③折皱或压溃损伤。是指保险杠受到正面碰撞而造成车架的折皱或压溃现象,如图 6-9 所示。非承载式车身的车架设计有多处可压溃的弯角,用于吸收汽车碰撞过程中大部分能量。因此,事故车检查时要重点检查车架上这些可压溃部分是否损伤。

④菱形损伤。是指车架对角方向受到前部或后部碰撞,造成整个车架变成平行四边形的损伤,如图 6-10 所示。当造成菱形损伤时,不但会影响车架纵梁,而且发动机罩、行李箱、乘坐舱或货车地板也可能出现折皱变形,有时还会出现挤压和下凹损伤现象。

⑤扭曲损伤。是指车架的一角上翘,而其对角则下折的损伤,如图 6-11 所示。重车单侧车轮下沟翻车常会引起车架扭曲损伤。

对于非承载式车架的侧弯、菱形、扭曲等变形维修较为困难。矫正车架

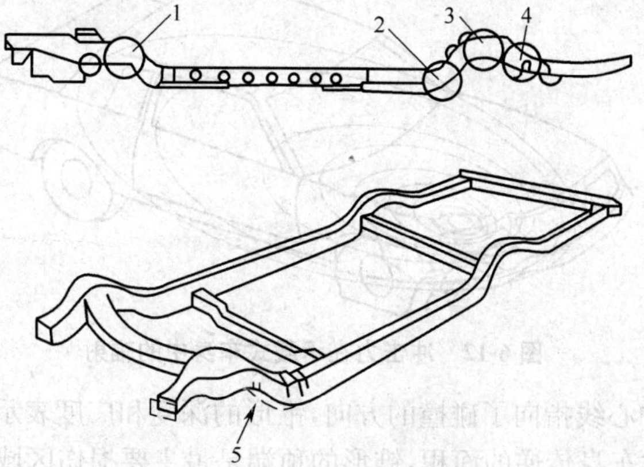


**图 6-9　折皱或压溃损伤**

1、2、3、4. 压溃点　5. 前后侧纵梁冲击力挤压方向

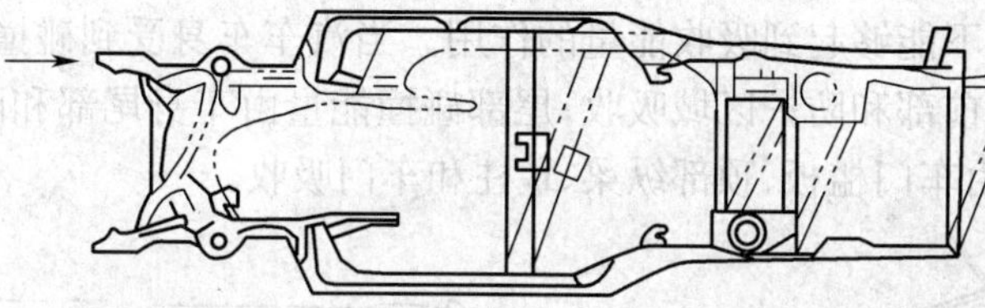

→表示冲击力方向　—表示车架碰撞前形状　----表示车架碰撞后形状

**图 6-10　车架严重菱形损伤**

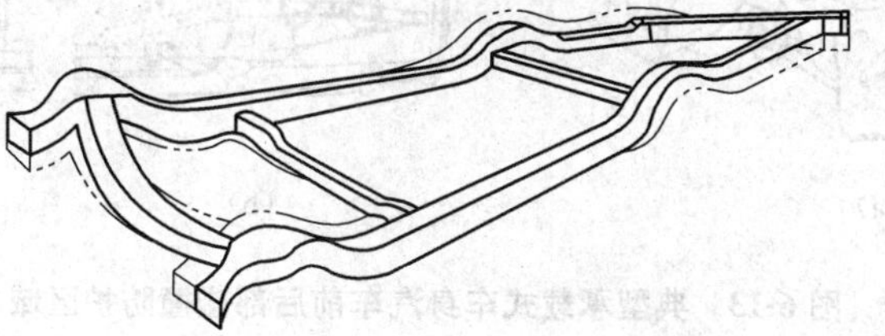

**图 6-11　扭曲损伤**

前需先将车架上的货箱、驾驶室等相连部件拆下，然后进行车架矫正。

(2)承载式车身碰撞损伤类型。由于承载式车身是由金属板件连接而成的，所以当汽车发生碰撞时，冲击力会以碰撞点为中心向外扩散，如图 6-12 所示。碰撞对承载式车身的损伤可以用圆锥模型来描述。当受到撞击时，车身的折皱将吸收碰撞能量，冲击力不断传递，碰撞能量逐渐被吸收，直到碰撞能量全部被吸收，冲击力才停止传播。

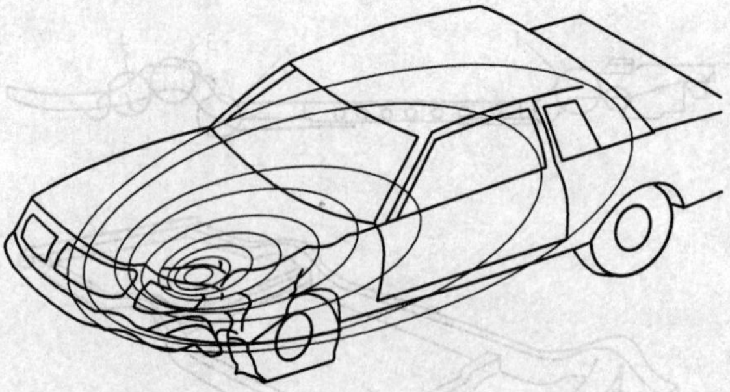

图 6-12　冲击力在承载式车身中的辐射

锥形的中心线指向了碰撞的方向,锥形的深度和广度表示汽车碰撞方向和冲击力通过车身传递的面积,锥形的顶端是最主要损伤区域。

由于碰撞冲击波在车身结构件上的传播会产生二次损伤,所以为了控制汽车碰撞时发生间接损伤变形,提供给乘客一个安全乘坐空间,承载式车身在汽车前部和后部都有碰撞防护区域,如图 6-13 所示。这些防护区域在规定的碰撞限度下能够起到吸收能量的作用。当汽车车身受到碰撞时,前部碰撞能量由车身前部和防护区域吸收;尾部碰撞能量由车身尾部和防护区域吸收;侧面冲击由车门槛板、顶部纵梁、B 柱和车门吸收。

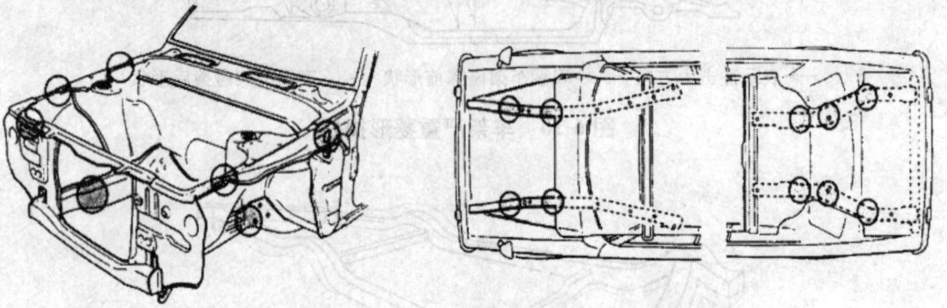

（a）　（b）　（c）

图 6-13　典型承载式车身汽车前后部碰撞防护区域

(a)图中圆圈表示车身前纵梁及挡泥板吸能区域　(b)图中圆圈表示车身前部纵梁吸能区域

(c)图中圆圈表示车身尾部纵梁吸能区域

# 第二节　典型事故车鉴定与评估

## 一、碰撞损伤车辆的鉴定与评估

### (一) 正面碰撞损伤鉴定评估

汽车正面碰撞的事故很多,即使一个小的追尾,保险杠也会向后移动。

中度正面碰撞会使保险杠支架、散热器框架、前翼子板、前纵梁弯曲。如果冲击力再大，则前翼子板将接触前车门，前纵梁在前悬架横梁处产生折皱损伤，如图 6-14 所示。如果冲击力非常大，车身 A 柱（特别是汽车前门上部铰链安装部分）将会弯曲，这将引起前车门的脱落、前纵梁折皱、前悬架横梁弯曲、仪表盘板和车身底板弯曲并吸收能量，如图 6-15 所示。

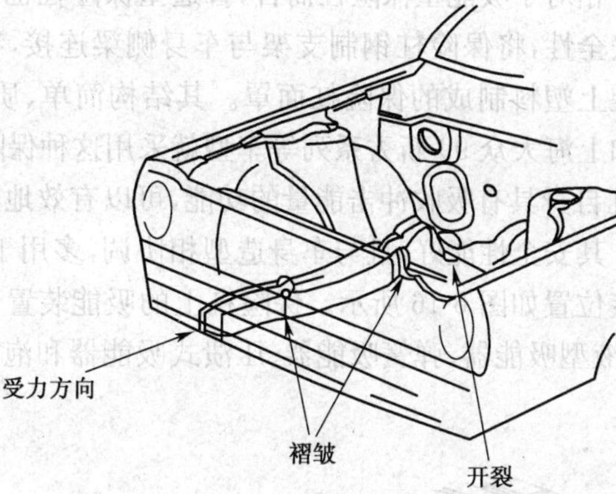


图 6-14 由于冲击力较大车身出现折皱和断裂

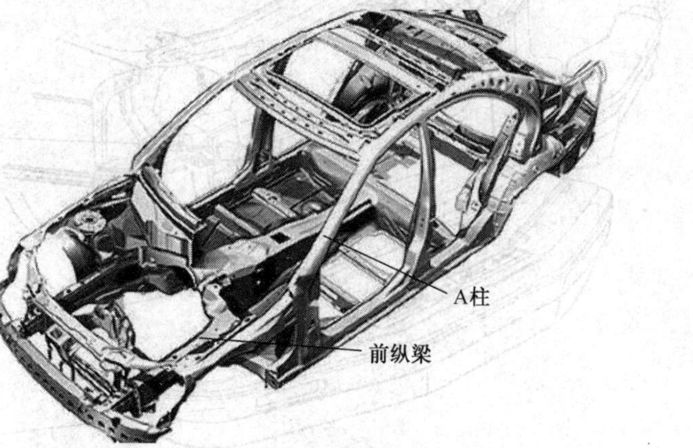


图 6-15 由于冲击力很大车身前纵梁、A 柱损伤

如果正面碰撞是以一定角度碰撞的，因为左右纵梁是通过横梁连接的，汽车碰撞的冲击力从碰撞接触点通过前横梁传递到汽车另一侧纵梁上，车身将以前横梁的接触点为轴，向侧面和垂直方向弯曲。检查要注意间接损伤的影响。下面就正面碰撞常见的零件损伤及维修方法介绍如下：

**1. 前保险杠及吸能装置**

保险杠不仅能有效地保护车身，而且还有利于减轻被撞人或物的伤害程度，同时还有美化轿车外形的作用。保险杠按结构可分为普通型和吸能型两类。

普通型保险杠常以钢板冲压成型，表面施以镀铬或涂漆，通过支撑柱安装在车身框架上。相对于吸能型保险杠而言，普通型保险杠也可以称为刚性保险杠。考虑到安全性，将保险杠钢制支架与车身侧梁连接，有的普通保险杠在钢支架外侧装上塑料制成的保险杠面罩。其结构简单、质量轻，广泛用于普通汽车上。如上海大众99新秀系列等车型就采用这种保险杠。

吸能型保险杠自身具有吸收冲击能量的功能，可以有效地降低汽车发生碰撞造成的损失。其安全性能好，且与车身造型相协调，多用于高级轿车上。吸能型保险杠安装位置如图6-16所示。保险杠上的吸能装置一般分为橡胶吸能器、充气或充液型吸能器、弹簧吸能器、压溃式吸能器和泡沫垫层吸能器等多种类型。

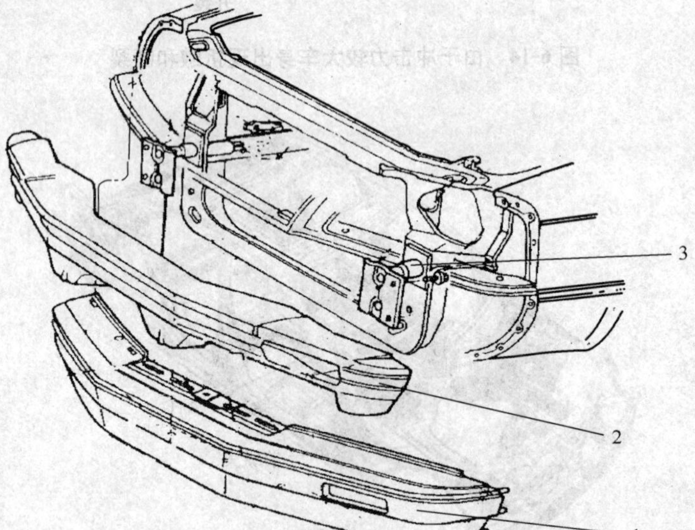


**图 6-16 汽车前保险杠和吸能器**

1. 保险杠罩总成 2. 保险杠 3. 吸能器和支架总成

(1)橡胶吸能器。橡胶垫装在吸能器和车架纵梁之间，如图6-17所示。当受到碰撞时，吸能器受力后移，橡胶受力压缩，吸收冲击能量；当碰撞冲击力减小时，保险杠随橡胶垫恢复到原始位置。

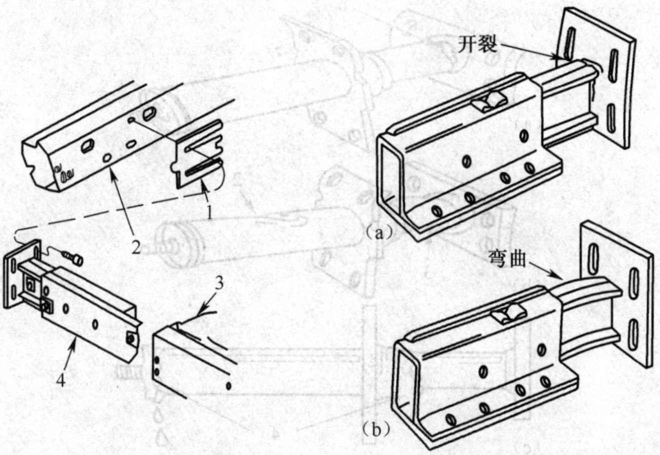


**图 6-17 福特汽车的橡胶吸能器**

1. 垫片 2. 加强梁 3. 车架 4. 吸能器

(a)弯曲和开裂的安装盘可以修理 (b)吸能器轴弯曲时必须予以更换

(2)充气或充液型吸能器。充气或充液型吸能器主要由浮动活塞、活塞缸、液压油、计量杆等组成,如图 6-18 所示。浮动活塞右腔充满充满惰性气体,浮动活塞左腔充满液压油。当碰撞受到冲击时,浮动活塞推动缸筒向右运动,液压油通过一个小孔流进活塞缸中,用液体的流动吸收冲击的能量。当冲击力释放时,液压油从活塞缸中流出,使保险杠恢复到原来的位置。

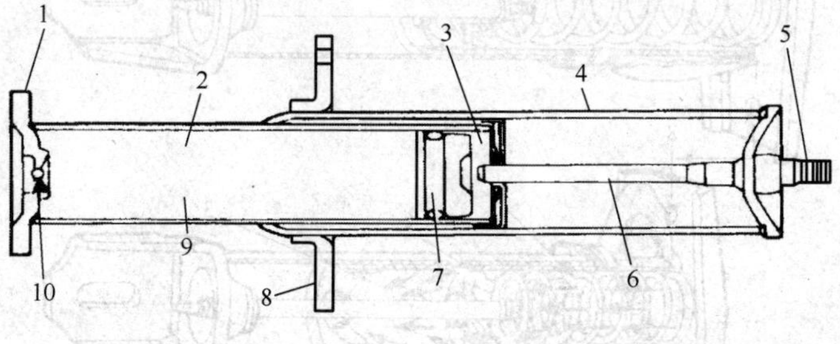


**图 6-18 通用汽车使用的一种典型吸能器剖面图**

1. 保险杠托架 2. 活塞缸 3. 液压油 4. 缸筒 5. 安装螺杆 6. 计量针

7. 浮动活塞 8. 车架托架 9. 气体 10. 密封钢珠

当对吸能器进行损伤检查时,要注意检查是否有开裂、凹陷、弯曲、渗漏等情况,如图 6-19 所示。充气吸能器损伤后不能矫正或焊接,必须予以更换。

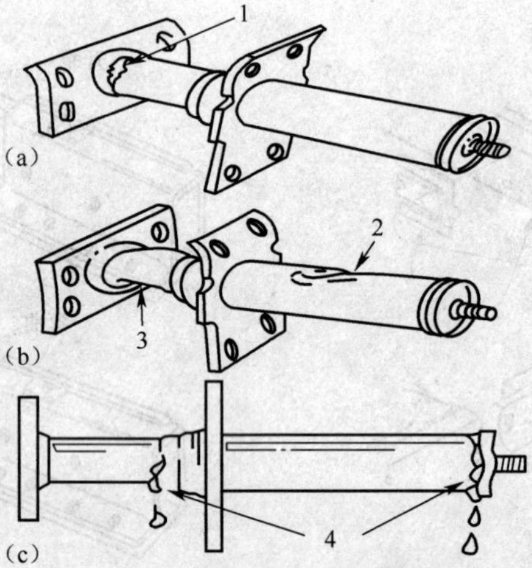


**图 6-19 充液吸能器损伤类型**

(a)开裂 (b)弯曲变形或凹陷 (c)渗漏

1. 开裂 2. 凹陷 3. 弯曲 4. 渗漏

(3)弹簧吸能器。弹簧吸能器主要由内外缸筒、贮液腔和弹簧等组成,其结构如图 6-20 所示。工作原理是用一个弹簧吸收能量并迫使保险杠恢复到原来的位置。

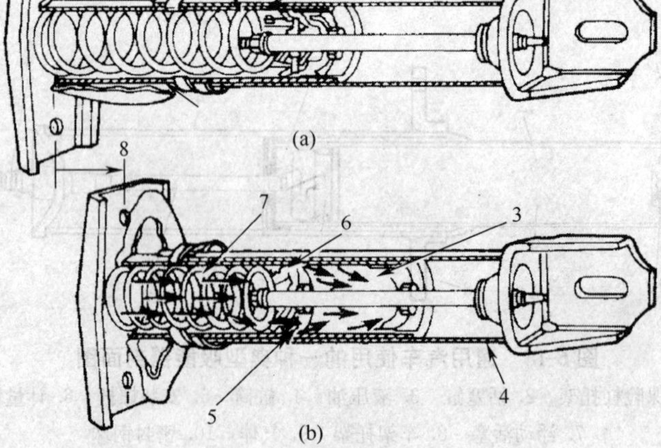


**图 6-20 弹簧储能式吸能器**

(a)正常状态 (b)碰撞状态

1. 回位弹簧 2. 碰撞后油液返回贮液腔 3. 碰撞过程油液聚集区 4. 外缸筒

5. 阀门 6. 液孔 7. 贮液腔 8. 内缸筒

(4)压溃式吸能器。压溃式吸能器的原理是通过褶纹轴形成压溃区而吸能。图 6-21 所示为轩逸型轿车保险杠的吸能器。现代汽车中广泛采用压溃式吸能器。

检查时,通过比较两个吸能器的长度,就可确定是否有变形。如果吸能器弯曲、开裂或压碎,都必须更换吸能器。

检查时,如果发现吸能器被更换,意味该车发生过较大的前部碰撞。

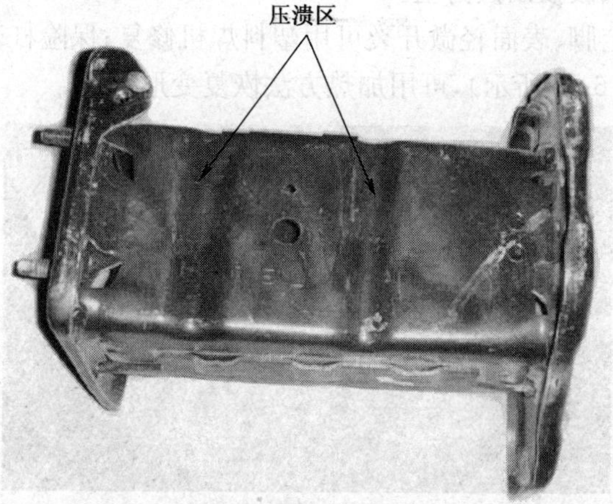


图 6-21　轩逸型汽车保险杠的吸能器

(5)泡沫垫层吸能器。泡沫垫层吸能器是用厚甲酸酯泡沫垫以夹层的形式装在保险杠和塑料护罩之间。其结构如图 6-22 所示。在一些进口轻型汽车和运动型汽车上常见。

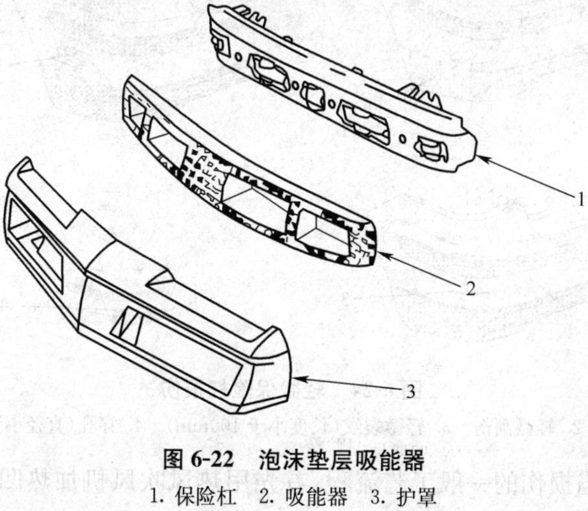


图 6-22　泡沫垫层吸能器

1. 保险杠　2. 吸能器　3. 护罩

事故车检查时应该检查吸能器的固定轴和固定板是否弯曲，橡胶垫是否撕裂。当固定轴出现弯曲或者橡胶垫脱离安装位置时，吸能器就必须予以更换。

钢制保险杠可用碰撞修复设备矫正和修复；镀铬保险杠损伤时，应予以更换；铝制保险杠轻微碰撞时可被矫正，中度以上的碰撞多以更换修复为主，轻微刮伤的铝制保险杠常常可以经抛光来恢复铝的光泽。

保险杠饰条破损以换为主。

保险杠固定脚、表面轻微开裂可用塑料焊机修复；保险杠表面轻微变形、但无褶皱（如图 6-23 所示），可用加热方法恢复变形部位。

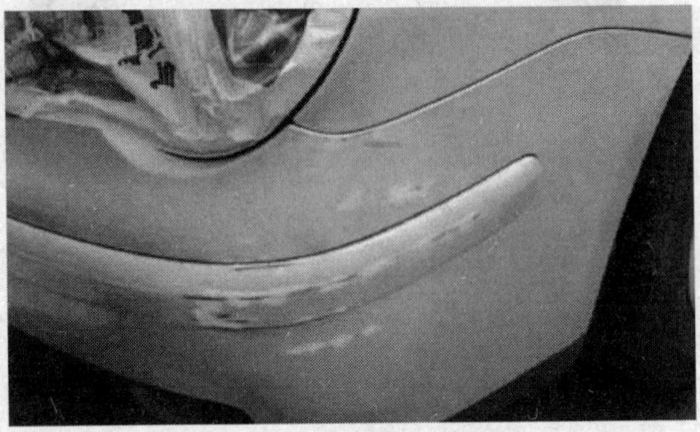

**图 6-23　轻微损伤的保险杠**

保险杠常见的可维修损伤类型有凹陷、轻微刮伤、轻微裂纹（长度小于100mm）、穿孔（直径小于 30mm）等，如图 6-24 所示。

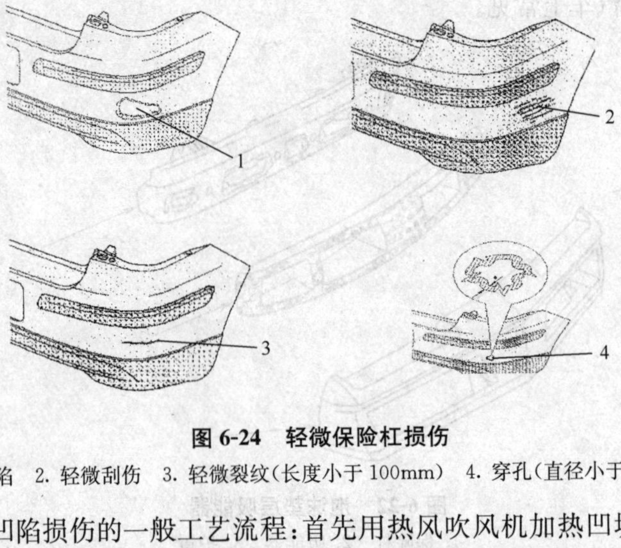


**图 6-24　轻微保险杠损伤**

1. 凹陷　2. 轻微刮伤　3. 轻微裂纹（长度小于 100mm）　4. 穿孔（直径小于 30mm）

维修凹陷损伤的一般工艺流程：首先用热风吹风机加热凹坑部位，直至可用合适的工具压平凹坑；然后用 P120 砂纸/金刚砂纸打磨凹坑区域，用清洗剂清洗维修部位，晾干 5min；再涂一层薄薄的粘接剂晾干 10min，用粘接剂填充不平表面，用抹刀磨平，用红外线的灯加速固化（将温度调至 60℃～70℃，时间调为 15min），用 P120 砂纸打磨凹坑部位，去除灰尘磨屑，涂一层薄薄的粘接剂，晾干 10min；最后按油漆维修手册恢复漆面。

轻微擦伤、裂纹、孔洞可参考以上维修方法。

当保险杠严重变形、并且有褶皱产生时，已不能通过加热的方式恢复变形部位，应更换。

**2. 格栅(中网)**

格栅位于车辆前部中央，可以固定在保险杠装饰板上，也可以固定在散热器支架或发动机罩上，用于隐藏散热器和导入空气。可由铝、灰铸铁、ABS 塑料、氨基甲酸酯等多种材料制造。其结构如图 6-25 所示。格栅有多种结构形式。一些格栅由多块组成，这类格栅块损坏后可单独进行更换。用塑料或甲酸酯制成的格栅受轻微碰撞时，可用塑料焊接技术或粘接修补方法修复；碰撞严重时应更换。格栅上的车标、前照灯下饰条损坏后可单独更换，不用更换整个格栅。

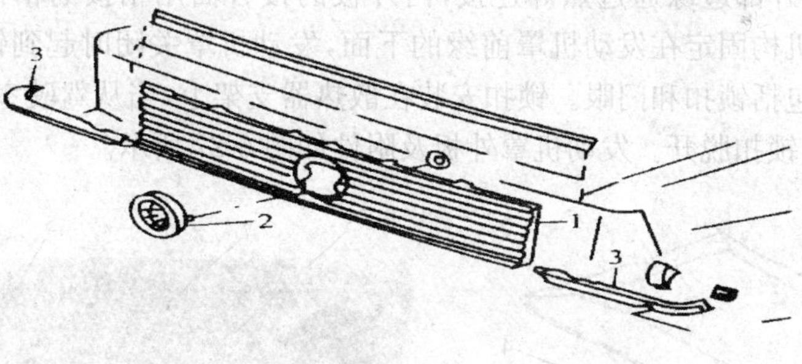


**图 6-25　普通型桑塔纳轿车前格栅分解图**

1. 前格栅　2. 前铭牌　3. 前照灯下饰条

**3. 散热器支架**

散热器支架一般焊接在前翼子板和前横梁上形成车辆前板，如图 6-26 所示。在一些采用非承载式车身结构的车辆中，散热器支架用螺栓固定在翼子板、车轮罩和车架总成上。除了提供前部钣金件的支承外，也支撑散热器以及相关冷却系统零部件。

散热器支架损伤后可用普通矫正设备和技术进行矫正修复。如果支架部分损伤，只需更换相应损伤部件。当散热器支架严重变形时，应整体更换。

检查时，仔细观察散热器支架是否经过维修，检查散热器支架两端的密封剂是否完好。如果密封剂、漆面有维修痕迹，则意味该车前部有过碰撞损伤。

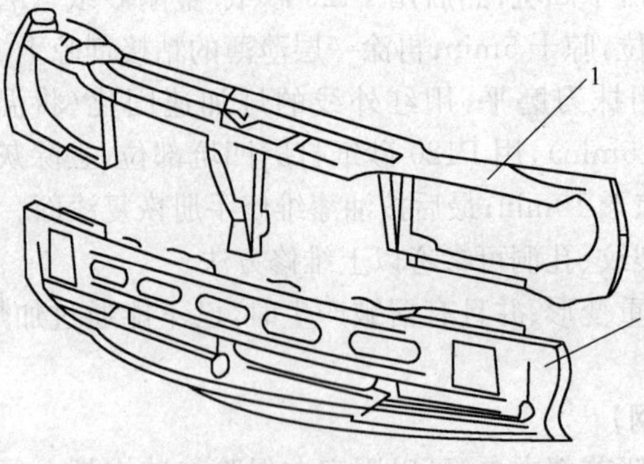


**图 6-26 散热器支架形成承载式车身前板**

1. 散热器支架上部 2. 散热器框架下部

**4. 发动机罩**

发动机罩位于发动机舱两侧翼子板之间，用于保护发动机免受灰尘和湿气侵袭，也能吸收发动机噪声。发动机罩通常由冷轧板材制成，现代汽车也用铝材、玻璃纤维和塑料制作。典型的发动机罩由一块外板和一块内板构成，内外板外部边缘通过点焊连接，内外板的接合面用粘接剂粘接到一起。一个锁止机构固定在发动机罩前缘的下面，发动机罩关闭时起到锁止作用。锁止机构包括锁扣和闩眼。锁扣安装在散热器支架上，当从驾驶室内拉动操纵缆索时，锁扣脱开。发动机罩外板及附件如图 6-27 所示。

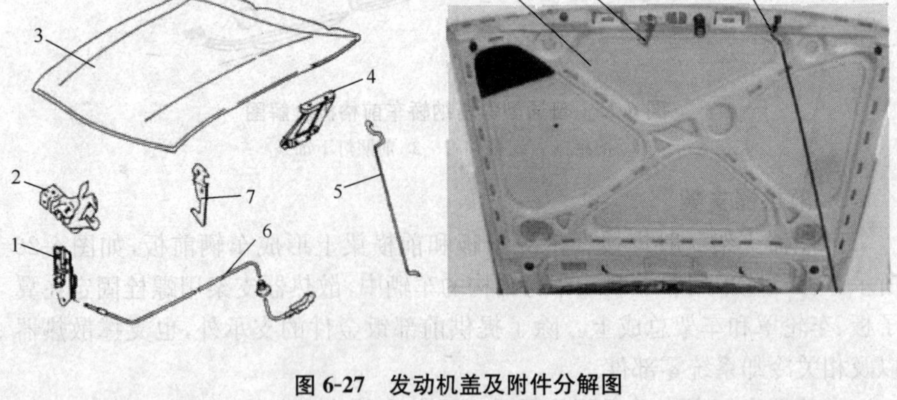


**图 6-27 发动机盖及附件分解图**

1. 锁下半部 2. 锁上半部 3. 发动机盖 4. 铰链 5. 撑杆 6. 拉索 7. 安全钩

用钢板制成的发动机盖损坏后，可根据损伤变形程度不同选择钣金修理法修复或整体更换；铝质发动机盖碰撞后通常会产生较大的塑性变形，需更换。铰链轻微损伤时可以修理,缆索损伤以更换为主。撑杆有铁质撑杆和液压撑杆两种。铁质撑杆可通过校正修复,液压撑杆撞击变形后需更换。

**5. 前翼子板**

前翼子板与发动机罩、保险杠总成一起形成车身前端的外表面轮廓。其结构如图 6-28 所示。对于承载式车身,翼子板用螺栓固定在散热器支架以及挡泥板上。

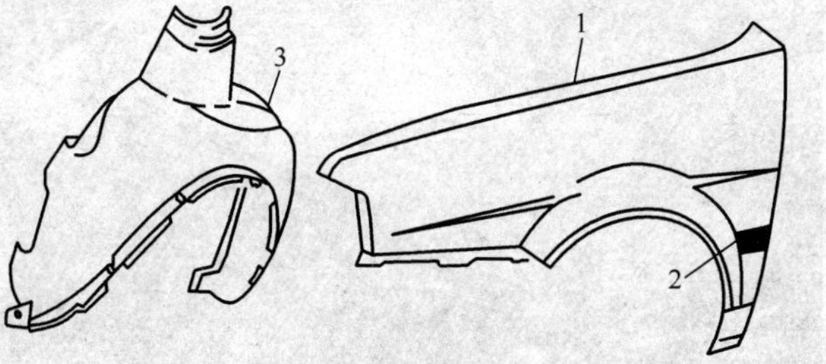


**图 6-28　翼子板及其附件**

1. 前翼子板　2. 饰条　3. 砾石板

前翼子板可以用冷轧钢板冲压制成,也可用玻璃纤维或塑料制作。钢制翼子板变形后可经过钣金校正修复;玻璃纤维和塑料翼子板上的溃孔和破碎可用玻璃纤维修补剂修复。饰条损伤后应更换;砾石板撞击破损后应更换。

**6. 前纵梁**

前纵梁是前部最重要的结构件,影响乘客的安全性及关键部件的安装尺寸。其发生碰撞出现弯曲,以拉伸校正为主。经拉伸后如严重开裂,应进行更换。当少部分区域出现开裂且比较集中时,可根据损伤程度截取部分更换,如图 6-29 所示。

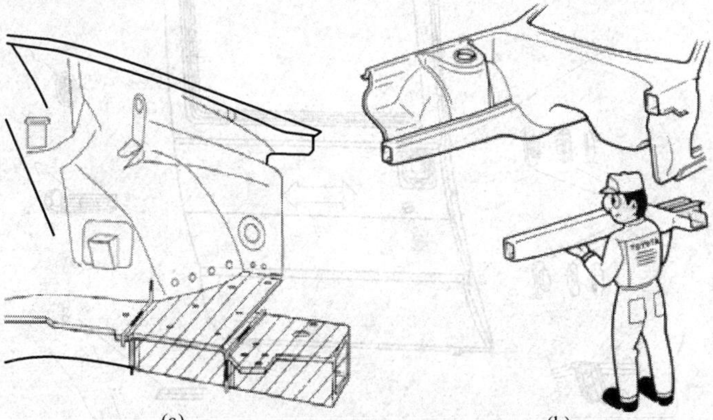

(a)　(b)

**图 6-29　纵梁的部分更换及整体更换**

(a)部分更换　(b)整体更换

### (二) 侧面碰撞损伤鉴定评估

汽车侧面受到碰撞时，常常会导致前翼子板、后翼子板、车门、车身中柱，甚至车身底板都会发生弯曲变形，如图 6-30 所示。当碰撞严重时，前翼子板和后翼子板受到的碰撞冲击波会一直延伸到汽车另一端。在这种情况下，悬架零部件会损伤，前轮的定位会发生改变。下面就常见的侧面碰撞相关零件损伤评估介绍如下：

**图 6-30 汽车侧面碰撞损伤实物图**

#### 1. 车门

车门一般由车门本体、附件和内外装饰件三部分组成。车门类型有推拉式、旋转式、折叠式和上掀式等。车门是车身的一个独立总成，一般是用铰链将车门安装在主车身上。推拉式车门常用于客车和部分箱式货车上。其主要由车门内外板、限位器、滑轨及门锁等零件组成，如图 6-31 所示。

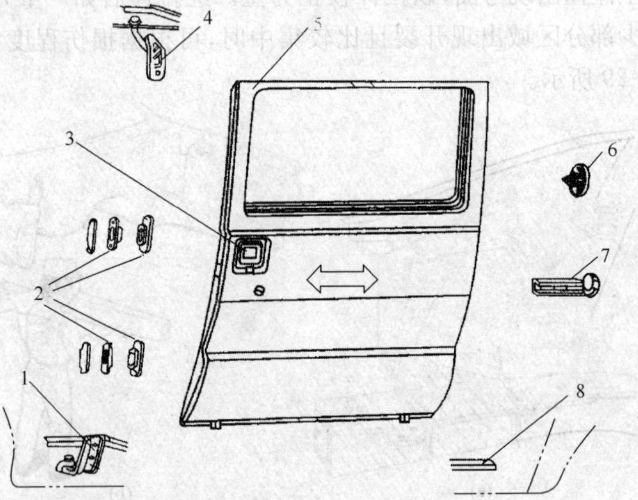


**图 6-31 推拉式车门构造**

1. 下滚柱体 2. 限位器 3. 门把手 4. 上滚柱体 5. 门体 6. 门锁撞块 7. 中间滚柱体 8. 下滑道

旋转式车门包括车门把手、锁芯、门闩、倒车镜、嵌条、防擦饰条等附件。其外部结构如图 6-32 所示。

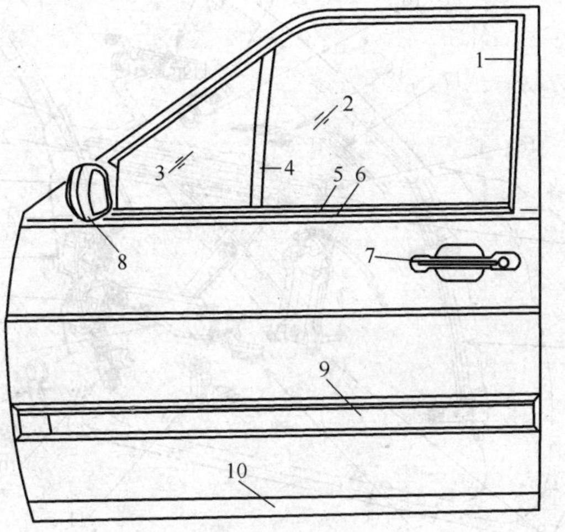


**图 6-32　车前门外部结构**

1. 玻璃槽　2. 前门玻璃　3. 前门三角玻璃　4. 玻璃中隔条　5. 外玻璃挡雨条　6. 下拖条　7. 外门把手　8. 倒车镜　9. 防擦饰条　10. 下防碰饰条

前车门包括前门内饰板及前门内把手、杂物箱、肘靠、电动车窗控制板、车窗手动调解器、外后视镜的控制件等附件。前车门内饰如图 6-33 所示。车门附件和车门框架内部构件，如图 6-34 所示。

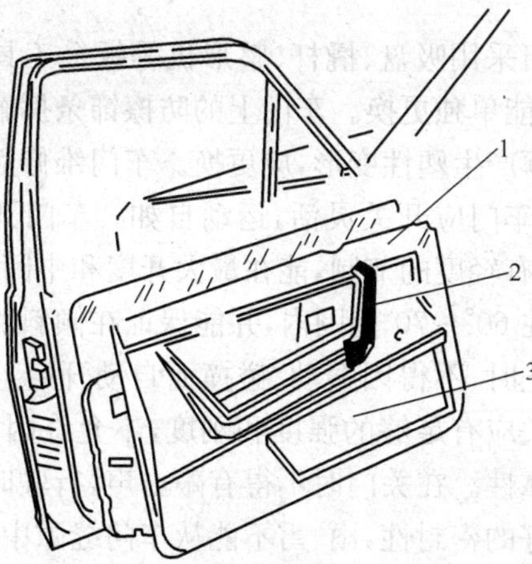


**图 6-33　车前门内饰分解图**

1. 前门内饰板　2. 前门内把手　3. 杂物箱

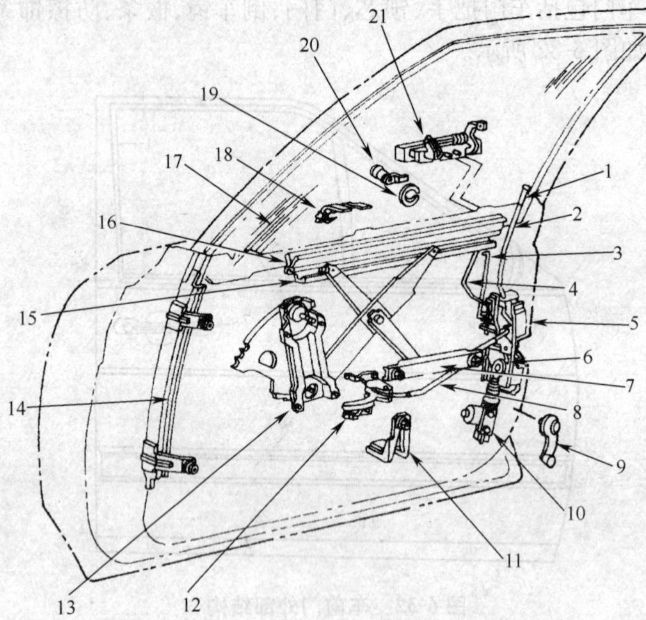


**图 6-34 手动车门内部结构件**

1. 车门锁杆内捏手 2. 车门锁内杆 3. 连接锁芯的锁杆 4. 连接锁杆的外操作杆 5. 门锁 6. 内锁杆电动执行连接杆 7. 内平板凸轮 8. 门锁内侧远程控制连接杆 9. 手动门窗调节器手柄 10. 电动门锁 11. 车窗玻璃限位装置 12. 门锁远程控制内把手 13. 手动门窗调节器 14. 门窗玻璃滑槽 15. 底端窗框通道凸轮 16. 底端窗框通道 17. 车窗玻璃 18. 锁芯支架 19. 锁芯垫圈 20. 锁芯总成 21. 操纵外手柄总成

车门外板变形可采用吸盘、撬杆、整形机等钣金工具进行修理。如果损伤严重，车门外面板能单独更换。车门上的防擦饰条拆解后可利用两面胶进行二次粘接。车门框产生塑性变形，应更换。车门维修后要检查密封性及降噪等方面的性能，即车门应开关灵活，运动自如。车门开关除具有足够乘员上下车的开度，还应有轻度的节制，能在最大开度和中间开度的位置上停稳。轿车车门开度一般在60°～70°范围内，并能保证在倾斜路面上车门也能够顺利开启。车门在锁止时，不得因振动、碰撞而自动开启，在希望开启时，又很容易打开。车门开关应有足够的强度和刚度，不允许因车门变形、下沉而影响到车门开关的可靠性。在关门时不得有敲击声，行驶时不允许产生振动和噪声。车门应有良好的密封性，雨、雪不能从车门缝隙中进入车内，并能把灰尘和泥水挡在车外。

**2. 前围板及仪表板损伤评估**

现代汽车的前围板和仪表盘板通常焊接在前底板，左、右两侧车门槛板和前门铰链立柱上。在承载式车身车辆上，轮罩(挡泥板)和前纵梁焊接在前围板上。其安装位置如图 6-35 所示。当车辆 A 柱侧面受到严重撞击时会造成前围板损伤。

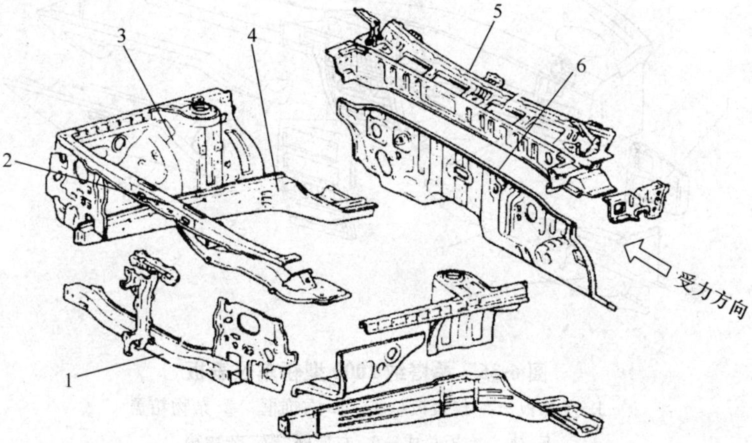


**图 6-35 前围板受力图**

1、2. 水箱框架 3. 挡泥板 4. 前纵梁 5. 仪表盘板 6. 前围板

前围板和仪表盘板重度损伤可在原接缝处进行拆卸和更换，但更换及维修比较复杂。评估前围板及仪表盘板总成更换工时应考虑如下作业时间：仪表板的拆卸和安装；风窗玻璃的拆卸和安装；翼子板的拆卸和安装；车门的拆卸和安装；松开汽车衬里的前边缘；空调和暖风装置零件的拆卸和安装；车顶纵梁嵌条的拆卸和安装。

仪表板总成安装在前围板上的仪表盘板上，是车身附属设备中最重要的组成部分之一。仪表板多采用塑料件为框架，将各部件组装到框架上之后，再用螺栓固定到车身上。

仪表板总成集中了全车的监察仪表，使驾驶人可以随时掌握和控制车辆的运行状况。桑塔纳 2000 型轿车的仪表板总成如图 6-36 所示。在仪表板总成的中部，通常装有一些其他设备的控制仪表和开关，以及烟灰盒和杂物盒等，两端则设有通风格栅。在一些轿车上，还要安装安全气囊和其他一些电子设备。仪表板总成的下部延伸至驾驶人侧有通道的一段，称为副仪表板。其上主要装有烟灰盒、音响、电话和冰箱等辅助设备，不同车辆的选装设备和安装位置略有不同。

中低档轿车一般采用一体注塑成型仪表板，多用 PP 复合材料。这种结构质量小，易于造型，加工工艺简单，当受到冲击时可吸收一部分能量。其造价较低。

高级轿车仪表板多采用软化结构，主要包括骨架、蒙皮和中间发泡层三部

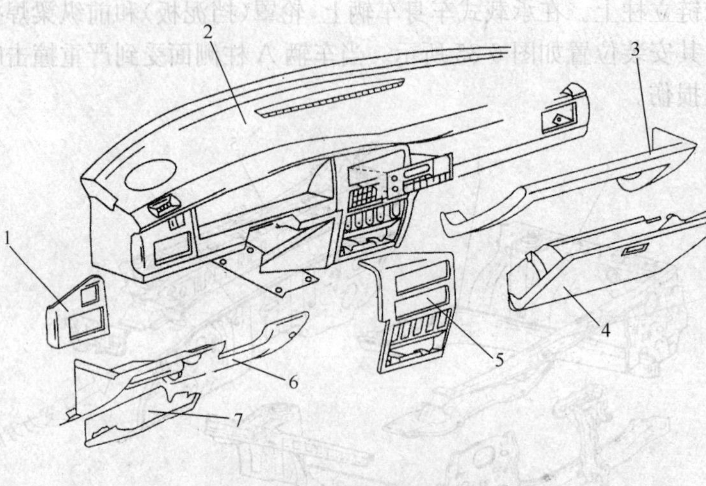


**图 6-36 桑塔纳 2000 型轿车仪表板**

1. 左饰板 2. 仪表板总成 3. 右饰框 4. 杂物箱盖
5. 中心饰板总成 6. 左饰框 7. 杂物箱

分。将蒙皮埋入镶嵌物，再注入发泡剂发泡成型，形成局部骨架结构。将其固定在仪表板横梁及支架上，也可直接在骨架上胶结软化层，形成封闭骨架结构。

仪表板骨架按材料不同主要有钢板冲压件、树脂注塑件、纤维板、硬纸板等类型。钢板冲压件骨架质量大、成本高、焊接工作量大、装配质量低。而树脂注塑成型的仪表板骨架应用最多。图 6-37 所示为奥迪轿车仪表板。

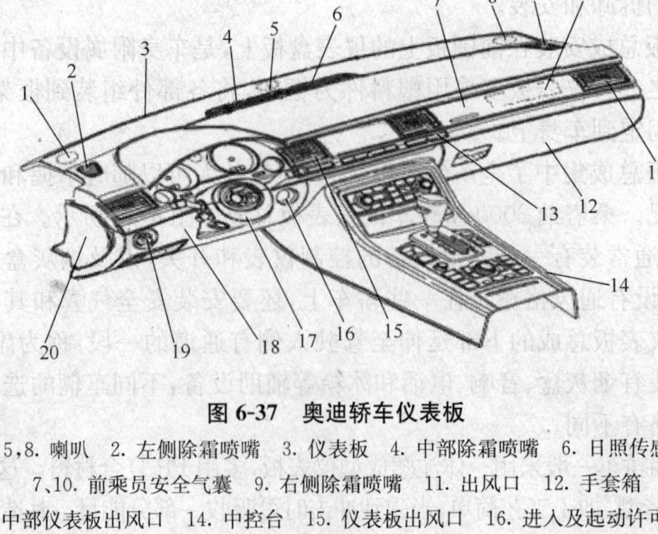


**图 6-37 奥迪轿车仪表板**

1,5,8. 喇叭 2. 左侧除霜喷嘴 3. 仪表板 4. 中部除霜喷嘴 6. 日照传感器
7、10. 前乘员安全气囊 9. 右侧除霜喷嘴 11. 出风口 12. 手套箱
13. 中部仪表板出风口 14. 中控台 15. 仪表板出风口 16. 进入及起动许可开关
17. 转向柱开关模块饰板 18. 驾驶人侧杂物箱 19. 车灯开关 20. 左侧仪表板护板

在紧急制动的情况下常会造成出风口、手套箱等仪表板零件损坏，零部件损坏应以更换为主。仪表板轻微损伤应以维修为主。

**3. A 柱**

A 柱是前门铰链立柱和风挡玻璃立柱的统称，包括内、外板件。内、外板件焊接在一起形成牢固紧凑的结构。当车辆 A 柱损伤无法校正维修时，可采用先将 A 柱切割、分离，换上新件后再将配件焊接在原位置上的方法维修。通常在维修手册中提供能切割的部位。切割时，必须按要求进行，而且不能对车辆的整体结构性造成损伤。奥迪 A8 型轿车的 A 柱切割部位如图 6-38 所示。

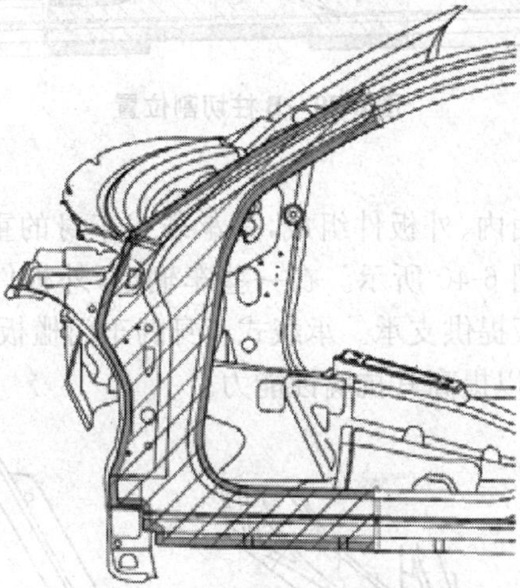

图 6-38　A 柱切割部位图

**4. B 柱**

B 柱又叫中柱。通常 B 柱由内板件和外板件组成，焊接在车门槛板、底板和顶盖纵梁上，形成一个紧凑的结构。B 柱不仅为车顶盖提供支撑，而且为前门提供门锁接触面，还作为后门门柱。

B 柱被碰撞而严重变形时，应进行更换。更换 B 柱前，通常在车顶盖下沿处切割 B 柱，切割部位在维修手册中可找到。图 6-39 所示为奥迪 A8 型轿车的 B 柱切割示意图。

当 B 柱和车门槛板同时毁坏时，一般把 B 柱和车门槛板作为总成进行更换。损伤费用评估时，要考虑 B 柱的切割和焊接作业工时，同时要考虑拆除后车门和前座、松开汽车衬里、卷起垫子和地毯、拆下 B 柱饰件、拆卸和安装车门密封条等工时，还要计入抗腐蚀材料费用及防腐处理工时等。

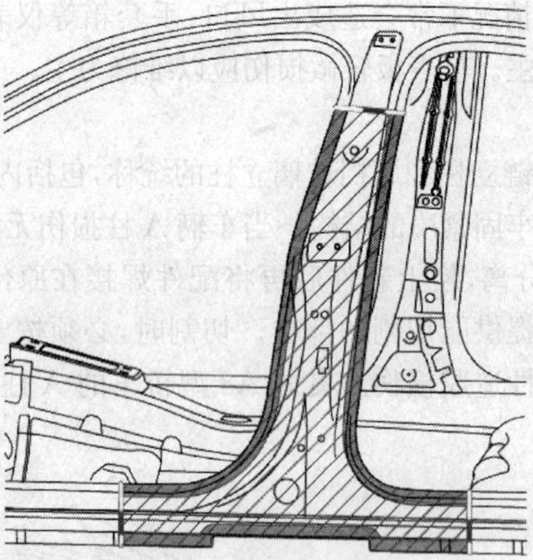

图 6-39 B 柱切割位置

**5. 车门槛板**

车门槛板通常由内、外板件组成，是承载式车身的重要的组成部分。其外形结构及断面如图 6-40 所示。在一些车辆上，外板件被直接焊接在底板上。它为驾驶室底板提供支承。承载式车身的车门槛板由高强度钢板制成。其两侧经电镀处理，以提高其抗腐蚀能力。

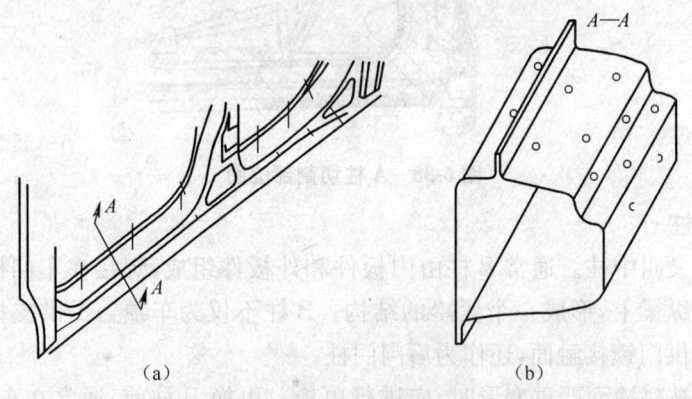

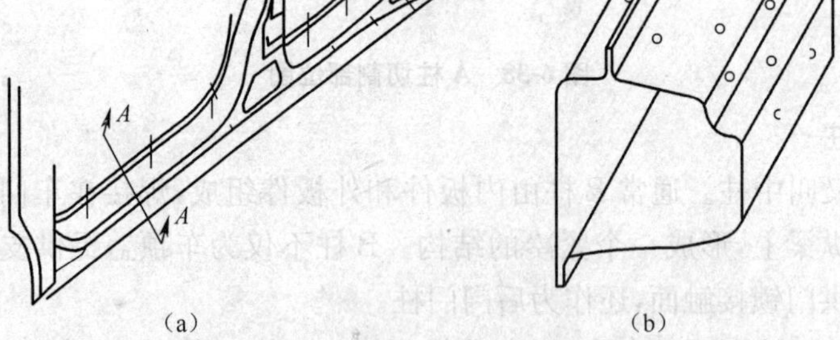


图 6-40 车门槛板及断面结构

(a)车门槛板 (b)断面结构

车门槛板碰撞严重变形时，应进行更换。内、外车门槛板可以单独更换也可整体更换，更换时，先进行切割，再进行焊接，如图 6-41 所示。车门槛板在立柱之间被切割，完成所有焊接后，要进行防腐处理。损伤评估时要考虑防腐材料的费用。

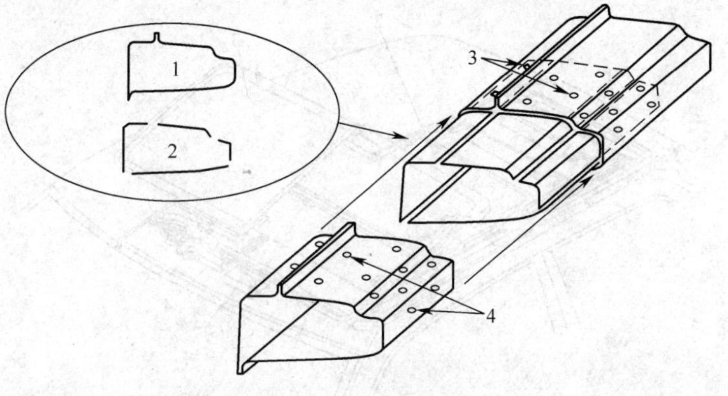


**图 6-41　车门槛板焊接**

1. 纵向切割车门槛板插入件的截面　2. 切割后插入件截面
3. 插入车门槛板用铆焊或螺钉固定　4. 电铆焊孔

**6. 车顶**

车顶包括前后横梁、侧边纵梁和一大块金属板，如图 6-42 所示。其作用是将车身顶部围住。

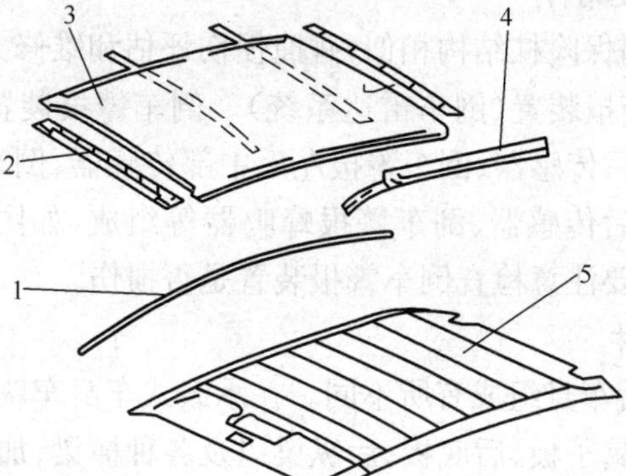


**图 6-42　车顶分解图**

1. 落水槽　2. 车顶横梁　3. 车顶　4. 车顶边梁　5. 内衬板

车顶碰撞严重损坏时，应进行更换。在损伤评估时，要考虑拆卸和安装风窗玻璃、天窗、车顶内饰板、遮阳板、车顶灯、前后座椅等零件的工时。

天窗结构比较复杂，如图 6-43 所示。对于开天窗的车顶，如果车顶损伤会同时损伤天窗结构，要特别注意天窗零部件的检查及维修费用的估算。

(三) 后面碰撞损伤鉴定评估

汽车后面受到碰撞时，如果碰撞冲击力较小，后保险杠、后围板、车尾行

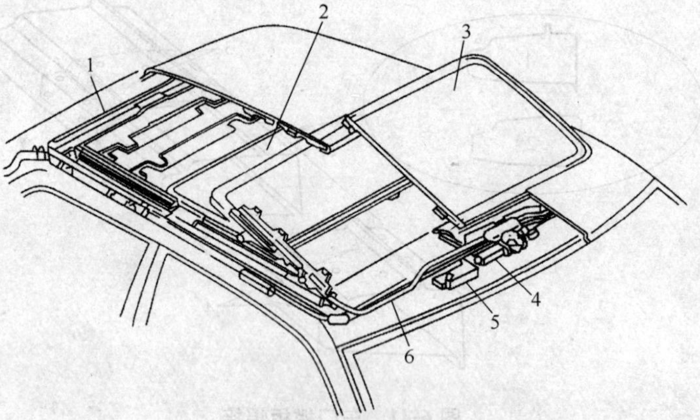


**图 6-43 天窗结构**

1. 支架 2. 遮阳板 3. 玻璃 4. 驱动电机及齿轮
5. 控制继电器 6. 驱动钢索

李箱盖和车身底板会变形；如果碰撞冲击力较大，后翼子板、后纵梁等将会压溃。下面就常见的车身后面损伤评估介绍如下：

**1. 后保险杠及附件**

后保险杠与前保险杠结构相似，碰撞损伤评估和维修方法也相似。只是有些车配备倒车警报装置（倒车雷达系统）。倒车警报装置由倒车警报控制单元、倒车警报左后传感器、倒车警报左后中部传感器、倒车警报右后中部传感器、倒车警报右后传感器、倒车警报蜂鸣器等组成，如图 6-44 所示。后部碰撞损伤评估时，要注意检查倒车警报装置是否损伤。

**2. 后车身板件**

不同车型的后车身组成有所不同。在承载式车身车辆上，后车身板件一般包括后围板、后翼子板、后底板、后纵梁以及各种横梁、加强件等，如图 6-45 所示。

当发生碰撞、后部板件严重变形无法修复需要更换时，要考虑燃油箱总成的拆除和安装，后减振器拆卸和安装，相关线束的拆除安装，饰条的拆除粘接，后轮定位的检查等工时。

**3. 行李箱盖**

行李箱盖总成由外板件、内板件、锁芯、门闩总成、锁销以及双铰链等零件组成。外板件要点焊在内板件的边缘处，而内板件表面用胶粘接在顶盖下沿，如图 6-46 所示。行李箱盖与发动机罩在结构及维修方法相似，损伤评估可参考发动机罩的损伤评估内容进行。

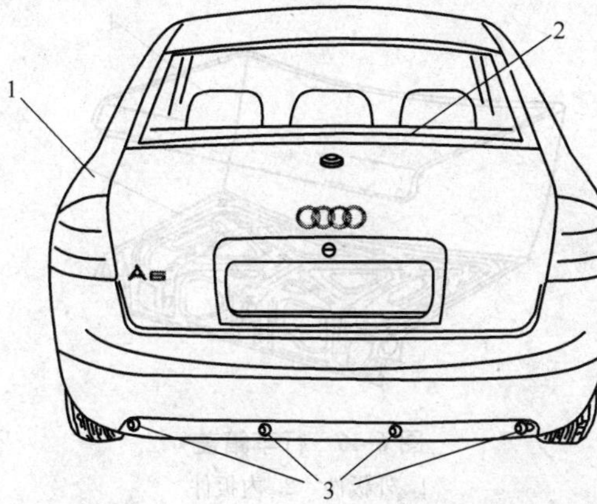


**图 6-44　带有倒车警报装置的后保险杠**

1. 倒车警报控制单元安装位置　2. 倒车警报蜂鸣器安装位置　3. 倒车警报传感器

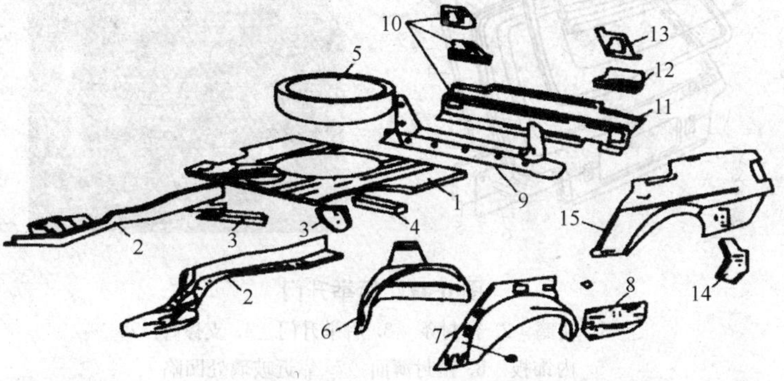


**图 6-45　轿车后车身的板件**

1. 后地板　2. 后纵梁　3. 支撑板　4. 排气管支架　5. 备胎座　6. 后轮罩内板　7. 后轮罩外板　8. 连接板　9. 后围板横梁　10. 后围板　11. 后围板下板　12. 后围板边板　13. 尾灯底板　14. 后门锁加强板　15. 后翼子板

## 4. 后举升门

后举升门常用于两箱轿车上，其结构如图 6-47 所示。当后举升门碰撞损伤时，要仔细检查和定损。如果损伤部位接近图 6-47 中 7 所指的位置，要考虑玻璃的拆卸和安装时间以及更换或移装举升门附属件（如玻璃导槽及调节器、外把手、高位刹车灯总成等）的工时。

车尾门外板件损伤后，能单独更换。更换外板件的步骤与前述的更换车门外板相似，但评估时必须考虑增加拆装玻璃的工时。如果举升门的玻璃需要用粘接剂安装，还要考虑所用粘接剂的费用。

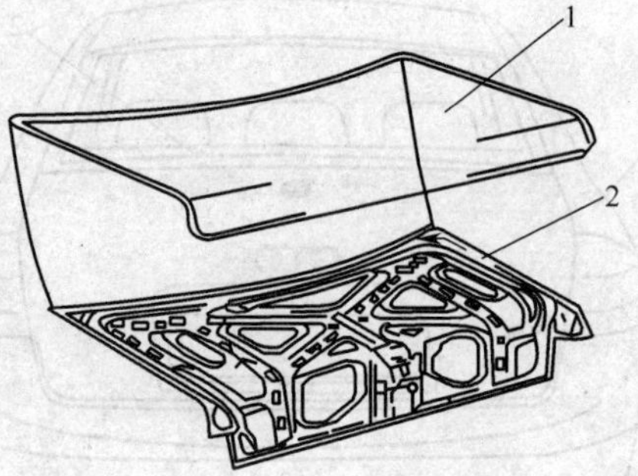


**图 6-46 行李箱盖**

1. 外板件 2. 内板件

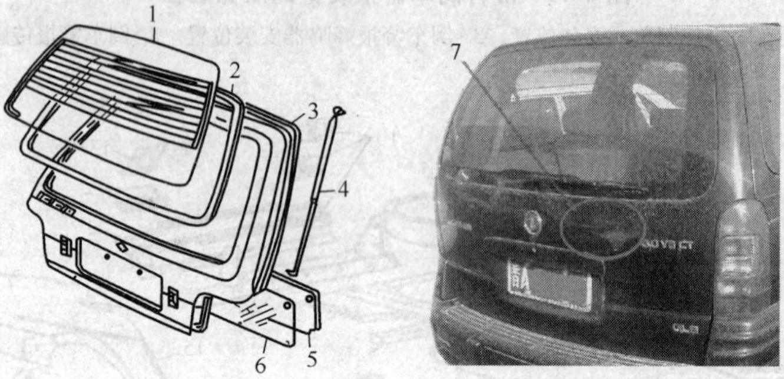


**图 6-47 后举升门**

1. 玻璃 2. 密封条 3. 后举升门 4. 支撑杆
5. 内饰板 6. 密封薄面 7. 靠近玻璃处凹陷

### 5. 后翼子板

后翼子板是从车门槛板和顶盖延伸到后车身板的部分。后翼子板被焊接在车门槛板、顶盖纵梁及外轮罩上，形成后车身的一侧。

当后翼子板受到碰撞造成中度以下损伤时，尽可能采用惯性锤、外形整形机等设备进行维修，这样维修工时较少，同时也减少了对车身的损伤。

当后翼子板外板件损伤严重时，应进行更换。一般在窗户和车身腰线之下切割后翼子板。根据损伤部位可选择两种切割方法，如图 6-48 所示。当选择切割线 1 时，不必拆卸后风窗玻璃。当选择切割线 2 更换外板件时，后窗和侧窗必须拆除，修复完成后重新安装。由于拆装玻璃易发生玻璃破裂或损伤，所以选择切割线 2 更换外板是一种高风险的作业，可能导致维修作业的成本增加。

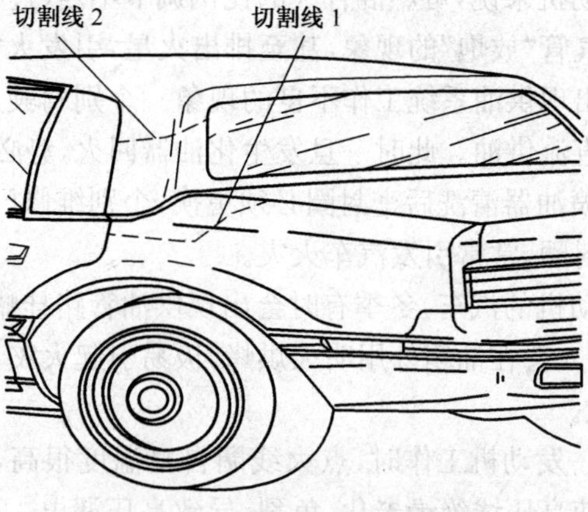


图 6-48 后围翼子板参考切割线

## 二、火灾损伤车辆的鉴定与评估

汽车火灾损失令人触目惊心，无论是什么原因导致的起火燃烧，都会使车主及周边之人措手不及。即使扑救及时，汽车也会被烧得满目疮痍。如扑救不及时，整个汽车转眼之间就会化为灰烬。若在行驶中起火，还会给驾乘者造成严重的人身伤害。汽车起火原因与损失结果息息相关，了解汽车火灾损失规律，无论对车主还是评估人员都具有十分积极的意义。

### （一）车辆火灾类型

按照起火原因，汽车火灾可以分为自燃、引燃、碰撞起火、雷击和爆炸五种类型。

**1. 自燃**

自燃是指在没有外界火源的情况下，由电器、线路、供油、机械系统等车辆自身故障或所载货物起火导致车辆燃烧。汽车自燃的可能原因有：

(1)供油系统。严重的汽车自燃一般都是由燃油系统出现问题引起的。其中，燃油泄漏又是引发严重汽车自燃的罪魁祸首。漏油点大多集中在管件接头处、油管与车身易摩擦处、油管固定部位与非固定部位的结合处等薄弱地方。

无论是行进还是停驶，汽车上都可能存在火源。如点火系统产生的高压电火花，蓄电池外部短路时产生的高温电弧，排气管排出的高温废气或喷出的积炭火星等。当泄漏的燃油遇到了火花，就会造成火灾。

安装于发动机舱内的汽油滤清器，距缸体及分电器很近。因汽油滤清器经常更换，接头处极易出现泄漏现象。一旦燃油泄漏混合气达到一定的浓度，只要有明火出现，自燃事故将不可避免。

对于汽油发动机来说，可燃混合气的比例调节不当（过稀或过浓）会产生化油器回火或排气管“放炮”的现象，甚至排出火星，引发火灾。另外，化油器式的汽车有时会出现供油系统工作不良的现象。个别驾驶人为省事，采用人工方法向化油器直流供油。此时一旦发生化油器回火，势必导致汽车起火。

电喷发动机喷油器清洗后密封圈必须更换，个别维修厂为微小的利益重复使用喷油器密封圈，常常引发汽车火灾。

采用柴油发动机的汽车，冬季有时会出现供油管路挂蜡的现象。为了解决问题，某些驾驶人会在油箱外用明火烘烤，极易引起火灾。

(2)电器系统。

①高压漏电。发动机工作时，点火线圈自身温度很高，长期在恶劣条件下工作。有可能使高压线绝缘老化、龟裂，导致高压漏电。另外，高压线脱落引起跳火也是高压漏电的一种常见形式。由于高压漏电是对准某一特定部件持续进行的，必然引发漏电处的温度升高，遭遇油泥等可燃物就会引发火灾。因此，定期清洁发动机可有效预防此类火灾发生。

②低压短路。低压线路老化、过载或磨损后搭铁漏电，是引发汽车自燃事故的另一主要原因。由于过载或搭铁处会产生大量的热能，如果与易燃物接触，会导致起火。

私自改装会导致个别线路用电负荷加大（如加装高档音响、增加通讯设备、加装电动门窗、添加空调等），如未对整车线路布置进行分析及功率复核，火灾在所难免。

③接触电阻过大。线路接点虚焊、松脱或触点式开关接触不牢等，会使局部电阻加大，长时间大电流通电时发热可引起可燃材料起火。蓄电池火线与起动机的连接螺母松动极易发生发动机火灾。

④点火顺序错乱。点火提前角过早过晚或者点火顺序错乱会造成车辆加速无力，如急剧加油则会出现回火、“放炮”现象，有时会造成汽车火灾。

⑤加大熔丝容量。在汽车电路维修中，有随意加大熔丝容量的现象。更有甚者，用铜线代替熔丝。看似简单的问题，有时会酿成大祸。由于铜丝不能起到切断线路的作用，当线路短路时引发火灾，在所难免。

(3)机械系统。汽车的相关部件因汽车超载而处于过度疲劳和过热状态，一旦超过疲劳极限，就有可能发生自燃。

制动系统工作时，制动蹄上的摩擦片与制动鼓或制动盘之间的摩擦会产生大量的热量。如果汽车超载行驶，频繁的制动会使产生的热量更多。聚集的热量会将黄油或刹车油点燃。另外，长时间高强度的制动，也会造成制动鼓过热，制动鼓又将热量传导到附近可燃物（轮胎），增加了自燃的可能性。

近年来，高速路上轮胎过热起火现象较为常见。导致轮胎摩擦过热的原因有几种情况：一是气压不足，二是超载，三是气压不足与超载的综合效应。这些情况都会造成轮胎的侧壁弯曲。轮胎弯曲所产生热量的速度要比机动车行驶中散发热量的速度快得多，其结果是侧壁的温度升高，将侧壁纤维与橡胶材料的轮结破坏。轮结破坏所形成的分离又加剧了松散线绳与橡胶间的摩擦，从而产生了更多的热量。聚积的热量会很快使侧壁的温度上升而造成自燃。轮胎起火以在高速公路上行驶的超载大货车辆居多。对于卡车或拖挂车上的双轮胎来说，当两个轮胎中有一个气压不足时就会发生这种现象，原因是：气压较足的轮胎承受了双倍载荷而形成过载，导致了轮胎的摩擦过热。

(4)其他。排气管上的三元催化转换器工作时温度很高，且安装位置较低。如果停车时恰巧将其停在麦秆等易燃物附近，会引燃可燃物。

夏季将汽车长时间地停放在太阳下暴晒，会将车内放置在前风窗玻璃下的一次性打火机晒爆，如果车内恰巧有火花（如吸烟、正在工作的电器设备产生的电火花等），就会引燃车内的饰品。

**2. 引燃**

引燃是指汽车被其自身以外的火源引发的燃烧。建筑物起火引燃、周边可燃物起火引燃、其他车辆起火引燃、被人为纵火烧毁等，都属于汽车被引燃的范畴。

**3. 碰撞起火**

当汽车发生追尾或迎面撞击时，一般情况下不具备起火的条件，不会起火。只有当撞击后导致易燃物（如汽油）泄漏且与火源接触时，才会导致起火。如果一辆发动机前置的汽车发生了较为严重的正面碰撞，水箱后移有可能使油管破裂，此时发动机尚处于运转状态，一旦高压线因脱落或漏电引起跳火，发生火灾的可能性就很大。

当汽车因碰撞或其他原因导致翻滚倾覆时，极易发生油箱泄漏事件，一旦遇上电火花或摩擦产生的火花，就会起火爆炸。

**4. 雷击**

在雷雨天气里，露天停放的汽车有可能遭遇雷击。由于雷击的电压非常高，完全可以将正在流着雨水的车体与地面之间构成回路，从而将汽车上的某些电气设备击穿（如车用电脑），严重者可以引起汽车起火。

**5. 爆炸**

车内违规搭载的爆炸物品（如雷管、炸药、鞭炮）极易引发爆炸及火灾。

(二) 起火后的施救方法

汽车起火以后，驾乘人员应头脑清醒，切忌惊慌失措。首先将车停靠路边,再取出灭火器,准备灭火。灭火时要切记"先控制、后消灭"的消防灭火原则。不能先打开发动机上盖,因为此时火势仍然控制在发动机盖下,由于缺氧,火势燃烧较为缓慢,对扑救有利。

**1. 自行灭火**

首先可用随车灭火器,由格栅缝隙处,对准起火部位喷射灭火。火势减小后两人协同灭火,可由一人手持灭火器,另一人打开发动机罩,在发动机罩打开的一刹那,对准起火部位猛喷。如果只有驾驶人一人灭火,应该一手持灭火器,一手去开发动机罩,发动机罩打开后迅速喷射。也可以将灭火器放在身边,待发动机罩打开后立即拿起来喷射。

有些发动机罩开启时需要把手探到里面打开锁销,为避免烫伤应戴好手套。当火势较大、灭火器不够用时,可用沙土或棉被覆盖。当火势危及车载易燃物时,应先将其卸下。油料着火时,严禁泼水扑救。酒精类着火时,可用水泼救。电器短路火灾应先断开蓄电池搭铁线。

**2. 报警求救**

如果火势很大,或者经过初步施救后,仍然无法将火扑灭,则应尽快远离现场并及时拨打 119 报警。此时,不要急着抢救车内的财物,防止被意外烧伤。

### (三) 常见火灾车损

车辆因自身电器线路老化、过载、短路引起火灾,如果断电及时,损失一般仅仅局限在电器线路。维修时只需更换相关线束即可。如果是供油系统引起火灾,由于火势过于猛烈,损失一般较大,图 6-49 所示为供油系统引起火灾后的发动机舱。维修费用包括相关零件更换费用、喷漆费用等。

## 三、水灾损伤车辆的鉴定与评估

水淹后车辆外观上没有太大变化。但水淹后操作或维修不当致使发动机损坏、电控系统损坏的很常见。汽车水灾损伤的影响因素较多,要想搞好水损汽车的维修及损失评估,必须了解与水灾相关的基本知识。

### (一) 水灾损失现场查勘

**1. 水损时的车辆状态**

在遇到暴雨或洪水时,如果汽车处于停置状态,此时保持发动机不运转,清理完发动机内部积水后再起动发动机,内部机件不会产生机械性损伤。

在遇到暴雨或洪水时,如果汽车处于行驶状态,当水位低于发动机进气口时,通常不会造成发动机损伤。但这不是绝对的,其他车辆的行驶会造成水面高低变化,甚至会造成水花飞溅,飞溅的水花会被汽车吸入气缸,造成发

图 6-49 发动机供油系统引发火灾后的现场

动机机件严重受损。

一些经验不够丰富的驾驶人，往往不知所措，因所采取的措施不当，扩大了汽车的损失。如：在汽车被淹熄火以后，大部分驾驶人会条件反射式地二次起动发动机，试图尽快脱离险境，结果加重了汽车的损坏。

**2. 水淹程度确定的参数**

水的种类，水淹时间，水淹高度都是确定水淹损失程度的重要参数，必须在现场查勘时仔细检查，并作明确记录。

（二）水淹汽车的施救方法

如果汽车仍处水淹状态，则必须对水淹汽车进行施救和排水。在对进水汽车进行施救和排水时，一定要遵循"及时、科学"的原则，既保证进水汽车能够得到及时救援，又避免汽车损失的进一步扩大。

**1. 汽车施救方法及注意事项**

（1）早断电。如果汽车已被水淹，驾驶人在条件允许的情况下，应立即断开蓄电池搭铁线，抓紧时间将车推离险境，及时拨打保险公司的报案电话，同时拨打救援电话，等待拖车救援。

（2）科学拖车。在对水淹汽车进行施救时，一般应采用硬牵引方式拖车，或将汽车前轮托起后进行牵引。一般不要采用软牵引的方式拖车。如果采用软牵引方式拖车，一旦前车减速，被拖汽车往往只有选择挂挡、利用发动机制动的方式进行减速。这样一来，就会导致被拖汽车发动机转动，最终导致发动机机械性损坏。如果能将汽车前轮托起后牵引，可以避免因误挂挡而引起的发动机损坏。对于自动变速器的汽车，注意不能长距离的被拖曳（通常不宜超过 20～30km)，以免损伤变速器。

(3)谨慎起动。汽车因进水熄火以后，驾驶人绝对不能抱着侥幸心理贸然起动汽车，否则会造成发动机或电器系统严重损坏。在未对汽车进行排水处理前，严禁采用起动机、人力推车或拖车方式起动被淹汽车的发动机。只有在对被淹发动机进行了彻底的排水处理，并进行了相应的润滑处理，易受损的电器彻底烘干后才能进行起动尝试。

**2. 排水方法及要求**

(1)电器排水。容易受损的电器(如电脑模块、仪表、继电器、电动机等)应尽快从车上拆下，先排水，再清洁，然后晾干或用电吹风吹干；电子元件用无水酒精清洗并晾干。

汽车电脑是汽车电器中最贵重的部件，尤其是装有电喷发动机的汽车，应及时对进水电脑进行晾晒烘干处理。

安全气囊的碰撞传感器有时与气囊电脑做成一体，维修时只要更换了安全气囊电脑，就无需再额外更换碰撞传感器。安全气囊系统插头可用无水酒精擦洗，再用高压空气吹干的方法维修。

对于可以拆解的电动机，可以采用“拆解→清洗→烘干→润滑→装配”的流程进行处理。如：起动机、天线电动机、步进电动机、风扇电动机、座位调节电动机等。对于无法拆解的电动机(如刮水器电动机、喷水电动机、玻璃升降电动机、后视镜电动机、鼓风机电动机、隐藏式前照灯电动机等)，则无法按上述办法进行。进水后即使当时检查是好的，使用一段时间后也可能会发生故障。在对这些电器部件定损时，一般应考虑一定的损失率。损失率通常在20％～40％。

(2)汽车机械系统及内饰排水。

①检查气缸是否进水。汽车从水中施救出来以后，首先检查发动机气缸有没有进水。将发动机上的火花塞全部拆下，转动曲轴，把水从火花塞螺孔处排出。如果用手转动曲轴时感到异常阻力，说明发动机内部可能存在某种程度的损坏。此时不要借助外力强制转动，要查明原因，排除故障，以免引起损坏的进一步扩大。

②检查机油里是否进水。将发动机机油尺抽出，查看机油尺上润滑油的颜色，如果机油尺上的油呈乳白色或有水珠，说明机油里已进水。此时要将润滑油全部放掉，在清洗发动机后，注入新的润滑油。

如果通过检查未发现发动机机械部分有异常现象，可以从火花塞螺孔处加入少量的机油，用手转动曲轴数次，使整个气缸壁都涂一层油膜，既起到防锈、密封的作用，同时也有利于发动机的起动。

③检查变速器、主减速器。查看变速器、主减速器是否进水。如果上述部位进了水，会使其内的齿轮油变质，造成齿轮早期磨损。对于采用自动变速器的汽车，还要检查变速器内是否进水。

④检查制动系统。如果水位超过制动油壶，会使制动油壶里进水，使制动油变质，导致制动效能下降，甚至失灵。此时，应更换全车制动液。

⑤检查排气管。如果排气管进水，要尽快地把积水排除，以免水中的杂质堵塞三元催化转换器和损坏氧传感器。

⑥清洗、脱水、晾晒、消毒及美容内饰。如果车内因潮湿而出现霉味，除了在阴凉处打开车门，让车内水气充分散发，消除车内的潮气和异味外，还需对汽车内部进行大扫除，要注意换上新的或晾晒后的地毯及座套。还要注意车内生锈的痕迹检查，查看一下车门的铰链部分，行李箱地毯之下、座位下的钢铁部分以及备用轮胎的固定锁部位有没有生锈的痕迹。

⑦保养汽车。如果汽车整体被水浸泡，除按以上排水方法进行处理外，还要及时擦洗外表，防止酸性雨水腐蚀车体。最好对全车进行一次二级维护，全面检查、清理进水部位，通过清洁、除水、除锈、润滑等方式，恢复汽车的性能。

(三) 汽车水损等级及损失评估

首先，依据水损现场勘察的记录确定水损程度等级，然后进行水损分析和评估。水损程度等级一般分为 6 级。评定水损程度等级主要依据水淹时间和水淹高度两个参数。汽车依据水淹时间确定水损程度等级的标准是：$t \leqslant 1h$为 1 级，$1h < t \leqslant 4h$ 为 2 级，$4h < t \leqslant 12h$ 为 3 级，$12h < t \leqslant 24h$ 为 4 级，$24h < t \leqslant 48h$ 为 5 级，$t > 48h$ 为 6 级。汽车依据水淹高度确定水损等级标准如图 6-50 所示。水损等级及损失分析评估内容见表 6-1。

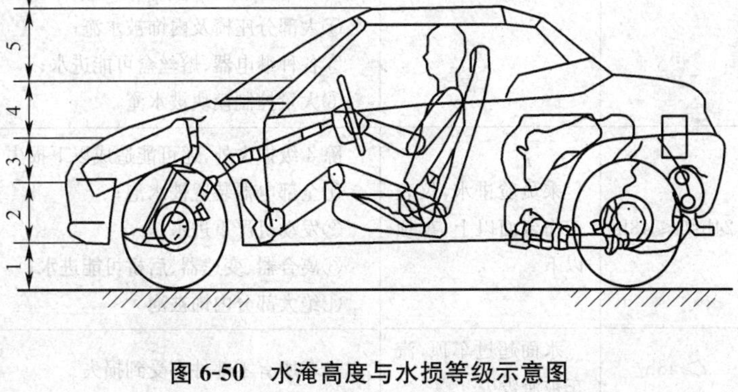


**图 6-50　水淹高度与水损等级示意图**

**表 6-1 汽车水损等级与损失评估表**

| 水损程度等级评定标准 | | | 水损分析评估 |
|---|---|---|---|
| 等级 | 水淹时间 | 水淹高度 | |
| 1级 | $t \leqslant 1h$ | 制动盘和制动鼓下沿以上，车身地板以下，乘员舱未进水 | 可能造成的受损零部件主要是制动盘和制动鼓。损坏形式主要是生锈，生锈的程度主要取决于水淹时间的长短以及水质 |
| 2级 | $1h < t \leqslant 4h$ | 车身地板以上，乘员舱进水，而水面在驾驶人座椅座垫以下 | 除1级损失外，还会造成以下损失：<br>①四轮轴承进水；<br>②全车悬架下部连接处因进水而生锈；<br>③配有ABS的汽车的轮速传感器失准；<br>④地板如果防腐层和油漆层本身有损伤就会造成锈蚀；<br>⑤部分控制模块水淹后会失效 |
| 3级 | $4h < t \leqslant 12h$ | 乘员舱进水，水面在驾驶人座椅座垫面以上，仪表工作台以下 | 除2级损失外，还会造成以下损失：<br>①座椅潮湿和污染；<br>②部分内饰潮湿和污染；<br>③真皮坐椅和内饰损伤，桃木内饰板会分层开裂；<br>④车门电动机进水；<br>⑤变速器、主减速器及差速器可能进水；<br>⑥部分控制模块被水淹；<br>⑦起动机被水淹；<br>⑧行李箱被水淹 |
| 4级 | $12h < t \leqslant 24h$ | 乘员舱进水，水面至仪表工作台中部 | 除3级损失外，还可能造成以下损失：<br>①发动机进水；<br>②仪表台中音响控制设备、CD机、空调控制面板受损；<br>③蓄电池放电、进水；<br>④大部分座椅及内饰被水淹；<br>⑤各种继电器、熔丝盒可能进水；<br>⑥大量控制模块被水淹 |
| 5级 | $24h < t \leqslant 48h$ | 乘员舱进水，仪表工作台面以上，车顶以下 | 除4级损失外，还可能造成以下损失：<br>①全部电器装置被水泡；<br>②发动机严重进水；<br>③离合器、变速器、后桥可能进水；<br>④绝大部分内饰被泡 |
| 6级 | $t > 48h$ | 水面超过车顶，汽车被淹没 | 汽车所有零部件都受到损失 |

# 附录　部分汽车生产企业 VIN码编码规则

## 一、上海通用汽车 VIN 码代码含义

| | | | | | | | | | | | | | | | | |
|---|---|---|---|---|---|---|---|---|---|---|---|---|---|---|---|---|
| L | S | G | S | J | 6 | 2 | U | 8 | 2 | S | 3 | 1 | 0 | 7 | 3 | 1 |
| (1) | (2) | (3) | (4) | (5) | (6) | (7) | (8) | (9) | (10) | (11) | (12) | (13) | (14) | (15) | (16) | (17) |

第(1)～(3)位为制造厂识别代码。LSG-上海通用汽车有限公司。

第(4)、(5)位为车型代码。WG 表示 SGM7200(别克君威 2.0)；DC 表示 SGM6510 GL8(别克 GL8)；SJ 表示 SGM7160SL(赛欧)。

第(6)位为车身类型代码。5 表示三厢四门轿车；6 表示两厢四门舱背式轿车；8 表示两厢四门旅行车。

第(7)位为约束系统代码。2 表示手动安全带及驾驶人、前排乘客安全气囊。

第(8)位为发动机类型代码。C 表示 LW9、2.98L、V6、OHC、SFI；D 表示 LB8、2.49L、V6、OHC、SFI；U 表示 L91、1.6L、DOHC、MPFI。

第(9)位为检验位代码。

第(10)位为年份代码。2 表示生产年份为 2002 年。

第(11)位为装配厂代码。S 表示上海通用汽车有限公司上海厂区；Y 表示上海通用汽车有限公司烟台厂区。

第(12)～(17)位为车辆生产顺序号。

## 二、中国一汽集团 VIN 码代码含义

| | | | | | | | | | | | | | | | | |
|---|---|---|---|---|---|---|---|---|---|---|---|---|---|---|---|---|
| L | F | P | H | 5 | A | B | A | 2 | W | 8 | 0 | 0 | 4 | 3 | 2 | 1 |
| (1) | (2) | (3) | (4) | (5) | (6) | (7) | (8) | (9) | (10) | (11) | (12) | (13) | (14) | (15) | (16) | (17) |

第(1)位为生产国别代码。L 表示中国。

第(2)位为制造厂商代码。F(First)表示一汽。

第(3)位为车型类型代码。P(Passenger)表示轿车。

第(4)位为车辆品牌代码。H 表示红旗牌。

第(5)位为发动机排量代码。5 表示 2.1～2.5L。

第(6)位为发动机类型及驱动形式。A 表示汽油、前置、前轮驱动。

第(7)位为车身形式代码。B 表示四门折背式。

第(8)位为安全保护装置代码。A 表示手动安全带。

第(9)位为工厂检验位代码。用数字0～9或X表示。

第(10)位为生产年份代码。W表示生产年份为1998年。

第(11)位为生产装配工厂。8表示第一轿车厂。

第(12)～(17)位为表示工厂生产顺序号代码。

## 三、广州本田汽车VIN码代码含义

| | | | | | | | | | | | | | | | | |
|---|---|---|---|---|---|---|---|---|---|---|---|---|---|---|---|---|
| L | H | G | C | M | 6 | 6 | 5 | 0 | 1 | 2 | 1 | 4 | 7 | 3 | 8 | 1 |
| (1) | (2) | (3) | (4) | (5) | (6) | (7) | (8) | (9) | (10) | (11) | (12) | (13) | (14) | (15) | (16) | (17) |

第(1)～(3)位为制造厂识别代码。LHG-广州本田汽车有限公司。

第(4)～(6)位为生产线、车身与发动机型号代码。CM4—雅阁/K20A7,K20A8;CM5—雅阁/K24A4;CM6—雅阁/J30A4。

第(7)位为车身与变速器类型代码。5表示四门轿车/五速手动;6表示四门轿车/五速自动。

第(8)位为车辆等级代码。4表示EX、EXV;5表示EXi;6表示EXV。

第(9)位为检验位代码。

第(10)位为生产年份代码。

第(11)位为装配厂代码。2表示广州本田汽车有限公司。

第(12)～(17)位为车辆制造顺序号。

## 四、美国福特汽车公司轿车VIN码代码含义

| | | | | | | | | | | | | | | | | |
|---|---|---|---|---|---|---|---|---|---|---|---|---|---|---|---|---|
| 1 | L | N | L | M | 8 | 1 | W | 6 | P | J | 1 | 0 | 6 | 2 | 3 | 5 |
| (1) | (2) | (3) | (4) | (5) | (6) | (7) | (8) | (9) | (10) | (11) | (12) | (13) | (14) | (15) | (16) | (17) |

第(1)位为生产国别代号。1表示美国;2表示加拿大;3表示墨西哥;6表示澳大利亚;J表示日本;K表示韩国;L表示中国台北;W表示德国。

第(2)位为生产或归口部门代码。F表示FORD(福特)车部;L表示LINCOLN(林肯)车部;M表示MERCURY(水星)车部;N表示CONTINENTAL(大陆);Z表示PROBE(探测器)。

第(3)位为车型类别代码。A表示福特轿车;B表示大陆轿车;D表示开发车型;E表示水星轿车;J表示不完整汽车;M表示多用途车;N表示轿车;4表示货车。

第(4)位为乘员安全保护装置代码。B表示主动安全带;C表示主动安全带及驾驶人安全气囊;D表示前排主动安全带;P表示前排被动式安全带;L表示主动安全带及驾驶人/前排乘员安全气囊。

第(5)位为车型系列代码。M表示林肯/水星;P表示福特;T表示海外生产车型。

第(6)和(7)位为车身类型代码。01表示CAPRI双门活动顶篷;03表示

CAPRI双门活动顶篷XR2型；04表示ESCORT(护卫者)双门溜背式；81表示LINCOLN TOWN CAR(林肯城市)四门轿车。

第(8)位为发动机型号代码。A表示2.0L四缸/2.3L四缸；B表示2.5L V6/3.3L六缸；C表示2.2L四缸/3.8L V6增压；D表示2.3L四缸/2.5L四缸；E表示5.0L V8强输出发动机；W表示4.6L V8。

第(9)位为VIN检验位代码。

第(10)位为车型年款代码。

第(11)位为总装工厂代码。C表示Chicago(芝加哥)；K表示Kansas(堪萨斯)；Y表示Wixom；5表示FaltRock；6表示KIA(起亚)；J表示LOSANGELES(洛杉矶)。

第(12)～(17)位为出厂顺序代码。

## 五、上海大众汽车VIN码代码含义

第1～3位为制造厂识别代码：LSV-上海大众汽车有限公司。

第4位表示车身型式代码，其中：

A—4门折背式车身；

B—4门直背式车身；

C—4门加长型折背式车身；

E—4门加长型折背式车身；

F—4门短背式车身；

H—4门加长型折背式车身；

K—2门短背式车身。

第5位表示发动机变速器代码。

第6位表示乘员保护系统代码。其中：

0—安全带；

1—安全气囊(驾驶人)；

2—安全气囊(驾驶人和前乘员、前座侧面)；

3—安全气囊(驾驶人和前乘员、前后座侧面)；

4—安全气囊(驾驶人和前乘员)；

5—安全气囊(驾驶人和前乘员、前后座侧面、头部)；

6—安全气囊(驾驶人和前乘员、前座侧面、头部)。

第7—8位表示车辆等级代码。其中：

33—上海桑塔纳轿车、上海桑塔纳旅行轿车、上海桑塔纳2000轿车；

9F—上海帕萨特轿车；

9J—上海波罗轿车；

5X—上海高尔轿车。

第 9 位为校验位。可用 0～9 中任何一数字或字母“X”表示。

第 10 位表示年份代码。

第 11 位表示装配厂代码。

第 12～17 位表示车辆制造顺序号。

## 六、奇瑞 A3 汽车 VIN 码代码含义

奇瑞 A3 车型的车辆识别码(VIN 代码)打印在前围上流水槽正面(如附图 1a 所示),此外副驾驶仪表板上也有车辆识别码,两个代码是一致的。

(a) 奇瑞 A3 汽车 VIN 码

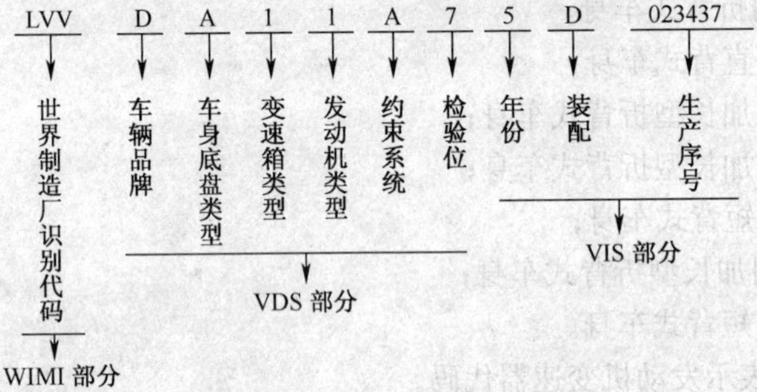


(b) 奇瑞 A3 汽车 VIN 码的含义

**附图 1 奇瑞 A3 汽车 VIN 码**

第 1～3 位:LVV 中国奇瑞;

第 4 位:奇瑞车辆用字母 D 表示;

第 5 位:三厢五门,4×2 型底盘用字母 A 表示;两厢五门,4×2 型底盘用字母 B 表示;三厢四门两盖,4×2 型底盘用字母 C 表示;两厢五门,4×4 型底盘用字母 D 表示;

第 6 位:手动变速器用 1 表示;自动变速器用 2 表示;

第 7 位:发动机类型:1.5L～2.0L(不含 2.0L)系列电喷汽油机,用数字 1 表示;1.5L(不含 1.5L)以下电喷汽油机,用数字 2 表示;2.0L～2.5L(不含 2.5L)系列电喷汽油机,用数字 4 表示;

第 8 位:表示约束系统:手动安全带用字母 A 表示;手动安全带加前排安全气囊用字母 B 表示;

第 9 位:检验位;

第 10 位:年份;

第 11～17 位:生产序号

## 七、德国宝马汽车 VIN 码代码含义

如:W B A F C 4 4 1 8 P 6 0 1 2 3 3 2

第 1 位:生产国别代码

第 2 位:生产厂家代码

第 3 位:车型及种类代码

第 4～6 位:车型代码

第 7 位:发动机型号代码

第 8 位:乘员安全保护装置代码

第 9 位:VIN 检验数代码

第 10 位:车型年款代码

第 11～12 位:代表车型

第 13～17 位:出厂顺序代码。

## 八、德国奔驰汽车公司轿车的两种 VIN 代码含义

①第一种:如:W D B 2 2 0 1 6 3 1 A 2 3 4

第 1 位:生产国别代码

第 2～3 位:生产厂家代码

第 4～6 位:底盘系列代码

第 7～9 位:序号代码

第 10 位:左右舵代码

第 11 位:拨箱代号

第 12～17 位:出厂顺序号代码。

②第二种:如:W D B G A 5 7 B 6 P B 1 2 7 8 1 0

第 1 位:生产国别代码

第 2～3 位:生产厂家代码

第 4 位:车身及底盘系列代码

第 5 位:发动机类型代码

第 6～7 位:车型代码

第 8 位:乘员安全保护装置代码

第 9 位:VIN 检验数代码

第 10 位:车型年款代码

第 11 位:总装工厂代码

第 12～17 位:出厂顺序号代码。

## 九、丰田汽车公司雷克萨斯轿车 VIN 代码含义

如:J T 8 U F 1 1 E 6 R 0 1 2 6 3 4 7

第 1 位:生产国别代码

第 2 位:制造厂家代码

第 3 位:车型类别代码

第 4 位:发动机型号代码

第 5 位:车型代码

第 6 位:车型与型号代码

第 7 位:系列/级别代码

第 8 位:车身类型代码

第 9 位:VIN 检验数代码

第 10 位:车型年款代码

第 11 位:总装工厂代码

第 12～17 位:出厂顺序号代码。

## 十、日产汽车公司轿车 VIN 代码含义

如:J N 3 C A 2 4 A 1 N 5 5 2 1 8 5 3

第 1 位:生产国别代码

第 2 位:生产厂家代码

第 3 位:汽车类型代码

第 4 位:发动机型号代码

第 5～6 位:车型和系列代码

第 7 位:车身类型代码

第 8 位:安全防护系统代码

第 9 位:VIN 检验代码

第 10 位:车型年款代码

第 11 位:总装工厂代码

第 12～17 位:出厂顺序代码。